JN027152

ココミ

cocom

福岡
糸島 太宰府
柳川

福岡タワー（☞P95）周辺は、エンタメ施設も充実。天神から路線バスで15分ほど

活気に満ちた街やグルメのとりこになる福岡旅

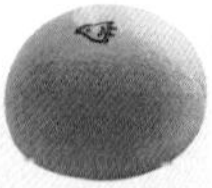

左：千鳥の焼印がかわいらしい千鳥饅頭（☞P108）、右：博多の郷土芸能で使われる「にわか面」をモチーフにした雑貨（☞P54）
下左から：人気上昇中のエリア・糸島の景勝地・桜井二見ヶ浦（☞P99）／繁華街・中洲は、リバークルーズ（☞P47）から眺めるのもよい／福岡市民の憩いの場・大濠公園（☞P78）は、池をぐるりと囲む水景公園

味の明太子 ふくや 中洲本店（☞P104）。おみやげにも喜ばれる辛子明太子は、辛さや味のバリエーションが豊富なので、好みの品がきっと見つかるはず

もつ鍋おおやま 本店（☞P21）。食べごたえのあるもつと、たっぷりの野菜を、うま味凝縮のスープと一緒に

一風堂 大名本店（☞P16）。店ごとにスープや麺で特徴が異なるラーメンは、さまざまな店を巡って味わいたい

バリうま！福岡グルメ

ラーメンを筆頭においしいものが
いっぱいのグルメタウンです

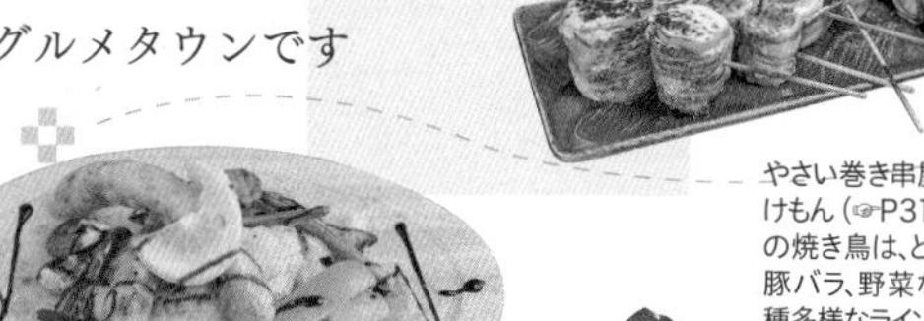

やさい巻き串屋 ねじけもん（☞P31）。博多の焼き鳥は、とり皮や豚バラ、野菜など、多種多様なラインナップ

テラス&ミコー（☞P26）。福岡の夜のお楽しみといえば屋台。個性豊かな店主や料理に会いに出かけよう

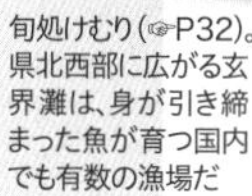

旬処けむり（☞P32）。県北西部に広がる玄界灘は、身が引き締まった魚が育つ国内でも有数の漁場だ

資さんうどん 博多千代店（☞P37）。福岡のうどんは、もっちりとしたやわらかな麺が特徴。ごぼう天や丸天と一緒にお試しあれ

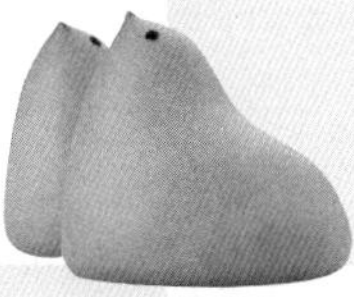

ひよ子本舗吉野堂（☞P107）。愛くるしい姿のまんじゅうは、博多銘菓を代表するひとつとして、おみやげに人気

抹茶カフェ HACHI JR博多シティ店（☞P40）。お茶スイーツでの注目は「八女茶」。県南東部で生産される最高級茶葉だ

パンシリオ（☞P38）。福岡のブランドイチゴ「あまおう」。スイーツはもちろん、おみやげ向けのお菓子も充実している

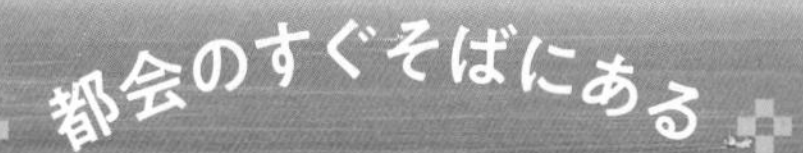

美景シーサイドへ

海のすぐそばには福岡タワー。
糸島や海の中道はドライブにもおすすめ

糸島

美しい海に突き出ている巨岩は、芥屋の大門(☞P98)

Bakery Restaurant CURRENT (☞P100)。潮風が心地よいシーサイドカフェで、糸島野菜を使った料理を味わおう

糸島LONDON BUS CAFÉ(☞P98)。レトロな赤いバスは、青空によく映える

能古島

のこのしまアイランドパーク (☞P102)。博多湾に浮かぶ能古島は、四季折々の花が咲くレジャーパークもある

福岡タワー

Sky Cafe&Dining ルフージュ (☞P95)。福岡タワー展望台の下にあるラウンジ。夜景を堪能しながら、ゆったり過ごしたい

海の中道

マリンワールド海の中道 (☞P97)。海の中道は、志賀島と本土を結ぶ巨大な砂州で、水族館や花の公園などレジャースポットも魅力

ひと足延ばして

福岡から プチトリップ

学問の神を祀る神社の門前町や、水郷の街…
日帰りでふらっと行ってみたい場所がいっぱいです

太宰府天満宮（☞P116）は、全国に約1万2000社ある天満宮の総本宮。2023年5月から御本殿は大改修が行われる

太宰府

びいどろ太宰府（☞P118）。太宰府天満宮の参道には、名物・梅ヶ枝餅や、梅をモチーフにした雑貨など、さまざまなお店が軒を連ねる

柳川

川下り（☞P122）（左）、元祖本吉屋のうなぎせいろ蒸し（☞P124）（上）。柳川は、江戸時代の掘割を巡るどんこ舟と、蒲焼にしたウナギをご飯と一緒に蒸す「せいろ蒸し」などが名物

唐津

隆太窯（☞P129）。佐賀県唐津市は、昔から茶人にも愛された唐津焼の産地。名窯を訪れて、日常使いの器を探そう

宗像大社

宗像大社辺津宮の第二宮・第三宮（☞P130）。沖ノ島の「沖津宮」、大島の「中津宮」、九州本土の「辺津宮」の三宮でなる宗像大社は世界遺産に登録されている

門司港

旧大阪商船（☞P133）（上）、こがねむしのオムレツハヤシ（☞P135）（右）。門司港では、おしゃれなレトロ洋館や、洋食グルメを楽しみたい

福岡ってどんなところ?

グルメや買い物が楽しい 九州一の商業地

九州北東部に位置する福岡は九州を代表する商業地。中心地となる「博多駅」エリアや「天神」エリアには、近代的な商業施設やオフィスビルが立ち並び、高感度なショップや満足度の高い飲食店が充実。人々は人情味にあふれ、あたたかく旅行者を迎え入れてくれます。

海に面して街が広がっている福岡タウン

おすすめシーズンはいつ?

お祭りのある 春～夏がおすすめです

博多がいちばん賑わうのがゴールデンウイーク中に行われる「博多どんたく」や、夏の始まりを告げる7月の「博多祇園山笠」（☞P60）の時期。特に「博多祇園山笠」は迫力ある人気のお祭りで、毎年訪れるという観光客も多くいます。また、もつ鍋や水たきなど鍋料理がおいしい冬もおすすめです。

博多っ子が一年でいちばん心を熱くする博多祇園山笠

鶏料理が好きな博多っ子に愛される郷土料理・水炊き（☞P22）

福岡へ旅する前に 知っておきたいこと

おいしい食べ物、熱い街のエネルギー！
福岡は訪れる人に元気を与えてくれる街。
旅を満喫するために、事前情報をしっかりゲットしておきましょう！

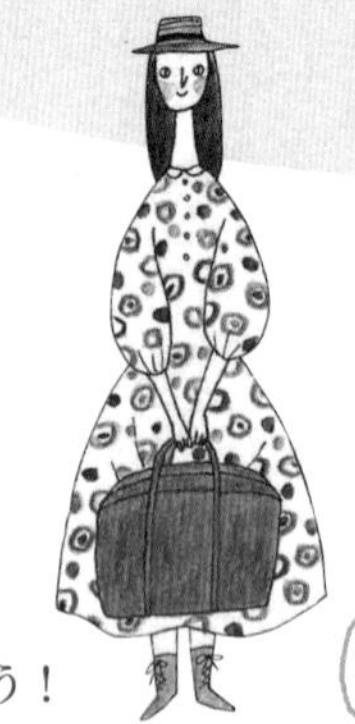

どうやって行くの?

東京からなら飛行機で約2時間。空港と街が近いのも魅力です

東京から福岡へは飛行機で約2時間。便数も多く、30分から1時間おきに運航しています。空港には福岡市営地下鉄が直結していて、JR博多駅まで5分、天神駅まで11分で到着します。また、JR東海道・山陽新幹線での東京～博多間は約5時間（のぞみを利用した場合）となっています。

福岡空港とJR博多駅は地下鉄で5分とアクセスのよさは抜群！

何泊くらいの旅がいいの?

市内だけなら1日でも大丈夫。2日あれば郊外に行きましょう

福岡タウンでグルメやショッピングを楽しむのなら1日でも大丈夫。さらにもう1泊できるのなら、太宰府（☞P116～）や柳川（☞P122～）、門司港レトロ（☞P132～）など福岡タウンとは違った楽しみを味わえる郊外まで足を延ばしてみましょう。

柳川ではゆったりと川下りを楽しめます（☞P122）

博多のシンボル「JR博多駅」（☞P50）

初めての福岡。何をすれば?

街歩きとショッピングで街の熱気を感じてみて

博多駅エリア（☞P50）、キャナルシティ博多（☞P62）、そして天神（☞P70）が福岡タウンの三大商業エリア。個性派カフェや雑貨なら大名・薬院エリア（☞P82）へ。中洲・川端周辺（☞P56）は昔懐かしい博多が残っています。街はコンパクトで地下鉄やバスもフル活用できます。

噴水ショーも楽しいキャナルシティ博多（☞P62）

ショッピングが楽しみです。「B・B・B POTTERS」（☞P88）

福岡らしい体験をしてみたいなら

思い切って屋台の のれんをくぐってみましょう

日暮れとともに開店し、仕事帰りのビジネスマンや若い女性で賑わう屋台（☞P24）。天神・中洲・長浜エリアに約100軒の屋台が並ぶ光景は福岡ならでは。ちょっぴり勇気がいりますが、のれんをくぐれば、おいしい料理と博多っ子の人情が待っていますよ。地元っ子とコミュニケーションを楽しみましょう。

屋台自慢のオリジナルメニューを満喫しよう（☞P24）

多国籍料理やフレンチなどバラエティ豊かなメニューが揃う屋台もある（☞P26）

一年中博多で人気のもつ鍋。各店のこだわりをたっぷりと味わいたい（☞P20）

博多を代表する味の一つ、博多ラーメン。何食食べられるかな？（☞P16）

福岡県のブランドイチゴ・あまおうを使ったスイーツも見逃せない（☞P38）

おいしいものを食べたいです！

名物グルメが目白押し 何食制覇できるか挑戦しましょ

福岡と言えばやっぱりグルメ！ 博多ラーメン（☞P16）をはじめ、もつ鍋（☞P20）、水炊き（☞P22）といった鍋、玄界灘の荒波にもまれた新鮮な魚（☞P32）や寿司（☞P34）もピカイチ！ 意外と知られていませんが博多はうどん（☞P36）発祥の地。時間のないときにも便利です。

福岡タウン+もう1日観光するなら

レトロな港町や歴史さんぽ 豊かな自然に触れられます

北九州の門司港レトロ地区（☞P132）にはクラシックな建築物などが多数残り、洋食などレトロなグルメも魅力。夜のライトアップもキレイです。また、器に興味があるなら焼物の町・唐津（☞P126）へ。唐津焼の窯元見学や新鮮な海の幸を楽しめ、旅情たっぷりに一日を過ごせます。

国際貿易港の面影を残す「旧門司税関」（☞P133）

学問の神様、太宰府天満宮（☞P116）は参道さんぽも楽しみ

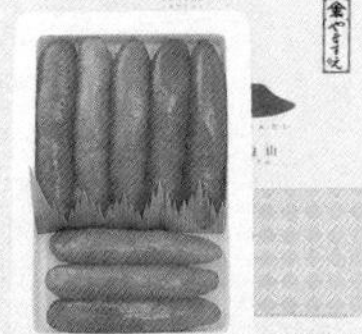

空港、博多駅、デパートなどでは辛子明太子をはじめ、おみやげが充実

おみやげは何がいい？

定番のグルメ以外に ここだけモノをぜひ！

博多ラーメンや辛子明太子（☞P104）などは博多の王道みやげ。空港や博多駅にはあらゆるメーカーや名店のものが揃っているのでチェックしてみましょう。また、デパート（☞P72）、博多駅エリア（☞P54）には地元でも人気の名物が勢揃い。限定アイテムも充実しています。

季節ごとに色が替わる太宰府のおみくじ

宿はどこが便利でしょう？

タウンと郊外 目的に合わせて選びましょう

タウンステイを楽しむなら博多駅か天神が便利。太宰府、柳川などに向かうなら西鉄福岡（天神）駅に近いとアクセスしやすいです。また、のんびりとリゾート気分を楽しむなら福岡ベイエリア（☞P92）へ。海に面したラグジュアリーなリゾートホテルで一日を優雅に過ごしてみましょうか。

温泉が楽しめるホテルも。「天然温泉 袖湊の湯 ドーミーインPREMIUM博多・キャナルシティ前」（☞P112）

「ヒルトン福岡シーホーク（☞P111）」のシーサイドビューのバスルームからは見事な眺めが

1日目

出発〜!

10:00 博多駅出発

博多駅エリア(☞P50)にはファッションやグルメなど魅力的なスポットがいっぱい。

10:30

アミュプラザ博多(☞P51)の屋上「つばめの杜ひろば」(☞P50)で博多の街を一望。

福岡の名物でランチ!

13:00

多彩な福岡グルメが揃うJR博多シティの食事処(☞P52)でランチ!

14:00 キャナルシティ博多

博多駅からバス(☞P46)もしくは徒歩で「キャナルシティ博多」(☞P62)へ。

14:30

キャナルシティ博多内を散策。ラーメンスタジアム(☞P62)ものぞいてみよう。

"お櫛田さん"と博多っ子に親しまれている

15:00 櫛田神社

博多の総鎮守「櫛田神社」(☞P59)へ参拝。博多祇園山笠の"飾り山笠"も見学できる。

15:30

「博多町家」ふるさと館(☞P58)へ。博多の歴史を学べる。伝統工芸品も必見!

ほどよい甘さがたまらないっ!

16:30

ひと休み。「中洲ぜんざい」(☞P59)で名物のぜんざいを。夏はかき氷も人気。

17:00 川端通商店街

博多の古き良き情緒漂う「川端通商店街」(☞P59)を散策してみよう。

18:30 天神

地下鉄中洲川端駅から1駅で天神駅へ。ホテルにチェックインしてから、夕食を。

シメはちゃんぽん麺で!

19:00

1日目の夕食は本場のもつ鍋(☞P20)。野菜たっぷりのヘルシー鍋を堪能しよう。

おやすみ…

21:00

博多ナイトを満喫すべく、屋台(☞P24)へ。地元の人々とのふれあいも楽しみ!

効率的に楽しむ 2泊3日福岡の旅

おいしい食べ物、温かい人々、すぐ近くにある自然…。
福岡はいつ訪れても熱気があってエネルギッシュ!
街がコンパクトで、散策しやすいのも魅力です。

2日目

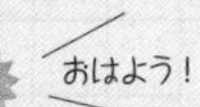

おはよう!

8:20 天神駅出発

西鉄天神大牟田線・太宰府線で太宰府駅下車。学問の神様、太宰府天満宮へ。

9:00 太宰府天満宮

太宰府天満宮（☞P116）に参拝。境内にはさまざまなみどころが点在している。

9:20

焼きたてアツアツ!

太宰府で食べたいのが梅ヶ枝餅（☞P118）。参道にはたくさんの店が並んでいる。

9:40 九州国立博物館

天満宮とトンネルでつながる。日本とアジアの交流史がテーマの博物館（☞P120）。

13:00 柳川

甘いタレが利いてます

太宰府駅から柳川へ。柳川名物「うなぎのせいろ蒸し」（☞P124）をランチに。

13:40 川下り

水郷の自然を川下り（☞P122）でのんびりと満喫したい。

15:00 北原白秋生家・記念館

詩や童謡で知られる北原白秋は柳川出身。その生家・記念館（☞P123）を見学。

16:00 柳川藩主立花邸 御花

柳川藩主立花家が構えた別邸（☞P123）。邸内の美しい庭園「松濤園」も必見だ。

16:50

紅茶の店 River Flow（☞P123）で川下りの舟を見ながらティーブレイク。

18:30 天神

天神に戻り、夕食へ。新鮮な博多の魚を使った料理（☞P32）を満喫したい。

20:00 中洲

飲も! 飲も!

ネオンきらめく歓楽街、中洲へ。観光客でも安心して行けるバー（☞P66）へ。

21:00

旅を満喫すべく、もう1軒。那珂川沿いにあるバーでしっとり夜景を楽しもう。

せっかく遠くへ来たんですもの

3日目はひと足延ばしてみませんか？

海風に吹かれたい人は福岡ベイエリアへ

ベイエリア（☞P92）や、海の中道～志賀島（☞P96）など、東西に魅力的な観光スポットが広がる。都会にいながらリゾート気分が味わえる。

レトロな港町なら門司港へ

明治初期から国際貿易の拠点として栄えた港町・門司港（☞P132）はレトロタウンとして知られ、当時の栄華を伝える建物が数多く残っている。

ココミル cocomiru

福岡 糸島 太宰府 柳川

Contents

●表紙写真
もつ鍋おおやま 本店（P21）、ひよ子本舗吉野堂（P107）、桜井二見ヶ浦（P99）、あまおう、太宰府天満宮（P116）、味の明太子 ふくや 中洲本店（P104）、屋台、福岡タワー（P95）、那珂川リバークルーズ「福博みなとであい船」（P47）、福岡市赤煉瓦文化館（P49）

旅のプロローグ

ラーメン、水炊きetc. うまかもん大集合。まずは郷土の味めぐりに出かけましょう

食べる、買う、遊ぶのワンダーランド福岡タウンをご案内します

JR博多駅周辺 …50

中洲・川端 …56

天神周辺 …70

大名・薬院周辺 …82

福岡ベイエリア …92

旅をもっと充実させましょう。厳選おみやげ・ホテル情報

ひと足延ばして行きましょう。福岡タウンからのプチトリップへ

〈マーク〉
- 観光みどころ・寺社
- プレイスポット
- レストラン・食事処
- カフェ・喫茶
- 居酒屋・BAR
- みやげ店・ショップ
- 宿泊施設
- 立ち寄り湯

〈DATAマーク〉
- ☎ 電話番号
- 住 住所
- ¥ 料金
- 開館・営業時間
- 休 休み
- 交 交通
- P 駐車場
- 室 室数
- MAP 地図位置

博多名物No.1!

博多ラーメン

☞P16

ヘルシーで人気！

もつ鍋

☞P20

博多の伝統料理！

水炊き

☞P22

ひと口サイズ！

餃子

☞P28

多彩な食材が！

焼き鳥

☞P30

荒海育ちの魚！

玄界灘の魚

☞P32

新鮮さで勝負！

寿司

☞P34

博多生まれの名物！

うどん

☞P36

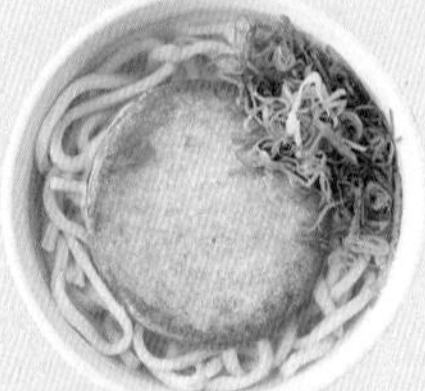

麗しいイチゴたち！

イチゴスイーツ

☞P38

ラーメン、水炊きetc. うまかもん大集合。まずは郷土の味めぐりに出かけましょう

食都・福岡にはおいしいものがあふれています。
ぜひ一度、おすすめ店ののれんをくぐってみましょう。
福岡っ子の熱いエネルギーを
味覚と共に感じてみてください。

究極B級グルメ！

屋台グルメ

☞P24

大人好みのスイーツ！

日本茶スイーツ

☞P40

押さえておきたい 博多ラーメンの王道店

博多で必ず押さえておきたい名物グルメといえば、豚骨ラーメン。まずは定番店で、王道の一杯を味わってください。

博多とんこつらぁめん 820円
店内炊きのスープが自慢。豚骨の王道といえる一品

大名

いっぷうどう だいみょうほんてん

一風堂 大名本店

本店だけの味を楽しもう!

今や海外にも展開する「一風堂」の1号店。「博多とんこつらぁめん」は、豚頭のみを14時間煮込んだシンプルで力強いラーメン。「博多しょうゆらぁめん」は、地元大名の「ジョーキュウ醤油」の醤油を使用している。いずれも2種類の自家製チャーシュー(バラ・モモ)が楽しめる。

☎092-771-0880 住福岡市中央区大名1-13-14 ⏰11～22時 休無休 交西鉄福岡(天神)駅から徒歩8分 Pなし MAP付録P11B1

和と洋のテイストが調和したスタイリッシュな空間

天神周辺

はかただるま そうほんてん

博多だるま 総本店

記憶に残る超濃厚スープ

博多屈指の濃厚な豚骨ラーメンで知られる店。鉄の羽釜で炊き上げて作る濃厚スープに、厳選した小麦を用いる自家製極細ストレート麺がよく絡む。

☎092-761-1958 住福岡市中央区渡辺通1-8-25 ⏰11時30分～23時30分(金・土曜は～午前0時30分、LOは閉店の15分前) 休無休 交地下鉄七隈線渡辺通駅から徒歩4分 Pなし MAP付録P10F2

テーブル席もあり、ファミリーでの利用客も多い

チャーシューメン 980円
豚ロースのチャーシューは、オーダーを受けてから切るので、ジューシーでトロトロ

一風堂の味を家庭で再現

一風堂の卓上にある無料の人気トッピング「辛モヤシ」が作れる「ホットもやしソース」470円（300㎖）。一風堂各店ほか、百貨店などでも販売されています。
☎092-771-0880

大名
いちらん てんじんにしどおりてん
一蘭 天神西通り店

釜だれが利いた特製ラーメン

昭和35年（1960）に開業。チャーシューを煮込んだタレ「釜だれ」を用いた釜だれとんこつラーメンは福岡でしか食べられない一杯。重箱型の器を使っているのもユニークだ。

☎092-713-6631 住福岡市中央区大名2-1-57 ⏰10時～午前7時 休無休 交西鉄福岡（天神）駅から徒歩5分 Pなし MAP付録P9C4

釜だれとんこつラーメン 980円
チャーシューのうま味が詰まった釜だれがコクを出す

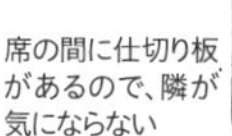

席の間に仕切り板があるので、隣が気にならない

天神
はかたらーめん しんしん
博多らーめん Shin-Shin

女ゴコロを掴む豚骨ラーメン

屋台出身の大将が開業。女性客から好評なラーメンは、豚骨をベースに鶏ガラも加えてとる甘みのあるスープが特徴だ。ラーメンだけでなく、夜は多彩な居酒屋メニューが登場。

☎092-732-4006 住福岡市中央区天神3-2-19 ⏰11時～午前3時（日曜は～24時、LOは各閉店の30分前）休無休 交地下鉄空港線天神駅から徒歩3分 Pなし MAP付録P9C2

チャーシューメン 960円
チャーシューが7枚も敷き詰められた、店の一番人気

夜は居酒屋として利用できるのもウレシイ♪

博多駅周辺
はかたいっこうしゃ そうほんてん
博多一幸舎 総本店

元祖"泡系"は豚骨のうま味が濃厚

国内外で60店舗以上を展開。豚骨のうま味を抽出した脂泡が表面を覆う"泡系"で有名。熟練職人が特注羽釜で炊き上げるスープを満喫して。

☎092-432-1190 住福岡市博多区博多駅前3-23-12 ⏰11～24時(23時30分LO)、日曜は～21時(20時30分LO) 休無休 交JR博多駅から徒歩5分 Pなし MAP付録P6D4

泡系豚骨ラーメン 900円
自家製の細平打ち麺を使用。スープの後味はスッキリ！

博多口から歩いてすぐの場所にある

博多ラーメンのイロハ

博多ラーメンに関する基本知識をおさらい♪

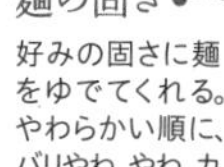

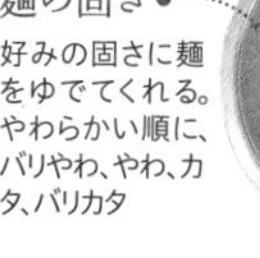

麺の固さ
好みの固さに麺をゆでてくれる。やわらかい順に、バリやわ、やわ、カタ、バリカタ

替え玉
替え玉は麺だけをおかわりできるサービス。スープはある程度残しておこう

トッピング
紅しょうがから辛子高菜まで、卓上には無料のトッピングがいろいろ。自分好みにアレンジを

福岡市中央卸売市場近くの「元祖長浜屋」（MAP付録P5C2）が替え玉の発祥。もともとは市場で働く人たちのためのサービスでした。

ますます注目！博多の個性派ラーメン店

王道の次はディープな博多ラーメンを堪能しましょう。豚骨以外にも、塩や醤油の名店が揃っています。

博多駅

ちゅうかそば むんらいけん

中華そば 月光軒

麺にこだわり、3種類を打ち分ける

店主は、豚骨が主流の福岡で鶏ガラベースの醤油系ラーメンを出し始めたパイオニア。海外でラーメン作りの指導にも携わる。麺のおいしさを味わってほしいと自家製麺にこだわり、3種類を打って、使い分けている。

☎092-710-7779 住福岡市博多区博多駅中央街1-1デイトスアネックス1階 ◷11～23時 休無休 交JR博多駅直結、または地下鉄空港線博多駅からすぐ P提携駐車場利用 MAP付録P6F3

博多いりこそば 890円
煮干しは厳選した長崎産と千葉産を使用しているため、えぐみがなく風味が豊かだ

店はデイトスアネックス内にある

豚骨　塩　醤油

ラーメンジェノバ 790円
バジルはフレッシュさにこだわり、ソースは毎日作っている

中洲

らーめんうなり

ラーメン海鳴

香り高い緑の豚骨スープ

独創的な味を次々と発表する気鋭店。濃度の高い豚骨スープに、パルメザンチーズとバジルが主原料の特製ソースを加えたラーメンジェノバはクセになるうまさ。

☎092-281-8278 住福岡市博多区中洲3-6-23和田ビル1階 ◷18時～午前6時 休日曜 交地下鉄空港線中洲川端駅から徒歩3分 Pなし MAP付録P7A2

中洲店のほか、市内に系列店もある

おみやげラーメン いろいろ 揃ってます！

JR博多駅構内の「マイング」には、行列店や屋台で好評の焼きラーメンなど、多彩な商品が揃っています。本場の味をおみやげにしては？
☎092-431-1125(マイング)
MAP付録P6F3

中洲
はかたえびとんこつらーめん いお なかすげいつてん
博多海老豚骨ラーメン 維櫻 中洲Gate's店

香り、味わいともにエビが際立つ

甘エビからとれた自家製海老スープと、濃厚豚骨スープを合わせた「海老豚骨」ラーメンを提供。やわらかな自家製レアチャーシューがのり、モチモチ食感のちぢれ麺がスープによく絡む。特製「海老つけ麺」も、濃厚なエビの味と香りに大満足の一杯だ。

☎092-263-0012 住福岡市博多区中洲3-7-24 Gate's地下1階 ⏰11時～19時30分LO(土・日曜、祝日は～20時30分LO) 休不定休 交地下鉄空港線中洲川端駅直結 Pなし MAP付録P8F2

中洲エリアの複合施設の地下にある

豚骨 塩 醤油

海老豚骨 850円
鹿児島産のタカエビをたっぷりと使用。チャーシューの上に海老油をオン！

大名
めいきょうしすい だいみょうてん
明鏡志水 大名店

和食料理人が作るラーメン

京都にある老舗料亭「京都瓢亭」別館で料理長を務めた秋吉雄一朗さんが手がける、毎日食べても飽きがこないラーメンを出す店。だしにこだわり、透き通るスープが特徴。

☎092-406-6271 住福岡市中央区大名2-9-17 ⏰11～14時、17～22時（21時30分LO）休不定休 交地下鉄空港線赤坂駅から徒歩2分 Pなし MAP付録P9B3

広々とした落ち着きのある店内

豚骨 塩 醤油

特製 塩 1250円
鰹、昆布、椎茸、帆立など素材からうま味を取り出した透き通るだしは至宝の一杯

豚骨 塩 醤油

ラーメン 730円
味が染みた大根とそぼろ肉のうま味がアクセント

"モグオレ"の愛称で博多っ子から親しまれている

大名
もぐらがおれをよんでいる
土竜が俺を呼んでいる

だしのうま味が利いた大根入り

豚のゲンコツからとったスープを使った純豚骨ラーメンに、そぼろ肉と煮大根をトッピング。しっかりと味が染みた大根の和風だしと豚骨スープのうま味がマッチ！

☎092-716-3388 住福岡市中央区大名1-9-18 ⏰19時～午前2時LO（日曜は～24時LO）休不定休 交地下鉄空港線赤坂駅から徒歩8分 Pなし MAP付録P11A1

豚骨ラーメンの聖地・博多では多様な麺が楽しめます。最近ではつけ麺も定番化し、専門店も増えています。

本場のもつ鍋でスタミナアップ！名店の味を満喫しましょう

醤油、鶏ガラ、味噌など、あっさり風味からこってり風味まで、店ごとに異なるスープの味を楽しめる、博多もつ鍋ベスト5店をご紹介。

もつ鍋とは？

モツとは牛の内臓のこと。もつ鍋は、一年中食べられる博多を代表する鍋料理。低脂肪・高たんぱく・鉄分豊富なモツと野菜をたっぷりとれるヘルシーメニューで女性にも人気だ。

野菜
キャベツとニラがメイン。トッピングはスープのうま味を引き立てるとうがらしとにんにくが基本

モツ
主に、小腸を中心にハツ、ミノなど数種類の部位をミックスして提供する店が多い

もつ鍋しょうゆ味 1人前 1590円
注文は1人前から

ちゃんぽん麺
最後はモツのうま味が染み出たスープでちゃんぽんに。ご飯を入れて雑炊というのもアリ！

スープ
シメの麺や雑炊のために、モツのうま味たっぷりのスープを残しておくのがツウ

1階はカウンター、2階はテーブル、3階は掘りごたつ式の座敷

西中洲

もつなべ しょうらく ほんてん

もつ鍋 笑楽 本店

“ザ・博多！”の風格が漂うシンプルで味わい深い鍋

鶏ガラベースのしょうゆスープは昭和60年（1985）の開業以来変わらない味。モツは国産牛を使い、小腸が9割、ハツやセンマイが1割入る。

☎092-761-5706 住福岡市中央区西中洲11-4 ⏰17時～午前1時 休無休 交地下鉄七隈線天神南駅から徒歩3分 Pなし MAP付録P8F3

正統派！もつ鍋食べ方指南

1

サイドメニューの酢もつなどをつまみながら、ぐつぐつ火が通るまで待とう

2

お腹に余裕があれば、ぜひ追加を！モツのみ、野菜のみのオーダーも可能だ

3

締めはちゃんぽんや雑炊にして、スープのうま味を最後まで堪能しよう

もつ鍋のテイクアウトはいかが？

空港や博多駅でも販売されている「元祖もつ鍋楽天地」の冷凍おみやげもつ鍋セット。ニラやキャベツなどの野菜を揃えれば、自宅でお店の味を再現できる。冷凍のほか、常温タイプもあり。1～2人前1980円。

中洲川端周辺

もつなべおおやま ほんてん

もつ鍋おおやま 本店

数種類をブレンドした濃厚みそ味

九州味噌や西京味噌など数種類の味噌を絶妙にブレンドし、おおやま特製のタレを加えた「濃厚美味（こゆうま）」のもつ鍋を提供。和牛のやわらかなモツのうま味が溶け込んでいる。

☎092-262-8136 住福岡市博多区店屋町7-28 🕒16～23時 休無休 交地下鉄箱崎線呉服町駅から徒歩2分 Pなし MAP付録P7B1

鍋のシメはちゃんぽん麺がおすすめ！

もつ鍋味噌味 注文は2人前から 1人前1793円

全席が掘りごたつスタイル

スープは醤油のみ。モツのうま味と野菜の滋味がたっぷり！

もつ鍋 1人鍋OK 1人前1386円

博多駅周辺

がんそもつなべらくてんち はかたえきまえてん

元祖もつ鍋楽天地 博多駅前店

迫力ある盛り付けが圧巻の老舗

創業45年以上、福岡市内で12店舗を展開する老舗。女将秘伝の醤油スープで、国産黒毛和牛の6種類のモツ、山盛りのニラなど九州産野菜を味わえる。

☎092-451-8970 住福岡市博多区博多駅前3-20-5寿ビル1～4階 🕒17～24時（23時30分LO）休無休 交JR博多駅から徒歩5分 Pなし MAP付録P6D4

1～4階まで150席あり

今泉

あじなべ みんみん

味鍋 味味

琥珀色の醤油スープが自慢

2種類の醤油をブレンドしたスープはスッキリとした味わいだ

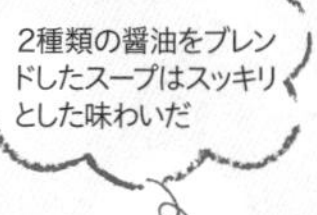

地元で愛されている醤油もつ鍋ひと筋の名店。7種類のモツそれぞれのうま味とキャベツの甘みがミックスするので煮込むほどにコクが増す。

☎092-741-1856 住福岡市中央区今泉1-18-24 1階 🕒17時30分～23時30分LO 休水曜 交地下鉄七隈線天神南駅から徒歩6分 Pなし MAP付録P11C2

もつ鍋 注文は1人前から 1人前1650円 ※別途小鉢席料440円

カウンター席と座敷がある

今泉

えちごや いまいずみいちごうかん

越後屋 今泉1号館

京風白味噌仕立てでまろやかに

鮮度にこだわりぬいたモツと、数種類の白味噌を合わせたまろやかなスープが特徴。柚子胡椒を加えた揚げ豆腐も入り、風味豊かで女性に人気が高い。

☎092-714-6500 住福岡市中央区今泉2-5-6 今泉スクエア1A 🕒17時～22時30分LO 休不定休 交地下鉄七隈線天神南駅から徒歩7分 Pなし MAP付録P11C2

野菜はすべて福岡県産で、モヤシやゴボウもどっさり！

京風白味噌もつ鍋 注文は2人前から 2人前3300円

木のぬくもりが感じられる店内

醤油味と味噌味が定番のもつ鍋。最近では、すき焼風や蒸しもつ鍋など新しい味も続々と登場！

水炊き食べてお肌つるつる♡ 鶏コラーゲンでビューティーチャージ

博多名物水炊きは、コラーゲンたっぷりの美フード。
スタミナ食として食べる博多っ子も多い、郷土料理です。

元祖博多水たきBコース 5300円
とり皮酢などが付き、締めは雑炊またはそうめんを。別途サービス料10%要

博多水炊きとは？
スープには透明なものと白濁したものがあり、店によって異なる。大半の店にコースがあり、鍋のほかに唐揚げや鶏刺しなどが付く。シメのおじやで最後まで堪能しよう。

平尾

がんそはかたみずたきすいげつ

元祖博多水たき水月

115年以上の歴史と技が光る

明治38年（1905）創業、水たき発祥の店として知られる。時間をかけ丁寧にアク取りした澄んだスープは滋味深く、主役の鶏肉はホロッとやわらかい。ふわふわ食感のミンチも絶品だ！ さらに、糸島産のダイダイを絞り、1年間熟成させた自家製のポン酢もうまさを引き立ててくれる。水たきのほか、肝甘露煮1200円などこだわりの鶏料理もおすすめ。

☎092-531-0031 住福岡市中央区平尾3-16-14 ⏰17～21時LO 休月曜 交西鉄天神大牟田線西鉄平尾駅から徒歩12分 P3台 MAP付録P4D4

女将の林田さん

店内は掘りごたつ席と畳敷きの席がある

骨付きモモ肉のジューシーな鶏の唐揚げ1個150円

《こちらもおすすめ》
元祖博多水たきAコース6300円
元祖博多水たきフルコース8300円
博多小鉢セット（水たきの追加メニュー）2500円

＊掲載各店に記載のコース料理は特記以外1人前の料金です。2名以上の利用は人数分の注文が必要な場合があります。

甘辛く炊き込んだ肝たれ焼き720円

本格派の味を自宅で手軽に堪能できる万能チキンスープ

かしわ水たき缶864円（425g）は70年以上にわたるロングセラー商品。鶏の骨付き肉からとった濃厚なスープはさまざまな料理に使えます。「岩田屋」の地下食品売り場などで販売。
☎092-721-1111（岩田屋本店代表）

天神

はかたみずだき しんみうら てんじんてん

博多水だき 新三浦 天神店

1人から気軽に水だきが楽しめる

白濁スープがまろやかな“水だき”で有名。小鉢定食2300円なら、一人でも気軽に老舗の味を楽しめる。親子どんぶり970円も評判。

☎092-721-3272 住福岡市中央区天神2-12-1天神ビル地下1階 ⏲11時15分～14時30分LO、17時～20時15分LO 休火曜、不定休 交地下鉄空港線天神駅から徒歩1分 Pなし MAP付録P9C2

水だき梅コース3900円

《こちらもおすすめ》
手羽先のピリ辛揚げ　720円
竜田揚げ　720円
照り焼玉子焼　1150円

天神地下街直結で、好アクセス

水炊き1人前3500円

《こちらもおすすめ》
雑炊　350円
そうめん　250円

ムネ肉を揚げた唐揚げ1個160円

モダンな印象の店内

大濠公園周辺

はかたみずたきせんもん だいだい

博多水炊き専門 橙

鶏を熟知した技が光る人気店

人気焼き鳥店が手がける水炊き専門店。鶏は丸鶏のまま仕入れ、焼き鳥用と水炊き用、それぞれに合った部位にさばいて、鶏のおいしさを追求している。昼も営業しているのでランチ利用も可能。

☎092-726-0012 住福岡市中央区大手門1-8-14 ⏲12～22時 休無休 交地下鉄空港線大濠公園駅から徒歩3分 Pなし MAP付録P5C3

天神

みずたきりょうてい はかたはなみどり てんじんてん

水たき料亭 博多華味鳥 天神店

鶏肉のうま味をシンプルに食す

福岡のブランド鶏で、やわらかさとほどよい歯ごたえを併せ持つ華味鳥を、こだわりの製法でじっくり炊き出している。夜は3500円～あり。

☎092-738-5583 住福岡市中央区今泉1-20-2天神MENTビル地下1階 ⏲11時30分～14時LO（土・日曜、祝日のみ）、17～23時LO（日曜、祝日は～21時LO）休無休 交地下鉄七隈線天神南駅から徒歩5分 Pなし MAP付録P11C1

華味鳥水たき3500円

《こちらもおすすめ》
華コース　5000円
水たき唐揚げ　750円
自家製明太子　780円

華味鳥特製たれつくね600円は黄身につけて

シックで落ち着いた雰囲気

博多の水炊き店は料亭風の店構えのところが多く、着物姿の仲居さんが給仕してくれます。

博多の夜といえば屋台でしょ!!
屋台ビギナーにおすすめの店はこちら

日暮れとともに明かりを灯し始める福岡の屋台は料理のバラエティも豊か。
初めてでも安心、かつ地元でも人気の屋台で、そのパワフルな雰囲気を体感。

中洲

はかたやたい なかすじゅうばん

博多屋台 中洲十番

糸島素材の絶品料理を満喫

スマホ用充電器や荷物棚を屋台内に設置するなど、使い勝手のよさもウリ。銘柄豚「伊都の宝」や野菜など糸島食材で作るメニューのほかにも、豚骨ラーメンなど屋台の定番もある。

☎092-408-7327 住福岡市博多区中洲1 ⏲18時～午前2時LO 休不定休、雨天時 交地下鉄空港線中洲川端駅から徒歩10分 Pなし MAP付録P7A3

1 黒を基調としたオシャレな店構え。キャッシュレスやクレジット払いにも対応 2 朝採り糸島野菜・三種盛り合わせ（左）600円、朝採り糸島の葉物野菜・三種盛り合わせ（右）600円。糸島のブランド豚を使った串。新鮮野菜で彩りもいい 3 チャーシュー麺950円。具がはみ出るほど盛り盛り

2

3

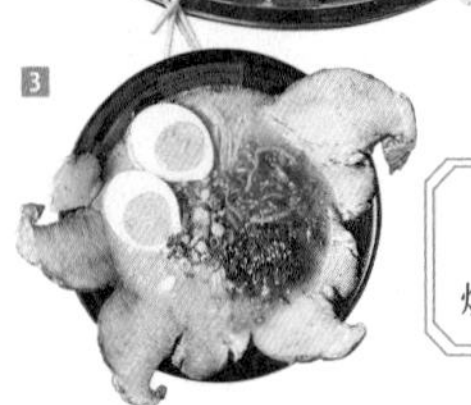

こちらもおすすめ

おでん850円
もつ850円
焼きラーメン950円

屋台ビギナーのための博多の屋台Q&A

Q1 営業時間は？

夕方ごろから各場所で組み立てて仕込みを行い、19時ごろから営業を開始する。遅い時間は満席になることも多いので、オープン直後から20時ごろまでが狙い目。悪天候時は臨時休業の場合も。

Q2 予算の目安は？

ビール1本と料理3、4品を頼んで1人2000円～2500円が目安。席のチャージ、お通しなどはない屋台がほとんど。ラーメン1杯のみの利用も可能。メニュー表に料金を明記している屋台を選ぼう。

Q3 予約はできる？

屋台は来た順番に案内することが基本で、予約はできない屋台がほとんど。屋台ではあまり長居をしないのもマナーだ。

Q4 子連れでも大丈夫？

屋台のほとんどは10席前後と人数が限られるため、子連れだと入れない場合も。事前に電話で連絡し、確認してみよう。

博多の屋台は大きく分けて3つのエリア

いわゆる屋台が並んでいる博多らしい風景が望めるのは「中洲」「天神」「長浜」の3大エリア。天神エリアはメインストリートである渡辺通沿いに屋台が並んでいるため、屋台デビューや女性同士にはうってつけ。

天神

こきんちゃん
小金ちゃん

看板は「焼きラーメン」自慢の料理にファンが集う

昭和43年（1968）創業で、博多名物「焼きラーメン」発祥の店とされる。焼きラーメンはゆでたラーメンの麺に豚骨スープ、濃厚な特製ソースを絡めて鉄板で焼いたもの。そのほか、めんたい玉子焼き、塩ホルモンなどメニューが充実している。

☎090-3072-4304 住福岡市中央区天神2-4-13天神三井ビル角 営18～24時LO（金・土曜は～午前1時LO）休木・日曜(祝日の場合は翌日) 交地下鉄空港線天神駅から徒歩5分 Pなし MAP付録P9B3

こちらもおすすめ

牛ステーキ1300円
めんたいこんにゃく580円
めんたい玉子焼700円

1焼きラーメン780円。香ばしく濃厚な味わいでねっとりとしており、もんじゃにも似ている 2どて焼き690円。やわらかい牛すじ肉を味噌で煮込む。焼きラーメンの隠し味にも使用 3連日、多くの常連客や観光客で賑わう

中洲

たけちゃん
武ちゃん

こんがりキツネ色！屋台の激売れ餃子に注目

2代目大将が先代から学んだ絶品のひと口餃子を作る。餃子は注文後に丁寧に手包み。カリッと香ばしい皮、ジューシーなあんのバランスが抜群で、オーダー率はほぼ100%。営業は週3日ほどで、来店前に電話確認がおすすめ。

☎090-9479-6348 住福岡市中央区中洲1 営18時30分～24時 休不定休、荒天時 交地下鉄空港線中洲川端駅からすぐ Pなし MAP付録P7A3

こちらもおすすめ

どて鍋600円
ホルモン900円

1焼餃子8個600円。特製の鉄鍋で焼いたにんにく控えめのひと口餃子。写真は2人前 2古くからの常連も多い人気店。大将が母と2人で営む

天神周辺

やたいおかもと
屋台おかもと

本格豚骨ラーメンがウリのメジャー屋台

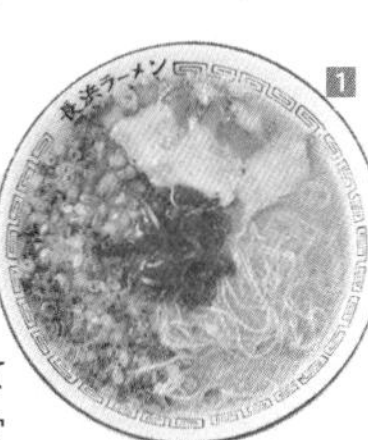

著名人も多く訪れる屋台として有名。人気のラーメンは豚骨100%ながら臭み、雑味がないあっさりとしたスープが秀逸。「ちゃんぽん」850円、「焼きラーメン」850円も評判が高い。

☎090-3798-7347 住福岡市中央区渡辺通4BiVi福岡前 営18時30分～午前1時LO 休水曜 交地下鉄七隈線天神南駅から徒歩3分 Pなし MAP付録P10E2

こちらもおすすめ

和牛タンステーキ
1400円

1ラーメン650円。コクとキレがある豚骨100%のラーメン。王道をいく味わいだ 2渡辺通り沿いの屋台の代表格。一品料理も豊富

「小金ちゃん」や「屋台おかもと」は人気アーティストたちも訪れる屋台。コンサートの打ち上げなどの最後に立ち寄るアーティストも。

屋台ハシゴで絶対はずせない 名物料理を食べに行きましょう！

独自のメニューで人気を博す個性派の屋台もたくさんあります。
バーや洋食などの専門屋台も多いので、食べ歩きしてみませんか。

1 屋台で手軽にフレンチが味わえる 2 いつも陽気なレミさん 3 チーズフォンデュトースト650円 4 自家製ガーリックバターを使ったエスカルゴ850円

こちらもおすすめ

鶏もものコンフィ850円
本日のキッシュ650円
ハウスワイングラス500円

天神

れみさんち

レミさんち

フランス人大将が営む人気屋台

フランス出身の大将、グルナー・レミさんが切り盛りする、福岡唯一の外国人経営の屋台。屋台の中はさながらフランスのビストロ。エスカルゴやキッシュ、自家製パンを使ったトーストなどフレンチを楽しめる。グラスワインのほか、サーバーを完備し、生のハートランドビールも飲める。

☎050-5479-7925 住福岡市中央区渡辺通4-9 ⏰18時～23時30分LO 休日・月曜、荒天時 交地下鉄七隈線天神南駅から徒歩3分 Pなし MAP付録P8E4

定休日などはFacebookで確認できる

天神

てらすあんどみこー

テラス&ミコー

ポップなオシャレ系屋台で 実力派料理人の味を堪能

世界各地の名だたるレストランで腕を磨いた大将が営む。手作りのソーセージや季節野菜のグリルなど素材を生かした料理は、どれもハイクオリティ！ドリンクはワインやカクテルなど多彩。コーヒースタンドも備える。

☎092-731-4917 住福岡市中央区天神渡辺通4-9 ⏰18時45分～24時 休日・月曜 交地下鉄七隈線天神南駅から徒歩3分 Pなし MAP付録P8E4

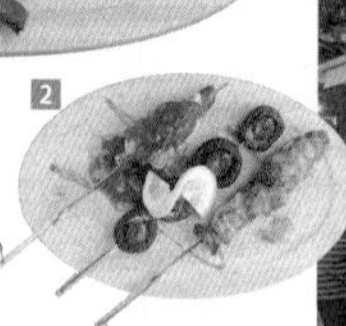

1 糸島豚の手作りソーセージ2本1350円。豚バラとヒレを粗めに挽くことで、プリっとジューシーな食感に 2 鉄串焼きの3種セット1200円。タンドリーチキン串1本500円など。串は1本から注文OK 3 カフェ&バーのようなカラフルなたたずまい

こちらもおすすめ

自家製明太バターの
ブルスケッタ500円
糸島豚の朴葉焼き1850円

屋台を巡るなら
こんなきっぷは
いかが？

参画している15店の屋台で使える「福岡屋台きっぷ（1100円）」。チケット1枚でドリンク1杯と屋台のおすすめメニューが楽しめる。
販売場所：福岡市観光案内所（天神）ほか☎092-753-7119（きっぷ事務局）

天神
あほたれ〜の

あほたれ〜の

メニューは100種類以上！
食べたい一品が見つかる屋台

メニュー表には定番の博多グルメや「タコス」「ガーリックチャーハン」などがズラリ。「ジャンボコロッケ」（1個250円）は土曜日限定。料理に合うカクテルや焼酎も充実している。

☎080-5247-9819 住福岡市中央区天神4大丸福岡天神店前 ⏲18時30分〜午前1時LO 休不定休 交地下鉄空港線天神駅からすぐ Pなし MAP付録P8D4

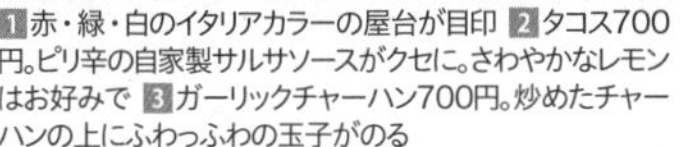

1赤・緑・白のイタリアカラーの屋台が目印 2タコス700円。ピリ辛の自家製サルサソースがクセに。さわやかなレモンはお好みで 3ガーリックチャーハン700円。炒めたチャーハンの上にふわっふわの玉子がのる

こちらもおすすめ
もつ鍋1000円
豚ナンコツ串300円

1開店を待ちわびるお客の姿がよく見られる人気の屋台 2屋台カレー900円。屋台では珍しいキーマ風のカレー 3つまみにもちょうどいいチャイニーズナポリ850円

こちらもおすすめ
ホルモン焼き950円
手作りぎょうざ500円
豚足550円

天神
やたい まみちゃん

屋台 まみちゃん

ひと手間かけた料理が魅力

気さくな店主が迎えてくれる人気屋台。ラーメンなど定番料理のほか、うどん麺をアレンジした「チャイニーズナポリ」など名物料理が揃う。

☎090-1921-0389 住福岡市中央区天神2福岡銀行本店昭和通り側 ⏲18〜24時 休日曜（祝日の場合は月曜） 交地下鉄空港線天神駅から徒歩2分 Pなし MAP付録P9C2

天神
やたいや ぴょんきち

屋台屋 ぴょんきち

博多グルメや韓国料理で乾杯！

パワフルな大将・太田哲英さんが迎えてくれる名屋台。ラーメンや餃子といった博多名物のほか、韓国チヂミ600円などの韓国料理もラインナップ。

☎090-9074-4390 住福岡市中央区天神1大丸福岡天神店前 ⏲18時〜午前1時 休不定休、荒天時 交地下鉄七隈線天神南駅から徒歩5分 Pなし MAP付録P8D4

こちらもおすすめ
焼きラーメン800円
豚バラポックム1000円
おでん150円〜

1名物明太餃子600円。カリッと焼き上げた餃子に明太子のプチプチ食感がたまらない 2ホルモン甘辛炒め1200円。大ぶりのホルモンをコチュジャンなどで味付け 3場所は西鉄福岡（天神）駅に向かって左端。赤いのれんと看板が目印

安心・安全な屋台を選ぶ基準は料金が明示されていること。もし、屋台でトラブルにあったら屋台110番☎092-751-3490へ。

小ぶりなボディにうま味がたっぷり 肉汁じゅわ〜の博多ひと口餃子

博多の餃子はうま味をギュッと凝縮した女性にうれしいひと口サイズ。
中からあふれるアツアツの肉汁と豊かな香りを存分に楽しんで！

焼き餃子 8個500円
鉄鍋で提供されるので最後までアツアツ。自家製の柚子胡椒が味のアクセントに

モチモチ　カリカリ

博多ひと口餃子とは？

肉汁を余すことなく味わえる小さな餃子。タレのほかに自家製の柚子胡椒を用意している店も多い。その小ささから3人前ペロリの女性も!

博多駅周辺

はかたぎおんてつなべ

博多祇園鉄なべ

アツアツの鉄鍋で運ばれる

鉄なべ餃子発祥の店として創業50年余り。鉄鍋でこんがりと焼かれた餃子はサクッ＆モチッとした皮に、野菜たっぷりのヘルシーなあんが絡まり、箸がすすむ。鉄鍋だからこそのアツアツ感を楽しみながら気づけば2〜3人前はペロリ。

☎092-291-0890 住福岡市博多区祇園町2-20 ⏰17時〜22時30分LO 休日曜、祝日 交地下鉄空港線祇園駅から徒歩3分 Pなし MAP付録P7C2

昭和レトロな雰囲気。平日でも予約がおすすめ

もうひと皿

ポテトサラダ 520円
リンゴの甘みと酸味がアクセント！ゴマ風味のドレッシングもポイントだ

これさえあれば
本格的な博多餃子を
自宅で再現

「博多中洲鉄なべ」の冷凍生餃子18個1296円は、福岡空港や博多駅でも販売。こだわりの食材を使う名店の味を家庭でも楽しめます。サイズやセット内容はさまざま。
☎092-405-1288(鉄なべ)

博多駅周辺
あさひけん えきまえほんてん
旭軒 駅前本店

ひときわ小ぶりの博多餃子

昭和29年(1954)に創業した屋台が前身の老舗餃子専門店。14種類の具が入った、肉汁たっぷりの餃子は、表面がかりっかりの焼き上がり。博多餃子のなかでもひときわ小ぶりなので、いくらでも食べられそう。柚子胡椒をつけて召し上がれ。

☎092-451-7896 住福岡市博多区博多駅前2-15-22 ⏰15時～23時30分LO 休日曜 交JR博多駅から徒歩4分 Pなし MAP付録P6D3

焼餃子 10個380円
具材が細かく刻まれたなめらかなあんを薄い皮で包んでいる

モチモチ　カリカリ

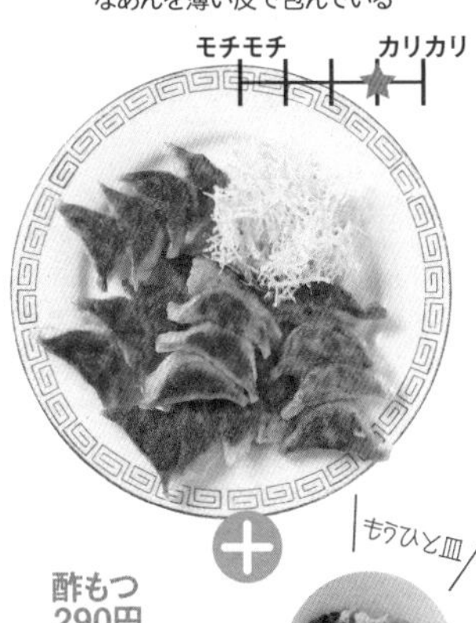

＋ もうひと皿

酢もつ 290円
コリコリとしたもつとさっぱりとした味付けがクセになる

持ち帰りのほか、地方発送もOK

中洲
ほううんてい なかすほんてん
宝雲亭 中洲本店

博多ひと口餃子発祥の店

昭和24年(1949)開業、中国から引き揚げた初代が帰国後に満州で味わった餃子を再現したのが始まり。にんにくを使わず、タマネギの甘みとうま味を引き出したあっさり味の餃子が評判になった。15個650円の持ち帰り用(チルド)も販売。

☎092-281-7452 住福岡市博多区中洲2-4-20 ⏰17時30分～23時(22時30分LO) 休月曜 交地下鉄空港線中洲川端駅から徒歩5分 Pなし MAP付録P7A3

焼餃子 10個600円
じっくり蒸し焼きした餃子の皮はもっちもち。あっさりとした後口も◎

モチモチ　カリカリ

＋ もうひと皿

ニラ卵とじ 660円
餃子店では定番の一品で、とろとろの卵が絶品。レバニラ卵とじ770円もある

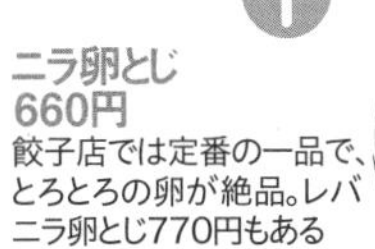

錦小路という細い路地にある

にら饅頭もお試しあれ！

中洲川端周辺
いちゆうてい れいせんてん
一優亭 冷泉店

肉汁たっぷりのにら饅頭

豚肉とニラのうま味があふれ出す、ひと口サイズのにら饅頭。もっちりとした皮に包まれた角切りの豚肉と小エビがほどよい食感で、小ぶりながらも食べごたえ充分。にんにく不使用のため、女性客にも人気が高い。

☎092-262-0477 住福岡市博多区店屋町5-8 ⏰11時30分～14時、17時30分～23時30分LO 休不定休 交地下鉄空港線中洲川端駅から徒歩3分 Pなし MAP付録P7A1

博多一口にら饅頭 8個539円
鉄釜で一気に蒸し上げ、うま味を凝縮。薬味は新潟の香辛調味料かんずりを

モチモチ　カリカリ

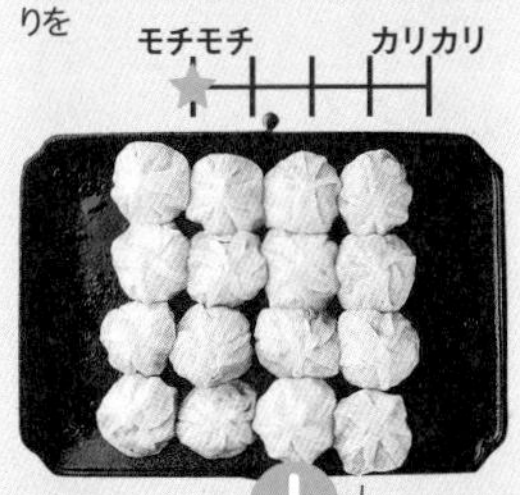

＋ もうひと皿

自家製つくね 759円
醤油とみりんの風味たっぷりで、ふわっとやわらかい

店は冷泉公園のすぐ目の前

各店メニューが充実！餃子が焼き上がるまでは、サイドメニューを味わいながら待つのが博多流。

焼き鳥も福岡名物の一つ、地元っ子の"本命"店はココ！

鶏・牛・豚・魚介・野菜と、バラエティ豊かな博多スタイルの焼き鳥。
各店オリジナルの酢ダレがかかったキャベツが添えられるのも特徴です。

1本220円～ 予算2人で1万円

料理人も惚れる
福岡の銘柄豚を味わおう

おすすめのドリンク
クラフトスピリッツハイボール　715円～
純米酒　660円～
ナチュールワイン　660円～

大濠公園周辺

おきびのいお
熾火のイオ

毎朝仕入れる朝引きの若鶏と、うきは市のハムファクトリー「リバーワイルド」の豚が焼き鳥の二枚看板。写真右から豚つくね264円、豚バラ275円、骨抜き手羽363円。

☎092-406-6319 住福岡市中央区舞鶴3-2-13 ⏰18時～23時30分LO 休水・木曜 交地下鉄空港線赤坂駅から徒歩5分 Pなし MAP付録P5C3

カフェを思わせるおしゃれな外観

1本130円～ 予算2人で7000円

酢ダレキャベツを考案した
博多座に隣接する老舗

おすすめのドリンク
樽酒　一合660円
龍門滝　グラス380円、ボトル2420円
ハイボール　グラス520円

川端

てんかのやきとり のぶひでほんてん
天下の焼鳥 信秀本店

昭和39年（1964）創業。店主は酢ダレをかけたキャベツの無料サービスに加え、ミニトマト巻300円などの串の巻物を考案し、博多流の焼き鳥スタイルを確立した第一人者だ。

☎092-281-4340 住福岡市博多区下川端町8-8博多座横 ⏰16時30分～23時（22時30分LO） 休月曜 交地下鉄空港線中洲川端駅から徒歩3分 Pなし MAP付録P8F1

落ち着いた和の空間には芸能人の写真が多数

1本120円～ 予算2人で6000円

とり皮発祥店の味を
受け継ぐ老舗

おすすめのドリンク
アサヒスーパードライ(生)　大990円
ハイボール　590円～
カクテル　660円～

薬院

とりかわすいきょう
とりかわ粋恭

今や博多名物となったとり皮発祥店「権兵衛」ののれん分け店。7日間をかけ、計7回焼いたとり皮180円は噛めば噛むほど口の中に濃厚なうま味が広がる。売り切れ御免のため早めの来店を。

☎092-731-1766 住福岡市中央区薬院1-11-15 ⏰17～23時 休不定休 交地下鉄七隈線薬院大通駅から徒歩5分 Pなし MAP付録P11C3

1階のカウンター席は予約不可

博多の焼き鳥はバラ（豚バラ）にはじまる！

外はカリッ、中はジューシー、ほどよい塩加減のバラ（豚バラ）の焼き鳥は、博多っ子のソウルフード。焼き鳥店ではほとんどの人が最初にオーダーします。焼き鳥は「ビールとバラ」でスタートというのが博多流。

1本162円～ 全13品コース3780円

博多塀装飾がモダン 大人ムードの焼き鳥店

おすすめのドリンク
レ タンヌ オクシタン シャルドネ　ボトル3080円
角ハイボール　グラス528円
田中六十五　グラス803円

薬院
やきとりのはちべえ しょうにんばしどおりてん
焼とりの八兵衛 上人橋通り店

焼き鳥をワインとともに楽しめる。和牛すき焼き串649円などのアラカルトや、名物デザートのごまプリン528円が女性客に好評。全13品コースは前日までに要予約。

☎092-732-5379 住福岡市中央区警固1-4-27 🕒18時～午前0時30分LO 休無休 交地下鉄七隈線薬院大通駅から徒歩5分 Pなし MAP付録P11B3

カウンターの向こうの備長炭グリルで焼き上げる

1本190円～ 全9品コース3300円

「やさい巻き」ブームの一翼を担う人気店

おすすめのドリンク
名物！和ヒート　605円
メガハイボール　858円
庭の鶯 特別純米　660円

大名
やさいまきくしや ねじけもん
やさい巻き串屋 ねじけもん

「野菜巻き焼き鳥」が人気の火付け役。モッツァレラのズッキーニ巻き275円など、豚バラやベーコンで野菜を巻き込んだヘルシーな串が揃う。

☎092-715-4550 住福岡市中央区大名2-1-29 🕒17時30分～23時30分LO（日曜、祝日16時～）休月曜 交地下鉄空港線赤坂駅から徒歩3分 Pなし MAP付録P9B4

天気がいい日はオープン席も心地よい

1本110円～ 予算2人で8000円

博多の新名物であるジューシーな「とり皮」を！

おすすめのドリンク
アサヒスーパードライ　605円
白霧島　グラス440円～

大名
ごんべえやかた だいみょう
権兵衛館 大名

下ごしらえの段階で素焼きと漬け込みを繰り返して仕上がるとり皮は、外はカリっと香ばしく、中はじゅわっとうま味が詰まっている。1人で10本以上オーダーする人も多い看板串だ。

☎092-714-2296 住福岡市中央区大名2-1-43 🕒17時～22時30分LO 休日曜 交地下鉄空港線天神駅から徒歩3分 Pなし MAP付録P11B1

カウンターのほか、テーブル、座敷席もある

福岡の焼き鳥に欠かせない酢ダレ。これをかけたキャベツはヤミツキに！酢ダレはスーパーなどでも販売。

抜群の鮮度でリーズナブル！玄界灘のプリップリ魚介

海に面した福岡だから、新鮮な魚が食べられるのは当たり前。
漁師の心意気と店主の包丁さばきが光る、玄界灘の魚介料理を堪能！

春吉

やなぎまちいっこくどう

柳町一刻堂

博多っ子が太鼓判を押す名店

博多や九州各地の旬の山海の幸がたっぷりと味わえ、博多っ子が福岡に来た客をもてなす際に利用される店として知られる。仕入れは近くの柳橋連合市場などから。それら新鮮素材を、持ち味を生かした調理法で楽しませてくれるのが人気の秘密だ。アラカルトも充実しているが、5000円～のコースはコスパ抜群！ 酒も充実！

☎092-725-2215 住福岡市中央区春吉3-15-30 ⏰18時～午前1時(24時LO) 休日曜、第2・4月曜 交地下鉄七隈線天神南駅から徒歩7分 Pあり MAP付録P7A4

カウンターのほか落ち着いて食事ができる個室も揃う

もうひと皿

うま味が凝縮された渡りガニの塩辛1960円

調味料などは自家製です。元気なおもてなしもウチの自慢だね。

コチラがおすすめ

店主／福永さん

《これもおすすめ》
和牛カルビの肉じゃが800円
おまかせコース5000円～（8品）
アラ鍋4900円（1人前）

青魚、白身魚、イカなどが並ぶお刺身盛合せ3400円（2人前）。奥は冬の高級魚アラ鍋

博多駅周辺

しゅんどころけむり

旬処けむり

目利きが選んだ旬魚を満喫

鮮魚店で20年修業した店主の確かな目に、地元客が信頼を寄せる。「食べ応えのあるスタイルで」と刺身は分厚く切って提供される。口いっぱいに広がるうま味や独特の食感を満喫しよう。

☎092-291-5015 住福岡市博多区祇園町1-18 ⏰17時～午前1時 休不定休 交地下鉄空港線祇園駅から徒歩5分 Pなし MAP付録P7C2

刺身盛合せ1人前1078円（手前）

小上がりやテーブル席もある

もうひと皿

マグロのエンガワ（ヒレ下）焼き748円

《これもおすすめ》
穴子白焼1078円
アラ刺身1958円

※仕入れ状況により料理の提供がない場合、値段が変動する場合あり

福岡市鮮魚市場のシンボルといえば長浜の「市場会館」

「市場会館」2階の「PRプラザ」では日本の魚文化や漁法、市場の仕組みが学べます。1階では鮮魚のうま味を生かした、和食の食事処が軒を連ね、早朝から営業しています。

☎092-711-6412 MAP付録P4D2

今泉

はかたろばた・ふぃっしゅまん

博多炉端・魚男 FISH MAN

和洋折衷のカジュアル居酒屋

地産地消をコンセプトに和洋折衷の料理が楽しめる居酒屋。特注皿にのせたお刺身階段盛りが人気で、自家製で燻製を施した鹿児島の醤油「母ゆずり」、や福岡の「糀しょうゆ」などで味わう。

☎092-717-3571 住福岡市中央区今泉1-4-23 ⏰11～23時 休無休 交地下鉄七隈線薬院駅から徒歩4分 Pなし MAP付録P10D2

ユニークな盛り付けのお刺身階段盛り

《これもおすすめ》
バーニャカウダ1人前690円(2人前より)
ゴマサバ1408円
刺身1人前2090円(2人前より)

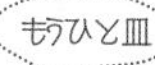
もうひと皿

魚男の肉じゃが690円

木を多用したナチュラルな内装

川端

いさぎよし しもかわばたてん

磯ぎよし 下川端店

地酒はもちろん、魚自慢の居酒屋

カウンターにはその日とれたばかりの鮮魚がズラリ！ 九州特産の食材と地酒にこだわった月替わりのメニューが人気だ。店内は活気にあふれ、心地よい接客も魅力。天神店、薬院店もあり。

☎092-281-6780 住福岡市博多区下川端町1-333 ⏰17時30分～23時 休不定休 交地下鉄空港線中洲川端駅から徒歩3分 Pなし MAP付録P8F1

《これもおすすめ》
刺身盛り合わせ(1～2人前)2200円
磯ぎよし茶碗蒸し759円
焼きさば飯930円

刺身やコロッケなどメニューはさまざま

もうひと皿

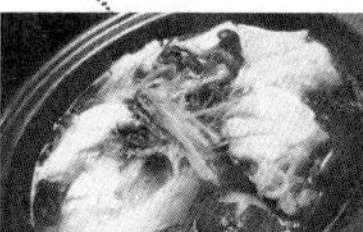
天然本あら鍋2178円(1人前)

注文と同時に魚がさばかれる

中洲川端周辺

はかたのさかば じゃいあんと

博多の酒場 ジャイアント

鶏と魚、厳選食材を身近に感じる

地元の食材を使った、季節ごとに変わるメニューを用意しており、名物のお通しポテトサラダは食べ放題。一人で気軽に行けるのもうれしい。団体(20人以上)は要予約。

☎092-409-3011 住福岡市博多区店屋町2-27 ⏰17時～午前1時(金・土曜、祝前日は～午前2時) 休無休 交地下鉄空港線中洲川端駅から徒歩6分 Pなし MAP付録P7B1

活きイカの姿造り10g180円～(時期により変動あり)

《これもおすすめ》
和牛すもつ420円
糸島豚のバラ串200円
自家製麺のこだわりうどん640円～

もうひと皿

博多ごま鯖～自家製ゴマだれ～1260円

2階掘りごたつ席は2～30人で利用可能(要問合せ)

一般的に九州の醤油は甘めで知られています。刺身には甘く濃厚な「刺身醤油」がよく合います。

上質なネタと磨きぬいた技 とびっきり活きのよい寿司を味わう！

玄海灘の荒波にもまれた鮮度よし、味よしの魚介が揃う福岡。
熟練の職人が握った寿司に身も心もとろけてしまいそう。

川端

たつみずし そうほんてん

たつみ寿司 総本店

選びぬいた鮮度抜群のネタと斬新モダンなアレンジ握り

丁寧な仕事で評判の創作系寿司の名店。糸島の岩塩を使ったタレやすだち、かぼすなど柑橘類で味付けされた寿司は、醤油をつけずにいただけるのが特徴だ。ネタのうま味を最大限に引き出すそのアレンジは、魚が苦手な人も虜になるほど。伝統の技を守りながらアグレッシブに進化し続ける。

☎092-263-1661 住福岡市博多区下川端町8-5 ⏰11時～21時30分LO 休月曜（祝日の場合は翌日休）交地下鉄空港線中洲川端駅から徒歩3分 Pなし MAP付録P8F1

予算
【昼】
2000円～（平日のみ）
【夜】
1万1500円～

特上にぎり　4000円
（握り6貫、ウニイクラカクテル、玉子
※ランチは吸物付き）
日々仕入れのネタは異なるが、取材時の目玉は東京ではめったに登場しない"幻の魚"と称賛される生穴子。旬ネタを盛り合わせた、おすすめメニューだ。

アレンジ技の一例

ヒラマサ800円
ほんのりピンク色で、淡白な味わいに、もろみの甘さをプラス

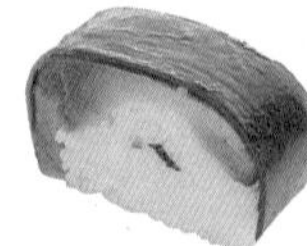

松前寿司450円
肉厚のシメサバを利尻昆布で包み、香りも豊か

ヒラメ700円
アンチョビと海ぶどうが添えられ、食感も楽しい！

職人の動きを間近で見られるカウンター席

＊掲載の握り寿司の値段は1貫単位です。また、ネタは季節・仕入れ状況によって変わります

旬の魚を知って
お目当ての魚を
味わおう

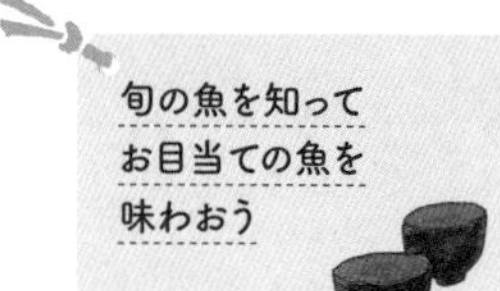

福岡の北西部に広がる玄界灘は国内有数の漁場。対馬海流の荒波にもまれ、身が締まった海鮮は絶品だ。特に6～10月はアジやケンサキイカ、10～11月はウチワエビやサバ、12～1月はアラなどが旬を迎える。

薬院周辺

すし かっぽう やまなか

鮨 割烹 やま中

どっしりと風格漂う福岡の大御所店

全国にファンを持つ有名店。店内はモダンな雰囲気で、女性に人気というのも納得。九州の食材をふんだんに使った玄海・博多前寿司は、シンプルながら職人の技が光る一品。ネタの鮮度とシャリの温度にこだわりが感じられる。

☎092-731-7771 住福岡市中央区渡辺通2-8-8 ⏰11時30分～14時、17時30分～21時LO 休日曜 交地下鉄七隈線薬院駅から徒歩3分 Pあり MAP付録P10E3

予算
【昼】
昼のコース 3850円～
【夜】
夜のコース（おまかせ）
1万3200円～

昼のコース3850円（握り、ウニイクラ丼、細巻、赤出汁、茶碗蒸し、デザート）

洗練された店内は、世界的に活躍する建築家・磯崎新が設計

職人技の一例

アラ1100円
博多の高級魚・アラを炙り、香りをプラス

甘鯛昆〆880円
白板昆布と木の芽の組み合わせ

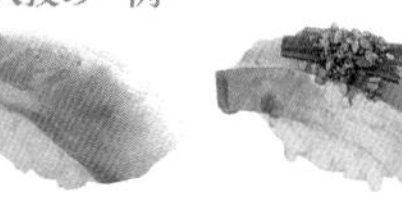

しめ鯖550円
北海道の松前昆布とネギゴマが絶妙！

こちらもチェック 気軽に！サクッと！人気の回転寿司

天神

ひょうたんのかいてんすし

ひょうたんの回転寿司

高級ネタもお手頃価格！

人気寿司店による回転寿司の店。アカムツやアワビなどの高級なネタもリーズナブルな価格で提供。50種類ほどのバラエティに富んだネタを心ゆくまで味わおう。

☎092-733-7081 住福岡市中央区天神2-11-3ソラリアステージ地下2階 ⏰11～21時 休無休 交地下鉄空港線天神駅から徒歩2分 Pなし MAP付録P8D3

◀とれたての新鮮な地サバ（2貫）530円

▲コリッとした食感のひとくちアワビおどり（1貫）530円

◀オープンしてすぐに満席になることが多い

博多駅

まわるすし はかたうおがし はかたいちばんがいてん

まわる寿司 博多魚がし 博多1番街店

熟練の職人技を気軽に楽しもう

博多駅構内にあり、アクセスのよさが魅力。 旅行客のみならず地元の人にも人気だ。玄界灘のネタを中心に揃え、熟練の職人が握る寿司を、お手頃価格で楽しむことができる。味噌汁や茶碗蒸しなどが付いたセットもある。

☎092-413-5223 住福岡市博多区博多駅中央街1-1JR博多シティ地下1階 ⏰11時～21時30分（21時LO）休無休 交JR博多駅直結 Pなし MAP付録P6E3

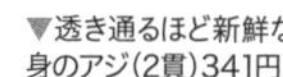

▼透き通るほど新鮮な身のアジ（2貫）341円

▶あっさりした上品な味わいのタチウオ（2貫）341円

◀連日混雑しているので、昼時を避けて行こう

一年中鮮魚を楽しめる福岡。特に秋冬はヒラメや真鯛など脂がのった魚が充実。春夏が旬のアジも見逃せない！

やわらかい麺が特徴のうどんも福岡のソウルフードの一つです

麺がふっくらやわらかく、香り豊かなだしとよく合う博多のうどん。讃岐や稲庭とは違う独特の味わいを体験してみましょう。

丸天うどん560円
器に合わせた丸天はもちもちとした食感。博多の定番だ

博多はうどん発祥の地

鎌倉時代に中国から戻った僧侶、聖一国師(しょういちこくし)がうどんを持ち帰ったことから、博多は"日本のうどん発祥の地"といわれている。

天神

いなばうどん そらりあすてーじてん

因幡うどん ソラリアステージ店

これぞ博多! のキングうどん

昼どきともなれば行列ができる人気店。北海道産天然羅臼昆布や長崎県五島・島原のイリコを使って香りを立たせただしは、やわらかくツルッとした麺と相性抜群でほっとできる味わい。博多駅などに支店あり。

☎092-733-7085 住福岡市中央区天神2-11-3 ソラリアステージ地下2階 ⏰11時～21時30分LO 休無休 交地下鉄空港線天神駅から徒歩3分 Pなし MAP付録P8D3

天神地下街にも直結しているのでアクセスしやすい

特製博多細うどん780円
みょうがとネギが添えられた、温かいゴマだれで味わう。つけ麺感覚のうどんは、のど越しさっぱり

川端

かろのうろん

かろのうろん

ガツンとパンチのある明太子うどん

100年以上の歴史を誇る老舗。国体道路沿い、川端商店街に入る角にあることから、「角のうどん」とよばれ、それが「かろのうろん」の博多弁に。羅臼昆布を使った上品なだしが特徴で、もっちりとのど越しのいい麺と合う。

☎092-291-6465 住福岡市博多区上川端町2-1 ⏰11～18時(売り切れ次第終了) 休火曜(祝日の場合翌日) 交地下鉄空港線祇園駅から徒歩5分、または地下鉄七隈線櫛田神社前駅から徒歩2分 Pなし MAP付録P7B2

もうひと皿

いなりずし1皿270円
ほんのり甘く懐かしい味わいのいなりずしは、淡白なうどんと好相性

櫛田神社近くにあるので参拝の帰りに寄ってみては

からし明太子950円
辛子明太子ひと腹がどーんとのった人気メニュー。スープに辛さが広がる

独創的なメニューが続々登場！「侍.うどん」

カレー店とのコラボなど、独創的なメニューで福岡のうどん界に新風を吹き込んでいる「侍.うどん」。スパイスをたっぷり使った土・日曜限定のベジカレーうどん、侍.スペシャル1200円。

☎092-483-6300 MAP 付録P4E3

天神

うえすと うどんやてんじんてん

ウエスト うどん屋天神店

もちもち麺がたまらない！

昭和41年（1966）創業、総店舗数112店を誇る老舗的存在。厳選されたアジコ（アジのだし）とイリコを使い、五島灘の塩で味を整えただしと、やわらかいのにしっかりコシがある麺がマッチ。注文が入ってから揚げる天ぷらもサクサクだ！

☎092-737-2011 住福岡市中央区天神2-3-10 ⏰11時30分～24時（金・土曜は～午前2時） 休無休 交地下鉄空港線天神駅から徒歩7分 Pあり MAP 付録P9C4

かき揚げうどん530円
名物のアツアツ揚げたての天ぷらと一緒に味わって

夜はうどん居酒屋としても利用できる

千代

すけさんうどん はかたちよてん

資さんうどん 博多千代店

北九州市発祥の大人気店

北九州のソウルフードとして知られる「資さんうどん」。サバ・昆布・シイタケなどからとったすっきりとしただしとのど越しのよい麺が美味！おでん1個100円～やぼた餅1個150円も名物。24時間営業なのもうれしい。

☎092-260-1190 住福岡市博多区千代2-1-24 ⏰24時間 休無休 交地下鉄空港線祇園駅から徒歩6分 Pあり MAP 付録P4E2

肉ごぼ天うどん760円
タマネギと一緒に煮た甘辛の牛肉とスティック状のごぼ天（ゴボウの天ぷら）がオン！

駐車場も広く、遠方から訪れるファンも多い

こちらもチェック うどんで一杯！「うどん居酒屋」も大人気

大名

うどんわすけ だいみょうてん

うどん和助 大名店

飲んだ後はうどんでシメる

北九州を中心に展開するうどん一派「豊前裏打会」に所属する店。高・低温で熟成し、透明感のあるモチモチ食感の麺を、切りたてゆでたてで味わえる。福岡の地酒や九州各地の焼酎も充実。

☎092-733-0202 住福岡市中央区大名2-2-43イーエルケイ大名1階 ⏰11～16時、18～22時（日曜は～21時） 休火曜 交地下鉄七隈線天神南駅から徒歩5分 Pなし MAP 付録P9A4

▲クリーンでオシャレな印象の店内

▲ピリ辛スープのクッパ風うま辛うどん850円

春吉

うどんやかまわん

宇どんヤかまわん

つまみメニュー50種と大充実！

糸島産小麦を使った自家製手打ち麺は、つるんとしたのど越しが特徴。7種の食材を約10時間かけて作った香り高いだしも味わい深い。厚切りのまぐろ刺し1200円ほか、居酒屋メニュー400円～とリーズナブル。

☎092-711-9811 住福岡市中央区春吉3-21-30 ⏰16時～午前3時30分LO 休不定休 交地下鉄七隈線天神南駅から徒歩5分 Pなし MAP 付録P8F3

◀赤坂に姉妹店「うどん大学」もある

▼肉ぶっかけうどん1100円、福岡の地酒はグラス600円～

博多のうどんは、上品なだしも特徴の一つ。丸天やごぼう天などのトッピングが博多スタンダードです。

イチゴスイーツがおいしいカフェで くつろぎのひとときを過ごしましょう

福岡県を代表するイチゴ・あまおうを、見て、食べて楽しもう。
時期になると、あまおうを使用したスイーツを期間限定で提供するカフェも。

たっっっぷりいちごのズコット 1320円

ふわふわなスポンジの中にたっぷりのあまおうと生クリームを挟み込み、贅沢に仕上げたケーキ。
提供期間：11月上旬～4月下旬

大名

うい あー れでぃ

We ARE READY

旬の素材と生クリームスポンジの相性は◎

旬のフルーツを贅沢に使ったタルトとカヌレの専門店。タルトはその時期いちばんおいしいフルーツを厳選し店内のオープンキッチンで毎朝焼き上げる。フレッシュでボリューム満点。4種類あるカヌレはおみやげにも人気。

☎092-734-1050 住福岡市中央区大名1-11-15 営12～20時（イートインは～19時）、タルトがなくなり次第終了 休無休 交地下鉄空港線天神駅から徒歩7分 Pなし MAP付録P11B1

▲海外から集めた小物やインテリアが空間を演出

いちごの森 2200円

全国から食べに来る一品。あまおうがきれいに飾られた大人気のパフェ。
提供期間：1月下旬～4月下旬

大濠公園周辺

ぱんしりお

パンシリオ

味もセンスも抜群！麗しのご褒美パフェ

センスが抜群でゴージャスと人気を呼ぶパフェの専門店。季節ごとにフルーツが変わるパフェはフレーバーの異なるアイスやナッツなど、多彩な味を組み合わせる。調和した美しさを見せ、食べるのがもったいないほど。

☎なし（問合せはHPより）住福岡市中央区黒門8-15 営13時～17時30分LO 休無休 交地下鉄空港線唐人町駅から徒歩2分 Pなし MAP付録P5B3

▲古い梁や柱をそのまま生かして改装した店内

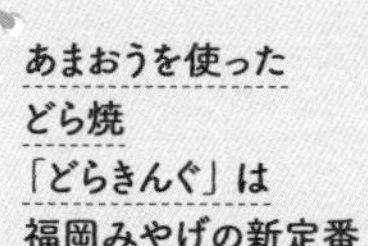

あまおうを使った どら焼「どらきんぐ」は 福岡みやげの新定番

あまおうが1粒入った「どらきんぐ生(561円)」は11月下旬〜5月下旬限定。糸島にある本店のほか、福岡空港や博多駅など直営店が複数ある(どらきんぐ生は、本店とは値段が異なり604円)。
☎092-321-1504(伊都きんぐ 本店)
MAP付録P12E3

「AMAOU」シリーズ
880円〜

その年のあまおうに合わせてチーズケーキのレシピも微調整する、こだわりの定番商品。
提供期間:12月中旬〜5月上旬

春吉

こさえる こーひーあんどちーずけーきしょっぷ

コサエル コーヒー&チーズケーキショップ

チーズケーキ×コーヒーのマリアージュを楽しむ

「バリスタが作る、コーヒーに合うチーズケーキ」をコンセプトに、10種前後のチーズケーキを提供。ケーキとドリンクの両者が互いのおいしさを引き出し合う、至福のマリアージュを楽しんで。

☎092-726-6200 住福岡市中央区春吉2-9-1 ⏰11〜23時(日曜、祝日は〜21時) 休不定休 交地下鉄七隈線渡辺通駅から徒歩6分 Pなし MAP付録P10F1

▲人気の飲食店が立ち並ぶ春吉にあり、飲んだ後のシメにも◎

あまおうのミルフィーユパフェ
1595円

甘酸っぱいあまおうに、カスタードやサクサクのパイを合わせてミルフィーユ仕立てに。
提供期間:11月上旬〜5月中旬

博多駅

きゃんべる・あーりー

キャンベル・アーリー

食べ頃フルーツで至福のカフェタイム

地元の老舗フルーツ店が手がけるパーラー。フルーツを知り尽くしたプロのスタッフが熟し具合を見定め、最もおいしい状態でパンケーキやパフェなどで提供する。桃やブドウなどの季節限定メニューも見逃せない!

☎092-409-6909 住福岡市博多区博多駅中央街1-1アミュプラザ博多9階 ⏰11時〜21時30分LO 休不定休 交JR博多駅直結 P提携駐車場利用 MAP付録P6E4

▲森のカフェテラスのような店内

福岡が誇るブランドイチゴ「あまおう」は、「あかい・まるい・おおきい・うまい」の頭文字をとって名付けられた。

カッコいいポストモダン！日本茶カフェでほっこり

九州には多くのお茶の産地があり、福岡の八女茶も全国的なブランド。煎茶、抹茶、ほうじ茶などさまざまに楽しもう。

博多駅

まっちゃかふぇ はち じぇいあーるはかたしてぃてん

抹茶カフェ HACHI JR博多シティ店

ちょっと大人な ほろ苦抹茶スイーツを多彩に用意

贅沢に抹茶を使った各種スイーツは、甘さ控えめ、大人好みの仕上がり。スイーツに合わせるお茶も、八女茶や宇治茶の抹茶のほか、ほうじ茶、和紅茶、抹茶ラテなど多彩に楽しめる。コーヒーも本格的。

☎092-292-1557 住福岡市博多区博多駅中央街1-1アミュプラザ博多9階 営11～22時 休施設に準ずる 交JR博多駅直結 Pアミュプラザ博多提携駐車場利用 MAP付録P6E4

▶レストランフロア・シティダイニングくうてんにある。本店は福岡市内の姪浜

枡のティラミス（右）と抹茶わらび餅（左）
1100円
名物の枡に入ったティラミスはマスカルポーネチーズと抹茶のほろ苦さがベストマッチ。ほうじ茶を使ったものもある

抹茶ロールのアイス添え
1100円
生地とクリームに抹茶を練り込んだ贅沢なロールケーキ。アイスは抹茶・ほうじ茶・ミルクの3種から選べる

天神

しんふーちゃ らぼ

XINFUCHA LAB

多彩なお茶の魅力を発信 福岡発のティーブランド

シンフーチャは九州の茶と台湾茶を主に扱う福岡発のティーブランド。ラボをイメージした店内ではストレートティーやソーダ割り、フルーツとのコラボなど個性的なアレンジティーを提供。新たなお茶の魅力を発信する。

☎092-406-7655 住福岡市中央区天神2-2-43ソラリアプラザ地下2階 営11～20時 休ソラリアプラザに準ずる 交地下鉄空港線天神駅から徒歩3分 Pソラリアプラザに準ずる MAP付録P8D4

抹茶桂花ウーロン
550円
キンモクセイの花で香り付けしたウーロン茶と抹茶のブレンドティー

季節の煎茶ソーダ
550円
フルーツのシロップと煎茶をソーダで割ったさわやかなドリンク。フルーツは季節ごとに変化

▲スタッフが好みに合わせて茶葉を選び、飲み方もレクチャー

八女はもちろん、全国の茶葉の産地から高品質な茶が届く日本茶専門店に注目

「日本茶専門店 茶舗ふりゅう」では、好みの茶葉を選び、茶の淹れ方などを初心者にもわかりやすく紹介。テイスティングができ、日本茶の魅力に出合える場として人気だ。
☎なし MAP付録P10F3

◀甘味メニューには+270円でセットドリンクを付けることができる。奥八女の抹茶のほかには八女の煎茶や自家製ジンジャエールなどもある

箱崎

はこざき きゅうたろうしょうてん

筥崎 鳩太郎商店

古民家の風情を味わいながら八女茶の魅力に触れてみる

筥崎宮を目の前に望む古民家茶屋。昼はカフェとして営業し、てつはう餅や八女抹茶を使用したスイーツが楽しめる。夜は全11種類の樽生クラフトビールや世界のビールを提供する。

☎092-292-9669 住福岡市東区箱崎1-44-20 ⏰茶房11時30分～17時、酒房17時30分～22時30分(金・土曜、祝前日は～23時30分) 休月曜(祝日の場合は翌平日) 交地下鉄箱崎線箱崎宮前駅から徒歩3分 Pなし MAP付録P4F1

▲1階にはテーブル席やカウンター席もあり一人でも気軽に利用できる

鳩太郎の抹茶パフェ 980円
プリンやアイス、ゼリーなどいろんな食感の抹茶が楽しめるパフェ。上に振りかけられた抹茶粉は奥八女産の抹茶を使用
※季節(夏・秋～12月)限定メニュー、年によって提供時期は異なる

抹茶ラテ(左) 600円
ほうじ茶(右) 400円
抹茶のコク、ほうじ茶の香ばしさが冷たいドリンクで味わえる

◀玉子焼き御膳1350円。卵3個を使っただし巻き玉子と雲仙に伝わる炊き込みご飯など

▲公園の池が一望できる2階はカフェのほか、イベントスペースとしても利用できる

大濠公園

あんどろーかるず おおほりこうえん

&LOCALS 大濠公園

公園ビューの席で味わう八女茶と地方発のご飯

大濠公園(☞P78)にある施設「大濠テラス 八女茶と日本庭園と。」内のカフェ。公園を眺めながら八女茶を使ったドリンクやデザートが味わえる。ランチタイムには九州各地のローカル食材を使った食事メニューを提供。

☎092-401-0275 住福岡市中央区大濠公園1-9 ⏰9～18時LO 休月曜 交地下鉄空港線大濠公園駅から徒歩12分 Pなし MAP付録P5C3

八女茶とは福岡県中南部の八女地方を中心に生産される伝統のあるブランド茶で、しっかりしたうま味とさわやかな香りが特徴。

ハシゴ酒にもぴったり！立ち飲み店で地元の人との交流を楽しみましょう！

今や福岡の定番となりつつある立ち飲みスタイル。
なかでも常に地元の人で賑わうの人気店をご紹介します。

大名

いわせくしてん

岩瀬串店

美味しさで人気の串専門立ち飲み

串ものをメインに提供する人気の立ち飲み店。コの字型のショーケースにはどの辺にも同じ料理が並びオーダーしやすい。自家製鶏団子1本150円などの串もののほかに料理類も豊富！開店直後から満員になることもあり、幅広い世代から支持されている。

☎092-732-7676 住福岡市中央区大名1-4-22ドリーム大名103 ⏰17～24時 休水曜) 交地下鉄空港線赤坂駅から徒歩6分 Pなし MAP付録P11A2

▲定番メニューの親鶏の湯引き150円、玉子焼100円

どの串もボリュームたっぷり！

◀入店後は1000円でコインを購入。オーダーが届くたびにスタッフがここからコインを持って行ってくれる

赤坂

ねお めぐすた

NEO MEGUSTA

福岡の立ち飲みブームの草分け店

昼からオープンという、はしご酒の1軒目に最適な立ち飲み。フードメニューは199円～という驚きの低価格で、塩鯖スモーク199円など、お酒に合う和の一品が多彩に揃う。女性のリピーターも多いので安心。

☎050-5327-5333 住福岡市中央区赤坂1-10-16ソピア赤坂ビル1階 ⏰15時～24時30分（土曜12時～、日曜、祝日12～22時）※LOは閉店の30分前 休不定休 交地下鉄空港線赤坂駅からすぐ Pなし MAP付録P4D3

▲店内は早い時間から満員御礼だ

◀地下鉄赤坂駅2番出口からすぐという好立地。ピンクのネオンサインが目印

▼ネオメグ特製！鶏の唐揚げ399円、自家製レモンサワー499円

食べる、買う、遊ぶのワンダーランド 福岡タウンをご案内します

福岡は、気の向くままに過ごすのがいちばん。
街歩きを思いきり楽しんだ後は、
夜景も素敵な福岡ベイエリアに行ってみましょう。
福岡のもう一つの顔に出合えますよ！

福岡タウンってこんなところ

コンパクトな都心エリアと豊かな自然。
2つの魅力が共存した福岡タウン！

 観光のみどころは5つのエリア

九州の玄関口であり、大型の駅ビルがある「JR博多駅周辺」をはじめ、百貨店やファッションビルが立ち並ぶ「天神」、九州最大の歓楽街「中洲」などみどころは充実。ほかに、天神に隣接した「大名・薬院」は大人が楽しめるこだわりのグルメ店や雑貨店が細い路地に点在。リゾート感覚を味わうなら、福岡PayPayドームや海の中道、糸島のある「福岡ベイエリア」にも足を延ばしたい。

 観光の前に情報集め

JR博多駅と三越ライオン広場前と、利便性の高い場所に観光案内所がある。立ち寄って最新情報を手に入れよう。

博多駅総合案内所　☎092-431-3003 MAP付録P6F4
福岡市観光案内所(天神)　☎092-751-6904 MAP付録P8D3

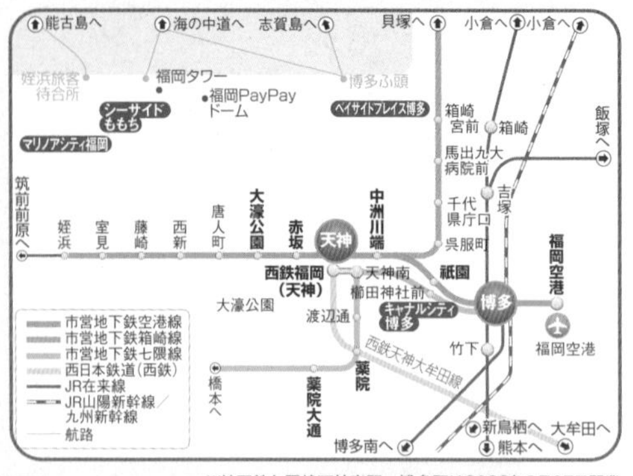

※地下鉄七隈線天神南駅〜博多駅は2023年3月27日開業

1

じぇいあーるはかたえきしゅうへん
JR博多駅周辺

・・・P50〜

博多駅は平成23年（2011）に全線開業した九州新幹線の拠点。日本最大級の駅ビル「JR博多シティ」には話題のグルメやカフェが揃う。屋上からは360度のパノラマが楽しめる。

だいみょう・やくいんしゅうへん
大名・薬院周辺

4

・・・P82〜

天神の西に隣接する「大名」、国体道路を挟んで南は「今泉」、さらに南が「薬院」、「今泉」の西が「警固」。いずれもこだわりのショップや飲食店が軒を連ねる。

ふくおかべいえりあ
福岡ベイエリア

5

・・・P92〜

博多湾に面し、福岡PayPayドームや福岡タワー（写真右）周辺には、レジャー施設や博物館などがある。海の中道は、志賀島をつなぐ細く延びた中洲に広がる自然豊かなリゾートエリア。フォトジェニックな風景やおしゃれなお店も点在する糸島は人気上昇中のエリア（写真下）。

2 中洲・川端

なかす・かわばた

・・・P56～

歓楽街として知られる中洲、博多の歴史や商人町の情緒が感じられる川端が隣接し、昔懐かしい商店街も。「キャナルシティ博多」もこのエリアから徒歩圏内にある。

3 天神周辺

てんじんしゅうへん

・・・P70～

九州一の商業エリアでデパートやファッションビル、オフィスビルなどが立ち並ぶ。初めての福岡ならまずは天神を訪ねたい。九州各地への交通の起点でもある。

玄界灘
志賀島
金印公園
雁ノ巣
和白
海ノ中道
JR香椎線
マリンワールド海の中道
海の中道
西戸崎
福岡市営渡船
うみなかライン
西鉄新宮へ
小倉へ
495
西鉄貝塚線
香椎
千早
東区
九州自動車道へ
3
のこのしまアイランドパーク
能古島
博多湾
福岡都市高速道路1号線
地下鉄箱崎線
貝塚
JR鹿児島本線
山陽新幹線
JR篠栗線
ベイサイドプレイス博多
福岡PayPayドーム
福岡ベイエリア
マリゾン
5
マリノアシティ福岡
福岡タワー
今津湾
呉服町
中洲川端
2 中洲・川端
祇園
唐人町
3 天神周辺
天神
西鉄福岡（天神）
天神南
渡辺通
博多
福岡空港
1 JR博多駅周辺
姪浜
西新
4 大名・薬院周辺
薬院
地下鉄空港線
地下鉄七隈線
JR筑肥線
中央区
西区
早良区
博多区
別府
九州新幹線
西鉄天神大牟田線
那珂川
福岡前原道路
10km
橋本駅へ
西鉄久留米駅へ
新鳥栖駅へ
鳥栖駅へ

福岡観光は地下鉄・バスを使いこなそう！

福岡空港から福岡中心部の天神へは地下鉄空港線が直結するほか、市内のバス路線も充実。郊外へはJRや西鉄電車が結ぶ。

 初心者は地下鉄利用が安心

福岡中心部の移動には、地下鉄が便利。
福岡空港から繁華街の天神を直結する空港線のほか、箱崎線・七隈線の３路線がある。
1乗車210円～。日中は3～10分間隔で運行し、本数が多くいずれの線も利用しやすい。

問合せ 福岡市地下鉄お客様サービスセンター ☎092-734-7800(8～20時)

福岡空港と博多駅、天神駅を結ぶ空港線が観光に便利！

新幹線や西鉄線と接続し交通の起点としても繁華街の移動にも便利。一部の電車は、姪浜駅からJR筑肥線に乗り入れ、筑前前原駅まで（快速は唐津まで）直通する。

博多駅～天神南駅間に地下鉄七隈線が開通

2023年3月27日に開業し、博多駅と天神地区を4分で結ぶ新ルート。途中の櫛田神社前駅はキャナルシティ博多の最寄り駅。空港線と七隈線の乗換駅は博多駅となり、天神駅⇔天神南駅の乗り換えはできなくなった。

おトク情報

＼地下鉄を何度も利用するなら／

1日乗車券(福岡市地下鉄) **640円**

地下鉄全路線が、1日乗り降り自由。市内の観光施設や商業施設などで特典もあり。地下鉄各駅の自動券売機で購入できる。

※地下鉄空港線と直通運転をしていても、JR筑肥線内では使用できない。

 上級者はバスもフル活用

市内は西鉄バスがほぼ全域をカバー。主な起点となるのは、
博多駅前と天神にあるバスターミナル周辺(以下、博多BT、西鉄天神高速BT)。
中心地から少し離れた福岡PayPayドームや福岡タワーへはバス利用が便利。

問合せ 西鉄お客さまセンター ☎0570-00-1010

食事も買い物もできる
博多バスターミナル

市内中心部は150円で利用できる

中心部（右下地図の点線で囲まれた範囲）は福岡都心150円バスエリアになっている。博多駅～キャナルシティ博多～天神を結ぶ循環バス「キャナルシティライン」も1回乗車150円。

博多港国際ターミナルへは連節バスで

天神・博多エリアとウォーターフロント地区の博多港国際ターミナルを結ぶ連節バス「BRT」。15分ごとの運行で、主要停留所のみ停車。天神⇔博多間は150円。

おトク情報

＼路線バスが乗り放題／

福岡市内1日フリー乗車券(西鉄バス) **1000円**

福岡市街地から志賀島、香椎宮、油山、能古島まで、福岡市内を走る西鉄の路線バスが1日乗り降り自由。専用アプリ上や、博多BT、西鉄天神高速BTなどで販売。

※デジタル券の「スマ乗り放題」は900円

※地下鉄七隈線天神南駅～博多駅は2023年3月27日開業

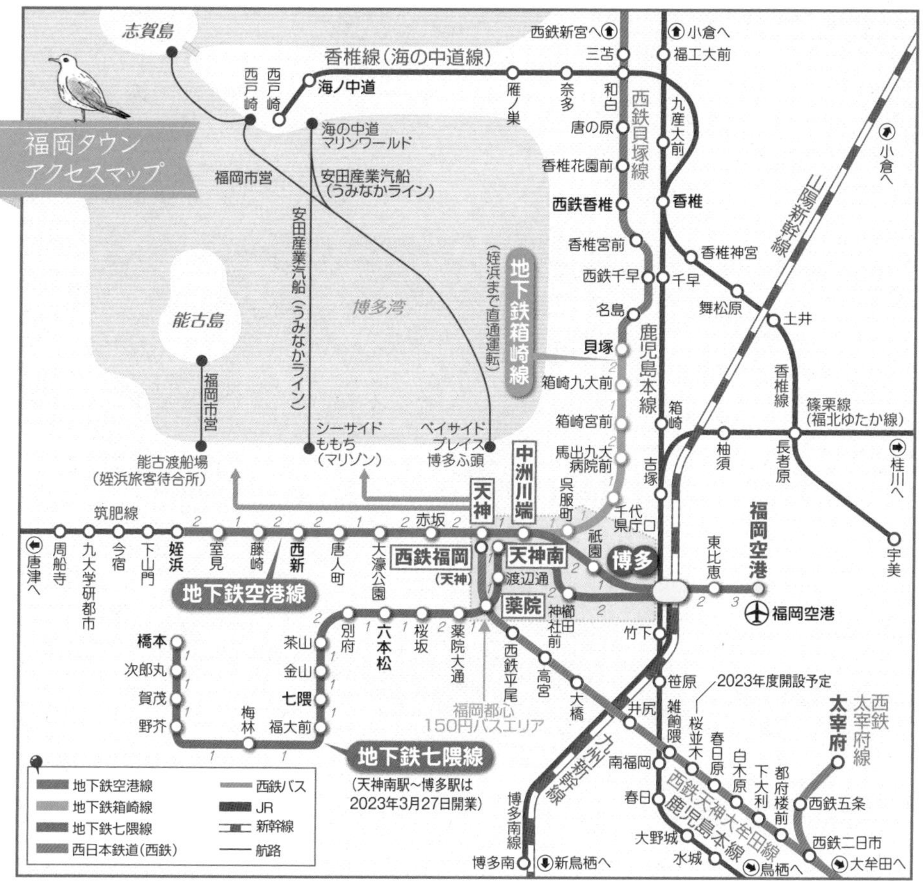

能古島・志賀島へのプチ船旅

志賀島や海の中道、能古島などに航路があるほか、市内を流れる那珂川や博多湾では観光船が運航されている。

海の中道へ（うみなかライン）

※1～2月の平日は休航（要問合せ）

●シーサイドももち（マリゾン）～海の中道：高速船が1日4～8（8月の土・日曜、祝日は12）便運航。片道20分、1100円 ●博多ふ頭～海の中道：高速船が1日4～7便運航。片道20分、1100円。ももち券売所☎092-845-1405

能古島へ

●姪浜～能古島（能古航路）：フェリーが30～60分ごとに運航。片道10分、230円。福岡市港湾空港局客船事務所（姪浜旅客待合所）☎092-881-8709

志賀島へ

●博多ふ頭～西戸崎～志賀島（志賀島航路）：高速船が1日15便運航。片道30分、680円。福岡市港湾空港局客船事務所（博多旅客待合所）☎092-291-1084

那珂川リバークルーズ「福博みなとであい船」

●天神や中洲の昼・夜の街並みを水上周遊観光できる中洲クルーズ30と、那珂川・博多湾・ベイサイドのサンセット・夜景をクルージング気分で楽しめる博多湾クルーズ45がある。乗り場は、福博であい橋そばの天神中央公園。※天候・潮汐・波の状態によりコース変更や欠航あり
博多マリーン観光 ☎ 080-5215-6555 MAP付録P8F2（乗船場）

コース	運航日（便数など）	所要時間	運賃	備考
中洲クルーズ30	毎日（11～21時の間、随時運航）	一周30分	1000円	予約が望ましい 当日席あり
博多湾クルーズ45	毎日（17・19時の間、1日2便運航）	一周45分	1500円	

福岡タウンを便利にまわる オープントップバス

観光地を周遊する「FUKUOKA OPEN TOP BUS」が人気です。
都心の観光アクセスなら、地下鉄以外にお得な路線バス(☞P46)もおすすめです。

ふくおか おーぷん とっぷ ばす
FUKUOKA OPEN TOP BUS

2階建てバスで福岡をイッキ見！

福岡市内の観光地を巡る2階建てバス。街路樹に手が届きそうな、地上約3.2mの車高はもちろん、屋根のない開放感ある造りもポイント。一番人気の「シーサイドももちコース」のほか、櫛田神社や福岡城跡などの歴史スポットを周遊するコースも好評。

START!

天神・福岡市役所前
↓
1 福岡市赤煉瓦文化館
↓
2 天神北ランプ入口
↓
3 福岡PayPayドーム・ヒルトン福岡シーホーク
↓
4 福岡タワー
↓
5 大濠公園前
↓
6 大濠公園・福岡城址
↓
天神・福岡市役所前

GOAL!

●観光コース（始発地：天神・福岡市役所前バス停 MAP付録P8E3）
予約：☎0120-489-939もしくは☎092-734-2727（九州高速バス予約センター）

コース	所要時間	概要	料金
シーサイドももちコース	60分	都市高速で海沿いの景色を眺めながら、福岡PayPayドームや福岡タワーなど定番観光スポットを巡るコース	1570円
博多街なかコース	60分	博多の街なかをはじめ、櫛田神社や福岡城跡など歴史あふれるエリアを巡るコース	
福岡きらめきコース	80分	博多地区や福岡タワーなど、福岡の夕景・夜景を満喫。都市高速から福岡の夜景を楽しむコース	

※コース内容は変更になる場合があります
※運行時間は季節により異なるので、HPを参照　fukuokaopentopbus.jp
※各コースの乗車券で、福岡都心フリーエリア内の一般路線バスが1日乗り放題

乗車方法
①事前予約して乗る
Webまたは電話で予約し、当日の出発20分前までに乗車券を引き換え
②直接行って乗る
福岡市役所内窓口にて受付。ただし、予約客で満席の場合もあるので注意

福岡体験
バスチケットで
遊び尽くそう

西鉄バスの1日フリー乗車券（☞P46）と、FUKUOKA OPEN TOP BUSや手作り明太子教室、福岡グルメなどのプログラムを選ぶ体験チケットがセット。福岡をもっとお得に満喫しましょう。
☎092-400-6141（福岡体験バスチケット事務局）

おすすめ！ シーサイドももちコースでひとまわり

スタート地点は「天神・福岡市役所前」。都市高速から、海沿いの景色を楽しみながら、福岡タワーや福岡城跡など、福岡定番の観光地を巡る一番人気のコース。

ふくおかしあかれんがぶんかかん
福岡市赤煉瓦文化館

明治を代表する建築家、辰野金吾と片岡安の設計による建物。国の重要文化財に指定されている。1階が市の文学館に。
MAP付録P8E2

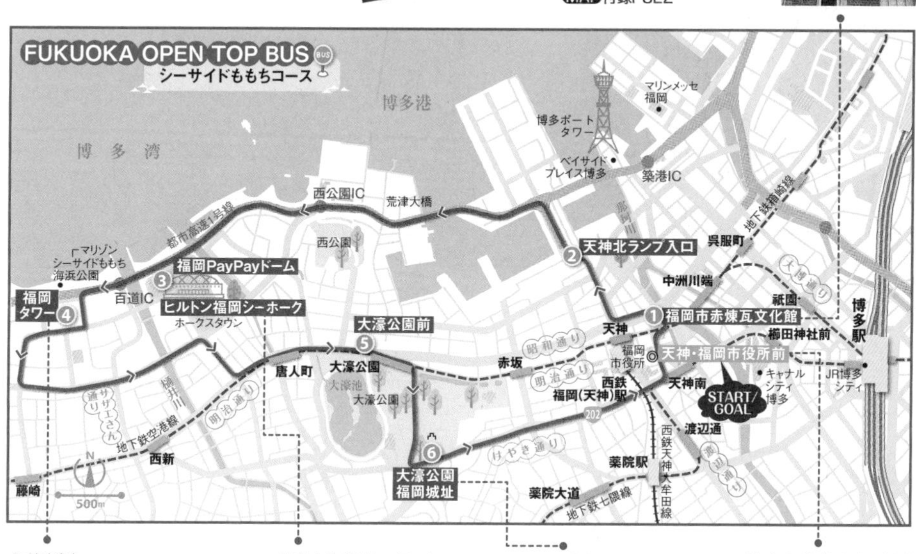

ふくおかたわー
福岡タワー

平成元年（1989）に誕生。海浜タワーとしては日本一の高さ234mを誇る福岡のシンボル（☞P95）。

ひるとんふくおかしーほーく
ヒルトン福岡シーホーク

1053室という日本最大級の客室数を誇るアーバンリゾートホテル。真上から見ると船の形をしている（☞P111）。

ふくおかじょうあと
福岡城跡

初代福岡藩主・黒田長政が築城した国指定の史跡。「舞鶴城」ともよばれ、春は桜の名所（☞P79）。

てんじん・ふくおかしやくしょまえ
天神・福岡市役所前

天神中央公園前の、緑に囲まれた市役所。施設内に、乗車券カウンターが特設されている。MAP付録P8E3

オープントップバス内にはトイレがありません。飲食・喫煙は禁止ですが、フタ付きの飲み物はOK。雨天時にはポンチョが配布されます。

これしよう！
駅ビル内のハイレベルな飲食街へ
アミュプラザ博多9・10階の「くうてん」や、KITTE博多 9階「うまいと」で美味に出合う（☞P52）。

これしよう！
博多の街を一望できる屋上庭園へ
アミュプラザ博多の屋上「つばめの杜ひろば」からの眺めは爽快！ ミニSLもあります。

これしよう！
博多駅という"街"を存分に楽しもう
大型施設が揃う博多駅は巨大な「街」。計画を立てて効率的に巡りましょう。

おみやげにあご（トビウオ）だしもオススメ

JR博多駅周辺は ココにあります！

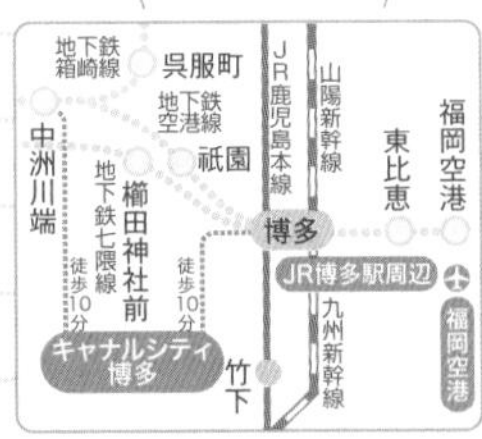

おみやげ・グルメ、センスよく何でも揃う
JR博多駅周辺
じぇいあーるはかたえきしゅうへん

こんなところ

平成23年（2011）、九州新幹線の開業に合わせて大リニューアルしたJR博多駅。平成28年（2016）には「KITTE博多」「JRJP博多ビル」も完成し、博多駅エリアは大充実！ ここだけでファッション・グルメ・おみやげなど、何でも揃うとあって、旅行者のみならず、地元の人々からも愛されている一大タウンだ。

access

●福岡空港から
地下鉄空港線で博多まで5分。天神からも地下鉄空港線で5分。路線バスや高速バスの発着地「博多バスターミナル」も、博多駅と直結。市内はバス路線も充実し、バスでの移動も便利だ（☞P46）。

問合せ 博多駅総合案内所
☎092-431-3003
広域MAP付録P6-7

～JR博多駅周辺 はやわかりMAP～

駅周辺には高級ホテルも多い

駅前にはホテルが立ち並ぶ。待ち合わせやひと休みにも便利。

九州最大級のおみやげ処

駅構内にある全92店舗の「マイング（☞P109）」は大充実の品揃え。

観光のヒント

JR博多シティを構成する施設はコチラ

アミュプラザ博多、博多阪急のほか、おみやげ店の多い博多デイトス（☞P109）などで構成。

1 アミュプラザ博多・T・ジョイ博多・ハンズ博多店
2 博多阪急
3 JRJP博多ビル
4 KITTE博多

周辺のランドマーク

1 アミュプラザ博多

ファッション、雑貨、グルメまで多彩なジャンルの約200店舗が揃う高感度な一大専門店街。

☎092-431-8484

2 博多阪急

博多や九州のおみやげも充実した百貨店。高感度なショップが充実しているので、チェック！

☎092-461-1381

3 JRJP博多ビル

地下1階の「駅から三百歩横丁」は屋台のような雰囲気のなか人気店が並び、地元客で賑わう。

☎店舗により異なる

4 KITTE博多

1～7階に「博多マルイ」、地下1階と9・10階には「うまいと」があり、福岡の名店や多彩な飲食店が並ぶ。

☎092-292-1263

駅ビルグルメをチェック！ランチとちょい呑みにおすすめの店

話題のグルメが集結する駅ビルは、サクッと立ち寄れるのも魅力的！
ショッピングの合間に、移動の前後に、用途に合わせて活用しましょう。

ランチタイムにおすすめ

博多 めん鯛まぶし 2800円

◀まずは、そのままレモンを搾って。次は、だし卵黄とろろをかけて。最後は薬味を添えてだしをかけて。あごだしめんたいこと鯛を3度楽しむことができる

アミュプラザ博多●9階 シティダイニングくうてん

めんたいりょうり はかた しょぼうあん

めんたい料理 博多 椒房庵

博多の2大名物をひつまぶしで堪能

椒房庵のめんたいこ料理が味わえる唯一の料理店。不動の一番人気メニューは明太子と鯛茶漬けを合わせた椒房庵流のひつまぶし「博多 めん鯛まぶし」。

☎092-409-6611 住福岡市博多区博多駅中央街1-1アミュプラザ博多9階 ⏲11時～15時30分LO、17～21時LO 休無休 交JR博多駅直結、または地下鉄空港線博多駅からすぐ P提携駐車場利用 MAP付録P6E4

黒辛麺（レギュラー）750円～

▶良質の牛豚鶏をブレンドしたうま味たっぷりの究極の特製極うまスープをぜひ！

博多デイトス●2階 博多めん街道

はかたからめん はくとら

博多辛麺 狛虎

バリエーション豊富な辛麺を楽しもう

辛麺専門店。定番の宮崎系辛麺に加え、豆乳ベース、トマトベース、もつ入りなどもある。辛さは0～30まで選べるので、自分好みに楽しめる。

☎092-409-2134 住福岡市博多区博多駅中央街1-1博多デイトス2階 ⏲10～23時（22時30分LO） 休無休 交JR博多駅直結、または地下鉄空港線博多駅からすぐ P提携駐車場利用 MAP付録P6F3

おおやま御膳 2178円

▶もつ鍋1人前に、おおやま謹製明太子、おきうと、馬刺し赤身たたき、柔らか牛すもつが楽しめるランチ御膳

KITTE博多●9階 うまいと

はかたもつなべおおやま きってはかた

博多もつ鍋おおやま KITTE博多

一人でも楽しめるもつ鍋ランチ

モダンで落ち着きのある空間でもつ鍋や熊本直送の馬刺しなどを楽しめる。個室15室と半個室9室はモダンで落ち着きのある空間。ゆっくりともつ鍋を堪能しよう。

☎092-260-6303 住福岡市博多区博多駅中央街9-1KITTE博多9階 ⏲11時～22時30分LO 休無休 交JR博多駅から徒歩1分 PKITTE博多駐車場利用（235台、1時間400円）MAP付録P6E4

やきめし（奥左）700円
皿うどん（奥右）850円
博多みそラーメン（手前）800円

▲地元の食材を使って毎朝仕込んだメニュー。新たな博多のラーメンを開拓しよう

博多デイトス●2階 博多めん街道

はかたかわばた どさんこ

博多川端 どさんこ

福岡で希少な味噌ラーメンを味わう

上川端商店街にある人気ラーメン店で、博多っ子に合うように作られた味噌味がウリ。醤油や塩バターラーメンも評判だ。

☎092-415-8030 住福岡市博多区博多駅中央街1-1博多デイトス2階 ⏲11時～22時30分（22時LO） 休無休 交JR博多駅直結、または地下鉄空港線博多駅からすぐ P提携駐車場利用 MAP付録P6F3

博多を代表する割烹料理店「はかた天乃」の味を朝ごはんで

KITTE博多地下1階うまいとにある「はかた天乃 KITTE博多店」は、「はかた天乃」のカジュアル店舗。本店でも人気の銀ダラ味噌焼きの定食1100円などを用意。朝食は7時30分～10時。
☎092-260-6366 MAP 付録P6E4

ちょい呑みにおすすめ

すだちうどん（右）770円
鶏スープあつかけうどん（左）1045円

◀うどんはカレー、釜玉など20種以上を用意している

JRJP博多ビル ●地下1階 駅から三百歩横丁

にわかやちょうすけ じぇいあーるじぇいぴーはかたびるてん

二〇加屋長介 JRJP博多ビル店

うどん居酒屋の草分け的人気店

糸島産小麦を使用したうどんと多彩なつまみ、常時20種類以上の酒を揃えるうどん居酒屋。胡麻さばや雲仙ハムカツ1個660円など、九州らしい一品料理も人気。

☎092-409-0302 住福岡市博多区博多駅中央街8-1JRJP博多ビル地下1階 ⏰11～24時（23時LO） 休施設に準ずる 交JR博多駅から徒歩4分 P提携駐車場利用 MAP 付録P6E4

明太子とチーズのアヒージョ 580円

◀ほかにも、ソーセージとおくらの塩ピザ770円なども人気

博多デイトス ●1階 博多ほろよい通り

たいしゅうおうふうさかば にゅーこまつ

大衆欧風酒場 ニューコマツ

地元の人気店でサク飲みを

福岡で多数展開するバルの博多店。九州の食材を生かした洋風メニューを、ワインや日本酒と楽しめる。立ち飲みスペースもあり。

☎092-433-0145 住福岡市博多区博多駅中央街1-1博多デイトス1階 ⏰11～24時（23時30分LO） 休無休 交JR博多駅直結、または地下鉄空港線博多駅からすぐ P提携駐車場利用 MAP 付録P6F3

おまかせお刺身盛り合わせ2人前 1100円

◀その日に仕入れたばかりの鮮魚を贅沢に盛り合わせ！ 地酒や焼酎と一緒に堪能したい（注文は2人前～、写真は2人前）

JRJP博多ビル ●地下1階 駅から三百歩横丁

ながはませんぎょおろしちょくえいてん はかた うおすけ

長浜鮮魚卸直営店 博多 魚助

市場直営ならではのとれピチ海鮮

長浜鮮魚市場で水揚げされた海鮮を確かな目で厳選。さらに魚を知り尽くした料理人による手しごとが光る料理がラインナップ。手頃な価格も高ポイント。

☎092-409-0322 住福岡市博多区博多駅中央街8-1JRJP博多ビル地下1階 ⏰11時30分～23時LO 休施設に準ずる 交JR博多駅から徒歩4分 P提携駐車場利用 MAP 付録P6E4

霧島鶏 もも炭火焼き（小）1540円

▶霧島鶏のほどよい歯ごたえと噛むほどに口に広がるうま味が、焼酎と相性抜群

アミュプラザ博多 ●10階 シティダイニングくうてん

ももやき ばんちょう

もも焼き 伴鳥

宮崎のソウルフード鶏の炭火焼き×芋焼酎を

宮崎県の2大名物である、鶏の炭火焼きと芋焼酎を楽しめる居酒屋レストラン。自慢の霧島鶏は、朝引きした新鮮なものを使用している。

☎092-710-6887 住福岡市博多区博多駅中央街1-1 アミュプラザ博多10階 ⏰11～14時LO、16～21時LO（土・日曜、祝日11～21時LO） 休無休 交JR博多駅直結、または地下鉄空港線博多駅からすぐ P提携駐車場利用 MAP 付録P6E4

「JR博多シティ」と「KITTE博多」、「JRJP博多ビル」は、2階歩行者デッキでつながっており、まわりやすく便利。

JR博多シティで見つけた！ 九州アイテムをお持ち帰り

現代のライフスタイルにマッチした九州産の素材を使った工芸品や、雑貨、食品etc. 博多シティには自分のために買って帰りたいアイテムが揃っています。

ディップ味噌シリーズ Ⓑ
各540円
福岡県飯塚市にあるこだわりの味噌メーカー「エビス味噌」のドレッシングやソースにも使えるディップ味噌が揃う

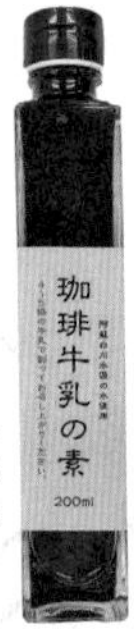

にわかポーチ（上）Ⓐ
3850円
小銭入れ（下）ⒶⒷ
1320円
地模様にも、福岡でおなじみのにわか面のさまざまな表情をあしらい、ファスナーには木製しゃもじのチャームを付けるなど芸が細かい！ カラーもサイズも豊富

珈琲牛乳の素 Ⓑ
200㎖ 700円
スペシャリティコーヒーを原料に、阿蘇・白川水源の水で抽出されたコーヒーの素

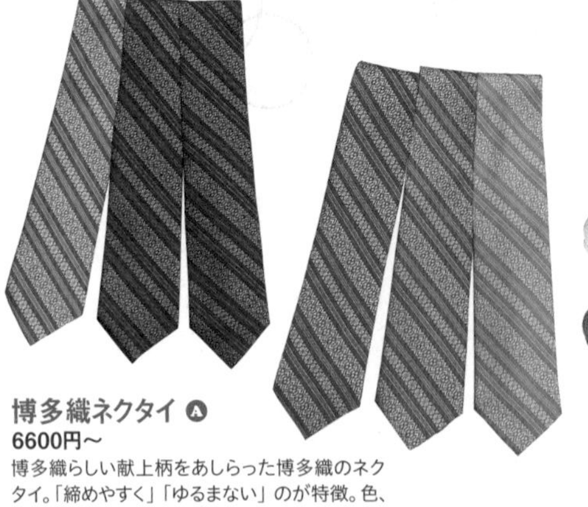

博多水引 箸置き Ⓑ
2個入り2200円
博多祇園山笠をイメージして作られる伝統工芸「博多水引」の箸置き。凛としたすがすがしい雰囲気が特徴で、豊富なカラーバリエーションが揃う

博多織ネクタイ Ⓐ
6600円〜
博多織らしい献上柄をあしらった博多織のネクタイ。「締めやすく」「ゆるまない」のが特徴。色、柄ともバリエーション豊富に取り揃えている

見て楽しいご当地シリーズにも注目!

マイング（☞P109）にある「桃太郎本店」には、ご当地ベア・キーチェンぬいぐるみ（2090円）や、ご当地ルルルン・あまおう（1760円）など、ここでしか買えない「ご当地シリーズ」がズラリ。

☎092-431-6575 MAP付録P6F3

マトリョーシカ 西郷隆盛（着物） B

3740円

鹿児島の偉人、西郷隆盛の愛らしいマトリョーシカ。ひとつひとつ開けていくと、最後には愛犬ツンが登場

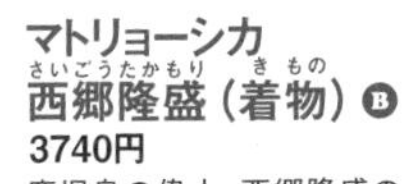

豆香洞コーヒー オリジナルブレンド B

各756円

毎日飲んでも飲み飽きない苦み・酸味・香り・コクのバランスと、すっきりとした後味のコーヒー

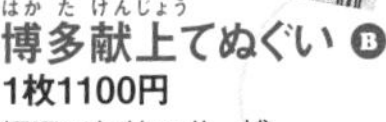

博多献上てぬぐい B

1枚1100円

福岡の伝統工芸・博多織の献上柄をあしらった手ぬぐい。福岡産業デザイン賞奨励賞を受賞したこともある

ぷちこさん コットンバッグ BC

398円

ぷちこさん ラバーキーホルダー BC

510円

「福太郎」のキャラクター「ぷちこさん」のグッズ。写真のほかクリアファイルや付箋など、グッズが続々と登場している

A サヌイ織物 博多駅マイング店

さぬいおりもの はかたえきまいんぐてん

創業70年を超える、博多織小物の製造を手がける。伝統を継承しながらも時代にあった商品作りに挑み、博多織の新たな魅力を発信。2022年4月開業の「三井ショッピングパーク ららぽーと福岡」にもお店がある。

博多駅マイング店☎092-402-2330 住福岡市博多区博多駅中央街1-1マイング1階 ⏰9～21時 休施設に準ずる 交JR博多駅直結、または地下鉄空港線博多駅からすぐ P提携駐車場利用 MAP付録P6F3

ららぽーと福岡店☎092-558-1545 住福岡市博多区那珂6-23-1三井ショッピングパーク ららぽーと福岡1階 ⏰9～21時 休施設に準ずる 交JR博多駅から鹿児島本線で4分、竹下駅下車、徒歩9分 P3050台 MAP付録P2F4

B ハンズ博多店

はんずはかたてん

目の肥えたバイヤーが取り揃えた雑貨や食材など九州各地の「逸品」がズラリ。ちょっとユニークな九州モノを探したいなら、まずココへ。

☎092-481-3109（代）住福岡市博多区博多駅中央街1-1JR博多シティ1～5階 ⏰10～20時 休施設に準ずる 交JR博多駅直結、または地下鉄空港線博多駅からすぐ P提携駐車場利用 MAP付録P6E4

C 福太郎 博多デイトス店

ふくたろう はかたでいとすてん

辛子明太子はもちろん、大人気の「めんべい」で知られる「福太郎」の直営店。博多駅には博多デイトス店のほか博多マイング店もある。

☎092-433-1331 住福岡市博多区博多駅中央街1-1博多デイトス1階 ⏰8～21時 休無休 交JR博多駅直結、または地下鉄空港線博多駅からすぐ P提携駐車場利用 MAP付録P6F3

※福太郎 博多マイング店は常温商品のみ取り扱い

九州メイドのおいしいものを探すなら、スイーツや弁当が集まる「いっぴん通り」をチェック。JR博多駅筑紫口改札近くで便利（MAP付録P6E4）。

これしよう！

日が暮れたら春吉や中洲でごはん&BAR体験

風情豊かな光景が広がる春吉・中洲の夜を満喫しましょう（☞P64・66）。

これしよう！

新旧の商店が混在。ぶらり歩きが楽しい

博多の風情を満喫しよう。中洲ぜんざい（☞P59）などグルメ店もある。

これしよう！

博多情緒を残す界隈は歩いて満喫したい

櫛田神社の境内では博多祇園山笠の飾り山笠も見学できます（☞P59）。

夜だけじゃない、活気あふれる昼の顔も魅力

中洲・川端

なかす・かわばた

「博多町家ふるさと館」でみつけた博多よかとこおは磁気

こんなところ

九州最大の歓楽街・中洲。日暮れどきからは那珂川の河面にネオンの灯りが輝き、川沿いに屋台が並ぶ。川端エリアには博多の総鎮守である櫛田神社があり、昔ながらの博多情緒を感じられるスポットも点在。また、「キャナルシティ博多」も中洲の隣。歩いて巡れる距離なので散策してみよう。

中洲・川端はココにあります！

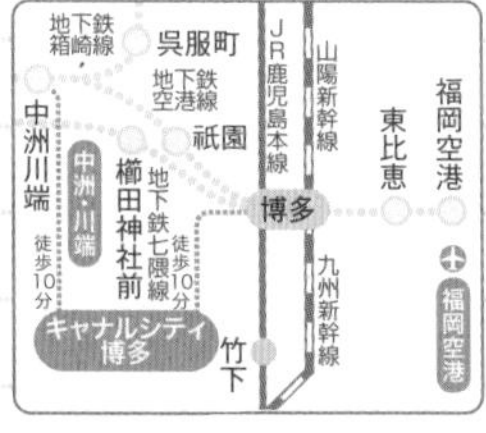

access

●博多駅から
地下鉄空港線で中洲川端まで3分、キャナルシティ博多までは下車後徒歩10分。または、地下鉄七隈線櫛田神社前駅（2023年3月27日開業）まで2分、キャナルシティ博多まで駅から徒歩3分。バスの場合は博多バスターミナルから西鉄バスで5分、キャナルシティ博多前下車。「150円運賃エリア」、「キャナルシティライン」はP46参照。

問合せ 博多駅総合案内所☎092-431-3003

広域MAP付録P7・8

～中洲・川端　はやわかりMAP～

ホテルオークラ福岡 2（☞P111）
博多リバレイン 1（☞P68）
櫛田神社 4（☞P59）
キャナルシティ博多 3（☞P62）

須崎公園　博多座　博多土居町局　冷泉公園　中洲川端　川端通商店街　川端　中洲　天神　春吉　西中島橋　西大橋　水上公園 SHIP'S GARDEN　HARENO GARDEN　福博であい橋　キャナルシティ博多前　櫛田神社前　博多区役所　祇園　地下鉄空港線　地下鉄箱崎線　明治通り　大博通り　国体道路　春吉橋　地下鉄七隈線（2023年3月27日開業）　天神中央公園　福岡市役所　西鉄天神高速バスターミナル前　ソラリアプラザ　岩田屋本店　大丸　天神高速バスターミナル前　天神南　西鉄福岡（天神）　警固公園　福岡三越　福岡春吉局　灘の川橋　那珂川　はかた駅前通り　住吉橋　住吉通り　春吉公園　BiVi福岡　渡辺通り　渡辺通駅　西鉄天神大牟田線　薬院駅　城南線　薬院大通駅　地下鉄七隈線　西鉄平尾駅へ　呉服町駅へ　赤坂駅へ　博多駅へ　N　0　200m

風情漂う川端通商店街

川端通商店街は老舗も多く、博多の町人文化が感じられる。

細い路地沿いに飲食店がずらり

春吉は路地沿いに飲食店が並び、ハシゴするのに最適。

観光のヒント

昼間に訪れるなら川端エリアへ

中洲はやはり夜の街。昼間は博多の商人町の風情が残る川端エリアのさんぽがおすすめ。昔ながらの博多の雰囲気を感じよう。

中洲・川端

周辺のランドマーク

1 博多リバレイン

商業施設「博多リバレインモール」や「福岡アジア美術館」「博多座」などが集まる。☎施設により異なる

2 ホテルオークラ福岡

昭和通り沿いにたたずむラグジュアリーホテル。バラエティ豊かなレストランやバーなども人気（☞P111）。

3 キャナルシティ博多

ショップや飲食店をはじめホテルや劇場なども充実。一大エンターテインメントシティだ（☞P62）。

4 櫛田神社

博多の総鎮守で、夏の一大祭、博多祇園山笠が奉納される神社。6月を除き一年中飾り山笠を展示（☞P59）。

レトロな博多下町を体感、中洲・川端をぶらりおさんぽ

半日

中洲・川端には、下町情緒がまだ残っています。
歴史と文化に触れながらビルの谷間のレトロタウンを楽しみましょう。

福岡大仏の下に通路があり、地獄・極楽めぐりを無料で体験できる

平成23年（2011）5月に完成した総木造の五重塔

1 9:00 スタート！

とうちょうじ
東長寺

迫力満点の木造大仏と色鮮やかな五重塔

大同元年（806）、弘法大師（空海）創建の寺。福岡藩主・黒田家の菩提寺でもある。木造釈迦坐像としては日本最大級の福岡大仏や、創建1200年を記念して建てられた朱赤の五重塔は必見。6体の仏像がおさめられた六角堂は毎月28日に開帳される。

☎092-291-4459 住福岡市博多区御供所町2-4 ¥休境内自由 交地下鉄空港線祇園駅から徒歩1分 Pなし MAP付録P7C1

真言の教えが東へ長く続くようにと名付けられた東長寺

徒歩5分

2 10:00

「はかたまちや」ふるさとかん
「博多町家」ふるさと館

博多文化が生まれた時代へゆるりゆるりとタイムスリップ

博多文化に触れられる観光施設。明治中期の町家を移築復元した町家棟では、博多織の実演体験も行われている。工芸品が揃うショップでのおみやげ探しも楽しい。

☎092-281-7761 住福岡市博多区冷泉町6-10 ¥入館200円 ⏰10〜18時（最終入館17時30分）休第4月曜（祝日の場合は翌平日）交地下鉄空港線祇園駅から徒歩5分、または地下鉄七隈線櫛田神社前駅から徒歩4分 Pなし MAP付録P7B2

古き良き時代の情緒ある雰囲気が漂う

博多名物がマグネットに。博多よかとこおは磁気1個530円

白壁と格子戸の趣ある建物

奈良時代に創建された由緒ある神社

3 11:00

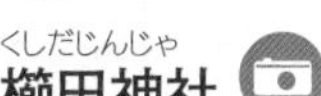
くしだじんじゃ
櫛田神社

商売繁盛・不老長寿のご神徳で有名な鎮守

“お櫛田さん”の名で親しまれている博多の総鎮守。博多祇園山笠（☞P60）の奉納神社で、境内には飾り山笠が6月を除き通年にわたって納められている。樹齢約1000年以上の神木などみどころも豊富だ。博多歴史館（¥入館300円 ◷10～17時※最終入館16時30分 休月曜※祝日の場合は翌日）も併設。

☎092-291-2951 住福岡市博多区上川端町1-41 ◷境内自由 交地下鉄空港線祇園駅から徒歩7分、または地下鉄七隈線櫛田神社前駅から徒歩3分 P50台 MAP付録P7B2

徒歩1分

元祖キーマカレーうどん780円。だしを加えるとまた違った味わいに

町家風の建物が目印

4 11:30

はかたあかちょこべ
博多あかちょこべ

個性豊かなメニューが並ぶうどん居酒屋でランチ

小麦胚芽を練り込んだ自家製麺のうどんが名物。京都から取り寄せる最高級の素材でとった一番だしが味の決め手。夜は博多料理中心の居酒屋となる。

☎092-271-0102 住福岡市博多区冷泉町7-10 ◷11時30分～14時、18～23時LO、日曜は昼のみ営業 休不定休 交地下鉄空港線祇園駅から徒歩5分 Pなし MAP付録P7B2

徒歩3分

5 13:00

なかすぜんざい
中洲ぜんざい

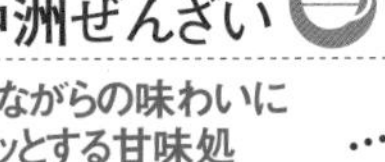
昔ながらの味わいにホッとする甘味処

香ばしい焼き餅と北海道産の大納言の風味ある甘みが絶妙。ほどよい塩加減の塩昆布との相性も抜群だ。夏期限定のかき氷600円も人気。

☎092-291-6350 住福岡市博多区上川端町3-15 ◷11～17時 休水・日曜、祝日 交地下鉄空港線祇園駅から徒歩7分、または地下鉄七隈線櫛田神社前駅から徒歩1分 Pなし MAP付録P7B2

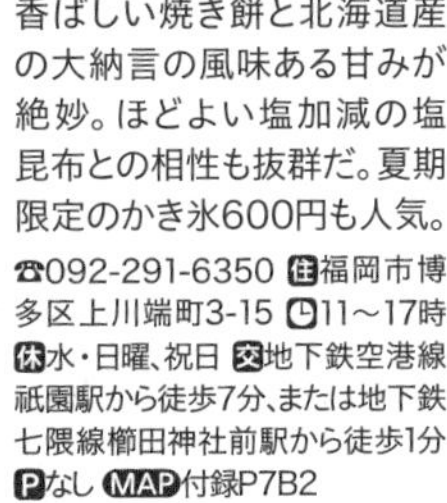
ぜんざい500円は、丁寧に炊かれた小豆の素朴な甘み

徒歩3分

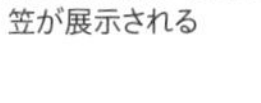
ゴール！

6 14:30

山笠の時期には飾り山笠が展示される

かわばたどおりしょうてんがい
川端通商店街

商人の町・博多の風情を楽しめる商店街

約400m続くアーケードに約130軒の店舗が立ち並ぶ。博多らしい人情あふれる雰囲気を楽しみながら、散策を楽しもう。

☎092-281-6223（上川端商店街振興組合）／092-281-0222（川端中央商店街振興組合）住福岡市博多区上川端町 ◷休店舗により異なる 交地下鉄空港線中洲川端駅からすぐ MAP付録P7A2

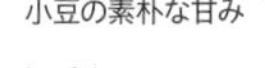
中洲・川端エリアへのアクセスは、2023年3月27日に開業する地下鉄七隈線・櫛田神社前駅も便利です。

オイッサ! のかけ声が響き渡る 博多っ子の夏祭り、博多祇園山笠

博多の夏は山笠とともにやってきます。夏を告げる祭りの当日にそなえ 歴史や習わしをちょっぴり学んで、より楽しんでみましょう。

山笠の歴史を知る

博多祇園山笠は、福岡市博多区で7月に行われる祭り。博多の総鎮守・櫛田神社(☞P59)に奉納される神事であり、国の重要無形文化財にも指定されている。山笠の起源には諸説があり、一般的に広く知られているのは、承天寺の開祖・聖一国師(しょういちこくし)が仁治(にんじ)2年(1241)、疫病除去のために施餓鬼棚(せがきだな)に乗り、祈祷水をまいてまわったのがきっかけという説。これが災厄除去の祇園信仰と結びついて山笠神事として発展した。長い歴史の中で、隆盛・衰退を繰り返し、変化を遂げてきたという。古くは、高さ15m前後の大きな山笠をゆっくりと舁(か)いていたのが、いつしか速さを競うようになったとか。街の人たちの力で、現在まで受け継がれてきた祭りだ。

飾り山笠のお披露目

毎年、7月1日になると飾り山笠のお披露目が各所で始まり、博多の街は山笠一色に染まる。山笠や山笠が走る区域を清める神事が行われ、期間中の安全を祈願。各当番町による「お汐井(しおい)とり」も行われ、この日から街は徐々に活気に満ち、観光客にまで緊張感が伝わってくる。「お汐井取り」は街の東に位置する箱崎浜まで駆けていき、「お汐井」とよばれる砂を小さな升や「てぼ」という竹カゴに入れて持ち帰るというもの。飾り山笠のお披露目は博多エリアに限らず、天神やホークスタウンなど市内14カ所で公開。櫛田神社に向いた面を「表」、裏側を「見送り」とよび、それぞれ博多人形師による絢爛豪華な人形が飾られる。表には武者もの、見送りには童話やアニメを題材とした人形が多い。

7月10日からいよいよ本番

10日から15日までの6日間、博多の街では山笠を舁く男たちの勇姿が見物できる。実際に動く「舁き山笠」は、飾り山笠よりも少し小さいサイズで、高さ4.5m、重さ約1t。それを締め込み姿の男たちが26人前後で担ぎ、「勢い水」とよばれる水をかぶりながら全力で街を駆け抜ける。間近で見るとその力強さに圧倒される。舁き山笠を運営しているのは、「流」という10数カ町で構成された組織。これは、豊臣秀吉の時代の町割に準ずるもので、現在、主に7つの流が一致団結して舁き山笠を動かしている。

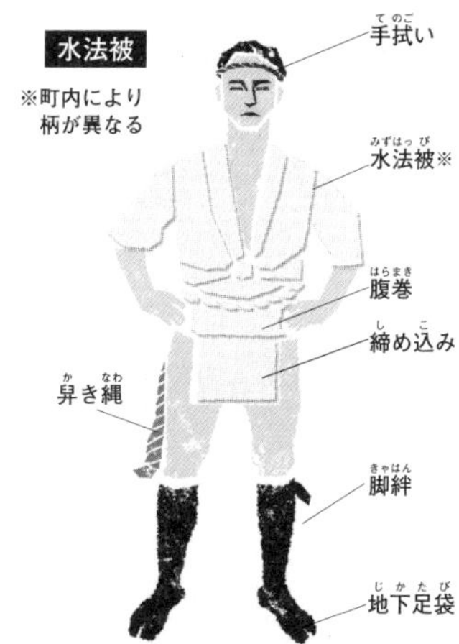

山笠の衣装

衣装は2通り。山笠を舁くときは締め込みに水法被という短めの法被。それ以外の行事の時などは、礼服として丈の長い長法被を着用。法被は流や町ごとに何十種類もの柄が存在し、それぞれの所属を示す役割も果たしている。長法被はほとんどが絣で、水法被は絣のものと文字や図柄を染めた無地木綿のものもある。

どこで見たらいい？

初めての山笠見物なら、7つの流の山笠を一堂に見られる7月12日の「追い山笠馴らし」、13日の「集団山笠見せ」、15日の「追い山笠」がおすすめ。迫力満点なのは、15日の「追い山笠」。朝4時59分、太鼓の合図とともに1番山笠が櫛田神社の境内をまわる。その後、各山笠がスタートし、櫛田神社を出た後は全5kmのコースを疾走。ただし、当日の5時前後、櫛田神社界隈は特に人が多いので、とてもゆっくりと見物できる状況ではないため、大博通りなどの大きな通りで見物するのが安全。追い山ならしと追い山笠の日には、櫛田神社内に桟敷席が設けられ、桟敷券は毎年6月26日に櫛田神社で販売されるが、即完売してしまうほどの人気。

【山笠カレンダー】

7月1日
飾り山笠公開・注連おろし・お汐井取り（当番町のみ）
7月9日
お汐井取り 東の箱崎浜までお汐井（清め砂）をとりにいく
7月10日
流舁き 流ごとにそれぞれの区域をまわる
7月11日
朝山笠（早朝）と他流舁き（夕方） 弔問山、祝儀山、縁起山などとよばれ、各流でそれぞれ異なる
7月12日
追い山笠馴らし 15時59分に開始する15日のリハーサル
7月13日
集団山笠見せ 15時30分、呉服町交差点スタート
7月14日
流舁き
7月15日
追い山笠 午前4時59分開始。フィナーレ。1番山笠から順に櫛田入りし、境内を出て廻り止め（ゴール）を目指し約5kmのコースを走り抜ける

問合せ ☎092-291-2951（櫛田神社）

【山笠マメ知識】

①手拭いで役割がわかる
頭に巻いている手拭いは、役割を表す。一般に参加する人たちの手拭いは毎年替わるが、役割を表す手拭いは毎年同じ。

②なぜ午前4時59分スタート?
一番山笠だけは、櫛田入りした際に「博多祝い歌」を唱和。1分間は歌を歌う時間として前倒しされている。よって2番山笠はその6分後に出発、3番以降は5分ごとにスタートする。

③山笠の飾りはどうするの？
流によっては、学校や施設に寄付するところもあるが、基本的に山笠が終わったらくずし、次の年はまた新しい人形を作る。

巨大施設や魅力的なレストランも！リバーサイドを巡ってみましょう。

「キャナルシティ博多」をはじめ、「水上公園」や「HARENO GARDEN EAST&WEST」など、リバーサイドには魅力的な施設が点在しています。

住吉

きゃなるしてぃはかた

キャナルシティ博多

さまざまなエンタメが集結した複合施設

博多駅や天神駅からも徒歩約10分という好立地に立つ商業施設。斬新なデザインの建物の中央にキャナル（運河）が流れ、話題のショップが多数並ぶ。カフェやレストランのほか、映画館に劇場と何でも揃うため、一日中いても飽きない。

☎092-282-2525（情報サービスセンター）住福岡市博多区住吉1-2 ⏰10～21時（飲食店は11～23時。一部店舗により異なる）休無休 交地下鉄空港線中洲川端駅から徒歩10分、または地下鉄七隈線櫛田神社前駅から徒歩3分 P1300台（30分200円）MAP付録P7B3・4

▲約230以上のショップ・レストランが並ぶ　CANAL CITY HAKATA 2020©FUKUOKAJISHO.

センターウォーク5階

らーめんすたじあむ

ラーメンスタジアム

全国の話題店が一堂に集結！

オープン以来、全国の人気店のラーメンが味わえると評判。8軒が不定期に入れ替わりながら営業し、新規店舗も楽しみの一つ。⏰11時～22時30分LO(店舗により異なる) 休無休

ラーメン愛好家をはじめ、ファミリー、カップルなど幅広い層が訪れる

ホテル

ぐらんど はいあっと ふくおか

グランド ハイアット 福岡

リッチな気分でステイ

客室はモダンなインテリアで統一され、ラグジュアリーな雰囲気。バラエティ豊かなレストラン・バーも充実。☎092-282-1234 ¥シングル2万1780円～、ツイン2万5410円～

噴水ショーも間近に見られる

ノースビル4階

きゃなるしてぃげきじょう

キャナルシティ劇場

多彩な演目を提供し続ける福岡屈指の劇場

観客にとっての観やすさを第一に考えられた劇場。演劇やミュージカルなどを臨場感たっぷりに楽しめる。¥⏰休公演により異なる

1144席という福岡でも指折りの規模

噴水ショーも必見
屋外ステージ

キャナルシティ博多の「サンプラザステージ」は運河の中央に位置し、迫力のある噴水ショーは昼夜問わず人気となっている。夜はライトアップされ、ロマンチックなムードが漂う。

西中洲

すいじょうこうえん しっぷす がーでん

水上公園 SHIP'S GARDEN

市民が集う水辺の公園

西中洲の先端にある公園。船をイメージしたレストラン施設「SHIP'S GARDEN」があり、「bills福岡」と広東料理店「西中洲 星期菜」が入店。屋上は階段上になり、ゆったりと過ごせる。

☎店舗により異なる 住福岡市中央区西中洲13-1 ⏰休店舗により異なる 交地下鉄空港線中洲川端駅から徒歩3分 Pなし MAP付録P8E2

屋上には船の帆のようにタープが張られている

夜は美しくライトアップされる

びるず ふくおか

bills 福岡

世界の美食家が愛するダイニング

シドニー発のオールデイダイニング。ヘルスコンシャスな料理やトレンド感あふれるメニューが揃う。福岡限定のメニューも！

☎092-733-2555 ⏰月～木曜8時30分～20時LO、金曜は～21時LO、土・日曜、祝日8～21時LO 休不定休

明太子とマスカルポーネのスパゲッティ - 紫蘇ペースト、レモンゼスト、パプリカパウダー1500円（福岡限定）

階段に座ってくつろぐ人も多く、市民の憩いの場となっている

EAST棟にある店舗のテラス席では、川沿いの景色も楽しみながらくつろげる

西中洲

はれの がーでん いーすとあんどうえすと

HARENO GARDEN EAST&WEST

人気店が集合した話題の施設

天神中央公園内の注目スポット。イーストとウエストの2棟あり、それぞれに福岡の人気店が集結している。那珂川リバークルーズ「福博みなとであい船」（☞P47）の発着場もここにある。

☎店舗により異なる 住福岡市中央区西中洲 ⏰休店舗により異なる Pなし MAP付録P8E2

すとっく

stock

行列覚悟！大人気のベーカリー

福岡のパンブームを牽引する東区の「Painstock」の2号店。朝8時からの営業で朝食にもぴったり！店内には久留米発の人気コーヒーショップ「COFFEE COUNTY」もある。

☎092-406-5178 ⏰8～19時（18時30分LO） 休月曜、第1・3火曜

チョコ生ドーナツ253円とラルゴ286円（左）。人気のパンは早めに売り切れてしまうことも多い（右）

「COFFEE COUNTY」のコーヒーと一緒に味わおう

「キャナルシティ博多」「水上公園 SHIP'S GARDEN」「HARENO GARDEN」は、いずれも夜はライトアップされます。

夜になったら西中洲・春吉（はるよし）の、路地裏にひそむ地元っ子の隠れ家へ

中洲に隣接する春吉は隠れ家的な飲食店の多さで知られる飲食街。とっておきの料理とお酒を揃えているので、夜は春吉へおでかけしてみて。

春吉

わらやきみかん

藁焼みかん

藁で炙った香ばしい魚介をたっぷりと

京都や大阪で腕を磨いたオーナーが平成26年（2014）にオープン。柳橋連合市場や中央市場に出向き、自分の目で確かめた魚介を提供。店内にある専用の焼き場で炙る「藁焼き」が名物で、オーダーが入ると藁に火をつけ、立ち上る1200℃の炎で魚の表面を焼き、うま味と香りを閉じ込めている。これを楽しみに訪れる人も多い。

☎092-712-0388 住福岡市中央区春吉2-12-20 ⏰17時～午前1時 休不定休 交地下鉄七隈線渡辺通駅から徒歩7分 Pなし MAP付録P4E3

ミカンの絵が描かれたのれんが目印

香りの高さは抜群でお酒がすすむ～！

❖藁焼・盛り合せ❖
1人前1650円～（写真は2人前）
藁焼を4種含む盛り合わせ。塩やポン酢でいただく

これもおすすめ

❖鴨朴葉焼❖
1540円
七輪にのってアツアツで提供される

❖自然派ワイン❖
グラス660円～
日本の「ヒトミワイナリー」など自然派ワインも充実

鯖寿し1貫330円。浅く締めたサバを高菜で巻いたもの。しょうがもアクセント

✣佐賀牛サーロイン網焼き✣
4620円
やわらかい赤身にきめ細かなサシの入った佐賀牛を網焼きで

食べて飲んだ後は特選コーヒー

豆のセレクト、淹れ方にこだわったコーヒーを味わえる「manucoffee春吉店」。深夜1時まで営業しているので、お酒の後の一杯にも最適。マヌラテ680円。
☎092-736-6011 MAP付録P8F4

本物の味を求めて食通が集う

西中洲
きっか
喜家

素材を吟味したこだわり和食

契約農家の野菜、専用農地でとれる米などを使用し、手間ひまかけた九州の郷土料理がいただける。焼酎も常時300種以上、年間約400種を取り寄せている。日本酒は年間200種ほど揃う。

☎092-737-1770 住福岡市中央区西中洲2-14 ⏰18～24時 休不定休 交地下鉄七隈線天神南駅から徒歩5分 Pなし MAP付録P8F3
※メニューは仕入れ状況により異なる

これもおすすめ
✣大将のおまかせコース✣
6000円～
厳選した旬魚のお造りと人気メニューを含んだコース
✣鹿児島牛鍬焼肉じゃが✣
4180円
肉と野菜のうま味が渾然一体に
✣すっぽんを使ったがめ煮✣
2200円～
博多の郷土料理

✣水炊き（鶏ねぎしゃぶ付き）✣
1人前2090円
こだわりのスープと香味野菜の組み合わせがたまらない！注文は1人前から可

ビルの4階にあり、気取らない雰囲気が魅力

これもおすすめ
✣いか・さば盛✣
2860円
呼子のイカの活造りと、五島の天然サバの刺身
✣鶏せせりの黒胡椒焼✣
858円
黒こしょうたっぷりに味わえる
✣生だこ薄造り✣
1078円
独特の食感が美味！

天神周辺
ねぎや
ねぎや

博多名物グルメをたっぷりと

玄界灘の鮮魚、焼き物、揚げ物などさまざまな創作料理が楽しめる居酒屋。人気は老舗の味を受け継ぐ水炊きの最初に出される鶏ねぎしゃぶ。博多の名物料理がセットになった水炊きコース（1人前3300円※2人前～）もおすすめだ。

☎092-722-1193 住福岡市中央区渡辺通5-1-22コージープラス天神4階 ⏰17時30分～24時（日曜、祝日は～23時）※LOは閉店1時間前 休不定休 交地下鉄空港線天神駅から徒歩7分 Pなし MAP付録P8E4

春吉
ごとうさばときゅうしゅうのさち きはる
五島サバと九州の幸 きはる

活サバ料理で知られる元祖サバ刺専門店

生きたまま店に届き、開店前に調理されるサバ料理が自慢。甘みが強く、弾力もある五島のサバは刺身以外にも、自家製炙り生へしこ1320円といった珍味までバラエティ豊か。

☎092-771-3002 住福岡市中央区春吉3-22-7 ⏰18時～サバが売り切れるまで 休日曜（月曜が祝日の場合は営業）交地下鉄七隈線天神南駅から徒歩5分 Pなし MAP付録P8F4

✣泳ぎサバ刺✣
1210円
活きサバをチャチャッとさばく。塩または醤油で

30席ほどの店内は、気取らずくつろげる雰囲気

これもおすすめ
✣炙りサバ刺✣
1210円
締めてから半日寝かせてまろやかな味に
✣焼サバチャーハン✣
748円
ほぐしたサバの身がたっぷりと入っている

春吉は細い路地が多く、地元の人でも迷うことも。事前にしっかり場所を確認しておきましょう。

今夜は屋台酒よりカクテルな気分
大人バーでリセットしませんか？

今日は慌ただしい一日だったから、バーでゆっくりグラスを傾けたい…。
中洲や春吉にはリバービュー、伝統派、スタイリッシュなどお好みのバーがあります。

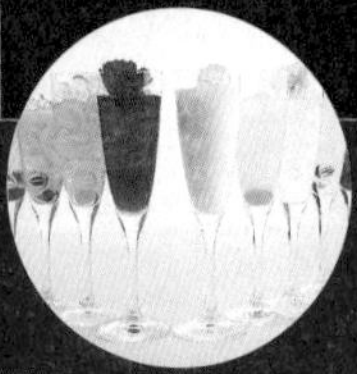

おすすめカクテル

誕生石のジュエリーカクテル
各968円
産地直輸入のスパークリングを使用したフルーツテイストのオリジナルカクテル

濃厚なうま味にハマリ、リピーターが多い特製うに麺1408円。フード類も充実している

春吉

ばーあんどだいにんぐ みつばち

Bar&Dining Mitsubachi

中洲の夜景を眺めながら深夜までリラックス

那珂川沿いのカウンターから望む夜景やかすかに聞こえる喧騒が心地よいダイニングバー。リバービューソファ、約11mのカウンターなど趣向を凝らしたシートでくつろげる。季節のオリジナルカクテルが人気となっている。

☎092-739-3800 住福岡市中央区春吉3-4-6ザ・ワンファイブヴィラ福岡1階 ¥チャージ300〜600円（リバービューソファは700〜800円） 🕒18時〜午前3時（金・土曜、祝前日は〜午前4時） 休無休 交地下鉄七隈線天神南駅から徒歩8分 Pなし MAP付録P7A3

特製バーニャが野菜の味を引き立てる、太陽をたっぷり浴びた野菜のバーニャカウダ1298円

九州らしい焼酎バーへもおでかけ

焼酎処・九州にふさわしく焼酎専門バーもあるので、いろいろ飲み比べてみては。中洲の「焼酎処 あんたいとる」では常時200種類以上の焼酎を揃えています。
☎080-1194-3308 MAP付録P8F2

中洲 マティーニ1300円のおいしさにも定評あり

おすすめカクテル
ゆるり1200円
酒販メーカー主催のカクテルコンペティションググランプリ作品

ばー じーた
Bar GITA

その道39年の技でおもてなし

岩永マスターはカクテル一筋39年。熟練の技が生み出すキレのいいカクテルが訪れる人を魅了する。木のぬくもりに包まれた店内には、いつも和やかな空気が流れている。

☎092-262-2623 住福岡市博多区中洲4-1-1 ¥チャージ800円 ⏰19時～午前2時、金・土曜は～午前3時 休日曜、祝日 交地下鉄空港線中洲川端駅から徒歩7分 Pなし MAP付録P7A3

中洲 オーセンティックな雰囲気。チャージ1000円

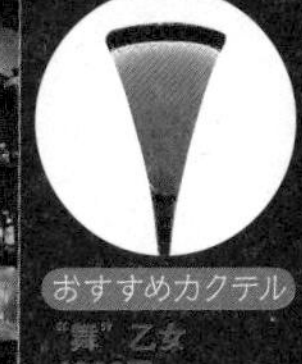

おすすめカクテル
"舞"乙女
1300円
福岡のゴマ焼酎をベースに、フランボワーズリキュールを加えた一杯

ばー くらよし なかす
BAR 倉吉 中洲

バーテンダー渾身の一杯を

多数のカクテルコンペティション入賞バーテンダーがおり、季節ごとのフルーツをふんだんに使ったカクテルが好評。収容人数約50名と広々とし、ゆったりとくつろげる。

☎092-283-6626 住福岡市博多区中洲2-3-1中洲Fビル2階 ¥チャージ1000円 ⏰19時～午前4時 休日曜、祝日 交地下鉄空港線中洲川端駅から徒歩6分 Pなし MAP付録P7A3

西中洲 フレッシュフルーツカクテル1900円～が人気

おすすめカクテル
是空モヒート
1500円
自家製ミントを使用した見た目もインパクトあるカクテル

ばー ぜくう
Bar 是空

ショット&カクテル&葉巻が楽しめるオーセンティックバー

西中洲の路地裏にたたずむ隠れ家的なバー。川井田オーナーはホテルバーデンダー協会の最高位の資格と、調理師免許をもつ凄腕。ここでは好みのカクテルが見つかりそう。

☎092-725-6307 住福岡市中央区西中洲5-6 西中洲コーポ1階 ⏰19時～午前2時 休無休 交地下鉄空港線中洲川端駅から徒歩7分 Pなし MAP付録P8F3

中洲 何を飲もうか迷ったときは七島オーナーに相談を

おすすめカクテル
乾杯1500円
パインの甘酸っぱさが利いたジンベースのオリジナルカクテル

にっかばー ななしま
ニッカバー 七島

創業から60年以上の時を刻む正当派老舗バー

大通り沿いにある、気楽な雰囲気の店。沿道から店内が見えるので、中洲初体験の人も安心して入りやすい。オーナーの愛娘もバーテンダーとしてカウンターに立つ。

☎092-291-7740 住福岡市博多区中洲4-2-18 水上ビル1階 ⏰18～24時 休無休 交地下鉄空港線中洲川端駅から徒歩5分 Pなし MAP付録P7A2

「ニッカバー 七島」の七島オーナーはまさに中洲の生き字引。中洲の歴史なども教えてくれます。

ココにも行きたい

博多駅・中洲・川端エリアのおすすめスポット

旧福岡県公会堂貴賓館
きゅうふくおかけんこうかいどうきひんかん

華やかな時代の面影が残る

明治43年（1910）、来賓接待所として完成したフレンチルネサンス様式の洋風建築。内部は大理石の暖炉やレリーフなど、優雅な雰囲気が漂う。国指定重要文化財。DATA☎092-751-4416 住福岡市中央区西中洲6-29 ¥入館200円 ⏰9～18時 休月曜（祝日の場合は翌日）交地下鉄空港線中洲川端駅から徒歩5分 Pなし MAP付録P8E2

博多リバレイン
はかたりばれいん

好奇心をくすぐる複合施設

質の高いショップやレストランが並ぶ博多リバレインモール、ホテルオークラ福岡、演劇専門の劇場・博多座、福岡アジア美術館など大型施設が集まった、大人の好奇心を満たしてくれる複合施設。DATA☎092-271-5050（博多リバレインモール）住福岡市博多区下川端町3-1ほか ⏰休施設により異なる 交地下鉄空港線中洲川端駅直結 P950台（30分160円）MAP付録P8F1

肴や だんじ
さかなや だんじ

九州の名物料理を提供

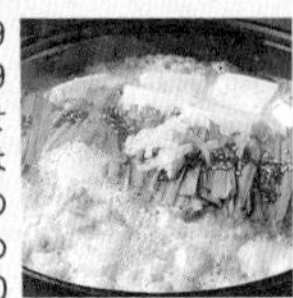

もつ鍋1～2人前1419円やゴマサバ1419円、馬刺盛り合わせ1619円など、博多はもちろん九州各地の名物を気軽に楽しめる居酒屋。焼酎は20種、日本酒も10種が揃っている。DATA☎092-292-9073 住福岡市博多区博多駅前2-11-22 ⏰17～24時（23時LO）休不定休 交JR博多駅から徒歩6分 Pなし MAP付録P6D3

博多一双 博多駅東本店
はかたいっそう はかたえきひがしほんてん

泡立つスープがおいしさの秘訣！

下処理に時間をかけ、骨が崩れるまで煮込んでうま味を引き出した豚骨100%のスープが美味！行列のできる人気店としても知られ、清潔感のある店内もうれしい。味玉ラーメン880円。DATA☎092-472-7739 住福岡市博多区博多駅東3-1-6 ⏰11～24時 休不定休 交JR博多駅から徒歩5分 Pなし MAP付録P4F3

河太郎 博多駅店
かわたろう はかたえきてん

呼子のイカを博多で味わえる

イカの活き造りで知られる呼子の名店。生け簀には呼子から直送されるイカが泳ぐ。熟練の包丁さばきで仕上げられるお造りはコリコリとした食感でとろけるような甘み。イカ活き造り100g2200円～。DATA☎092-260-9442 住福岡市博多区博多駅中央街8-1JRJPビル1階 ⏰11～14時、17～22時 休不定休 交JR博多駅から徒歩2分 Pなし MAP付録P6E4

博多名代吉塚うなぎ屋
はかたなだいよしづかうなぎや

全国からファンが通う老舗

明治6年（1873）創業、中洲の博多川沿いにある老舗うなぎ店。創業以来変わらない秘伝のタレが、ふっくらと焼き上がった厳選されたうなぎのうま味を引き立てる。平日でも全国からファン訪れるほどの人気ぶり。DATA☎092-271-0700 住福岡市博多区中洲2-8-27 ⏰10時30分～21時（20時LO）休水曜 交地下鉄空港線中洲川端駅から徒歩5分、または地下鉄七隈線櫛田神社前駅から徒歩3分 P5台 MAP付録P7B2

八仙閣 本店レストラン 彩虹
はっせんかく ほんてんれすとらん つぁいほん

博多が誇る老舗中華料理店

博多で50年以上、地元で親しまれている本格中華料理店「八仙閣」によるメインレストラン。「八仙閣の博多皿うどん」1280円など伝統の味が楽しめる。DATA☎092-411-4188 住福岡市博多区博多駅東2-7-27 TERASO 2階 ⏰11時30分～22時 休不定休 交JR博多駅筑紫口から徒歩7分 P有料100台（利用に応じて2～6時間無料）MAP付録P4F3

パン屋むつか堂カフェ アミュプラザ博多店
ぱんやむつかどうかふぇ あみゅぷらざはかたてん

食パンが自慢のカフェ

薬院六ツ角にある人気食パン専門店が手がけるカフェ。毎日店内で焼き上げられる食パンを使ったクロックムッシュ858円が大人気。食パン専用焙煎豆のドリップコーヒー594円。DATA☎092-710-6699 住福岡市博多区博多駅中央街1-1アミュプラザ博多5階 ⏰10～20時（19時LO）休施設に準ずる 交JR博多駅直結 P提携駐車場あり MAP付録P6E4

川端ぜんざい広場
かわばたぜんざいひろば

開放スペースの甘味処

昔から受け継がれてきた懐かしい博多のぜんざいが楽しめる。週末やイベント時にオープンするので機会があればぜひ！DATA☎092-281-6223（上川端商店街振興組合）住福岡市博多区上川端10-256 ⏰11～18時（金～日曜、祝日、商店街イベント時、12月1日～25日のみ営業）休月～木曜（祝日が月曜の場合は営業）交地下鉄空港線中洲川端駅から徒歩2分 Pなし MAP付録P7A2

ちゅんすいたん あみゅぷらざはかたてん

春水堂 アミュプラザ博多店

台湾スイーツブームの火付け役

タピオカミルクティー発祥の店として知られる台湾スイーツ&フードカフェ。タピオカミルクティー650円。麺類なども多彩に揃い、セットメニューも充実。DATA ☎092-260-7820 住福岡市博多区博多駅中央街1-1アミュプラザ博多地下1階 ⏰10時～21時30分LO 休不定休 交JR博多駅直結 P提携駐車場あり MAP付録P6E4

もーりすひっぽ

モーリスヒッポ

川沿いのテラスで陽気に乾杯!

外国人も多く集まる人気の英国パブ。世界のビールやサイダーが40種類以上揃い、ドラフトも8種、樽変わりの国産クラフトビールも3種ある。定番のフィッシュアンドチップス・レギュラー650円。DATA ☎092-282-3912 住福岡市博多区下川端3-1博多リバレイン1階 ⏰11時30分～午前1時（金・土曜、祝前日は～午前2時）休無休 交地下鉄空港線中洲川端駅から徒歩1分 Pなし MAP付録P8F1

ばー はーと すとりんぐす

BAR HEART STRINGS

女性も安心して利用できるバー

女性も気軽に楽しめる老舗バー。フレッシュフルーツを使ったカクテル1700円～、シングルモルト1500円～、チャージ500円。DATA ☎092-262-3136 住福岡市博多区中洲3-2-12第3ラインビル5階 ⏰19時～午前2時（午前1時30分LO）休日曜（月曜祝日の場合は営業、月曜休）交地下鉄空港線中洲川端駅から徒歩5分 Pなし MAP付録P7A2

はかた すずかけ ほんてん

博多 鈴懸 本店

本店だけのお楽しみパフェ

大正12年（1923）創業、福岡を代表する和菓子店。併設するカフェでは、3種のアイスが選べる「すずのパフェ」980円などの甘味や、ホットサンド、ナポリタンなど食事メニューも。DATA ☎092-291-0050 住福岡市博多区上川端町12-20ふくぎん博多ビル1階 ⏰9～19時（喫茶の食事11～18時LO、甘味11時～18時30分LO）休無休 交地下鉄空港線中洲川端駅からすぐ Pなし MAP付録P8F1

はかた じゃぱん

HAKATA JAPAN

技とセンスが光る博多織の雑貨

およそ780年の歴史を誇る博多の伝統工芸、博多織。高い技術はそのままに、スタイリッシュなデザインを提案する。名刺入れ3300円のほか、バッグやインテリア小物など幅広いアイテムが揃う。DATA ☎092-263-1112 住福岡市博多区下川端町3-1博多リバレイン地下2階 ⏰10～19時 休無休 交地下鉄空港線中洲川端駅直結 P博多リバレイン駐車場利用（割引あり）MAP付録P8F1

やなぎばしれんごういちば

柳橋連合市場

地元で愛され続ける"博多の台所"

旬の味を求めてプロの料理人から主婦まで、多くの人が訪れる市場。全長約100mのアーケードに約40店が並ぶ。鮮魚店が営む食堂や、辛子明太子の店などもあり、食事やおみやげ選びにもぴったり! DATA ☎092-761-5717 住福岡市中央区春吉1-6-1 ⏰店舗により異なるが目安は8時～17時30分 休日曜、祝日 交地下鉄七隈線渡辺通駅から徒歩3分 Pなし MAP付録P4E3

博多の料理人ご用達の市場だ

鮮魚店が営む「柳橋食堂」で丼や定食をいただこう

ますや

増屋

バラエティ豊かな博多人形

川端通商店街にある博多人形の老舗。伝統的な博多人形から現代的なモチーフの博多人形までバラエティ豊かに揃う。博多人形はろうきてぃ1980円。博多人形のほかにも、博多織、久留米絣といった福岡の伝統工芸品も販売。DATA ☎092-281-0083 住福岡市博多区上川端町6-138 ⏰10～19時 休不定休 交地下鉄空港線中洲川端駅から徒歩5分 Pなし MAP付録P7B2

まてりあるる

MateriaL

自分へのご褒美、オーダー服

オリジナルシャツを中心に、欧米からセレクトしたファッションや雑貨を提供。シャツ3万3000円～やワンピース5万5000円～などのオーダーもでき、職人さんが丁寧に縫いあげる。所要1カ月。地方発送にも対応してくれる。DATA ☎092-282-7777 住福岡市博多区中洲5-1-20-東京堂ビル5階 ⏰12～18時 休日曜 交地下鉄空港線中洲川端駅から徒歩1分 Pなし MAP付録P8F1

地下鉄空港線祇園駅の地上エレベーター入口は博多祇園山笠の舁き山の形をしています。

これしよう！

天神地下街にも人気ショップが

天神の中心部に広がる「天神地下街」。いつでも快適な買い物が楽しめる。

これしよう！

おみやげ探しはデパ地下が便利

三越、岩田屋など福岡を代表するデパートが並び、福岡銘菓探しが楽しみだ(☞P72)。

これしよう！

ショッピングが楽しい街です

個性豊かなビルが並びます。夜は渡辺通り沿いに屋台も登場(☞P24〜)。

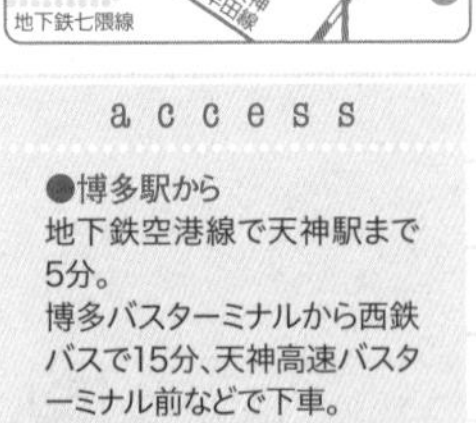

昼も夜も光り輝く福岡の中心地

天神周辺

てんじんしゅうへん

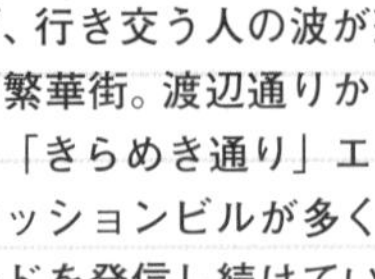

デパ地下(☞P72)で博多みやげをゲット！

こんなところ

渡辺通り沿いにデパートやファッションビルが立ち並び、行き交う人の波が途絶えない九州最大の繁華街。渡辺通りから天神西通りへと続く「きらめき通り」エリアにも高感度なファッションビルが多く、常に最先端のトレンドを発信し続けている。買い物には事欠かないエリアだ。

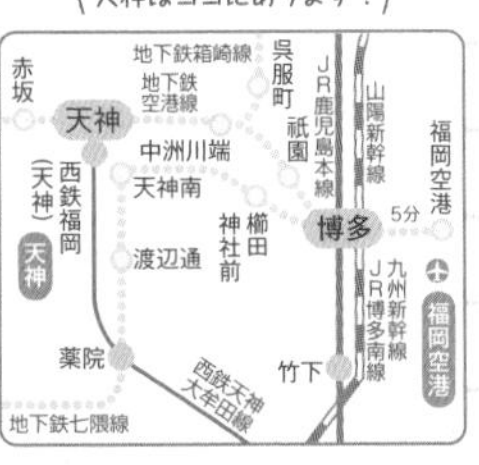

access

●博多駅から
地下鉄空港線で天神駅まで5分。
博多バスターミナルから西鉄バスで15分、天神高速バスターミナル前などで下車。
天神中心部の路線バスはP46参照。

問合せ
福岡市観光案内所(天神)
☎092-751-6904
広域MAP付録P8-9

～天神周辺 はやわかりMAP～

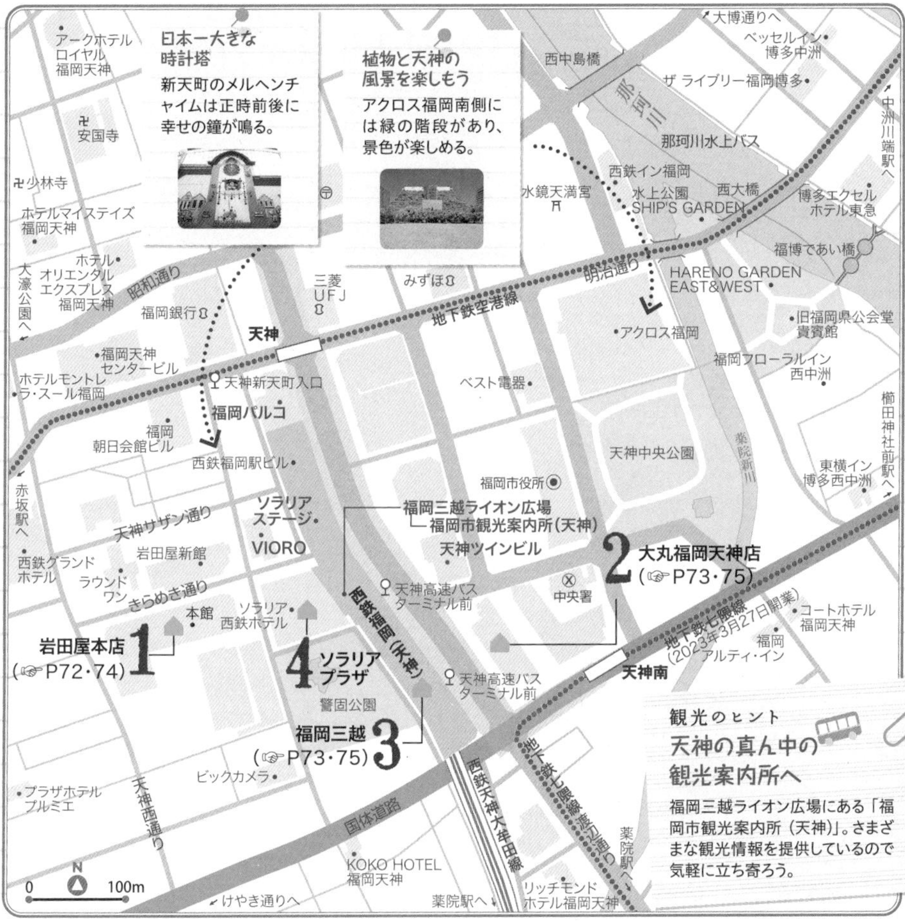

日本一大きな時計塔
新天町のメルヘンチャイムは正時前後に幸せの鐘が鳴る。

植物と天神の風景を楽しもう
アクロス福岡南側には緑の階段があり、景色が楽しめる。

大博通りへ
ベッセルイン博多中洲
ザ ライブリー福岡博多
西中島橋
那珂川
那珂川水上バス
西鉄イン福岡
水鏡天満宮
水上公園 SHIP'S GARDEN
西大橋
博多エクセルホテル東急
福博であい橋
HARENO GARDEN EAST&WEST
中洲川端駅へ
旧福岡県公会堂貴賓館
アクロス福岡
福岡フローラルイン西中洲
櫛田神社前駅へ
東横イン博多西中洲
アークホテルロイヤル福岡天神
安国寺
少林寺
ホテルマイステイズ福岡天神
ホテルオリエンタルエクスプレス福岡天神
大濠公園へ
昭和通り
福岡銀行
三菱UFJ
みずほ
明治通り
地下鉄空港線
天神
福岡天神センタービル
ホテルモントレ ラ・スール福岡
天神新天町入口
福岡パルコ
ベスト電器
福岡朝日会館ビル
西鉄福岡駅ビル
天神中央公園
薬院新川
赤坂駅へ
福岡市役所
ソラリアステージ
福岡三越ライオン広場
福岡市観光案内所(天神)
天神サザン通り
VIORO
岩田屋新館
天神ツインビル
西鉄グランドホテル
ラウンドワン
きらめき通り
天神高速バスターミナル前
中央署
本館
ソラリア西鉄ホテル
西鉄福岡(天神)
地下鉄七隈線(2023年3月27日開業)
コートホテル福岡天神
福岡アルティ・イン
天神南
1 岩田屋本店(☞P72・74)
2 大丸福岡天神店(☞P73・75)
3 福岡三越(☞P73・75)
4 ソラリアプラザ
警固公園
天神高速バスターミナル前
ビックカメラ
プラザホテルプルミエ
天神西通り
国体道路
西鉄天神大牟田線
地下鉄七隈線
渡辺通り
薬院駅へ
KOKO HOTEL福岡天神
リッチモンドホテル福岡天神
けやき通りへ
0 N 100m

観光のヒント
天神の真ん中の観光案内所へ
福岡三越ライオン広場にある「福岡市観光案内所（天神）」。さまざまな観光情報を提供しているので気軽に立ち寄ろう。

周辺のランドマークビル

1 岩田屋本店
福岡で生まれ、地元で愛されている百貨店。本館、新館の2館ともに、高感度なラインナップ（☞P72・74）。

2 大丸福岡天神店
センスあふれるファッションの提案と、スイーツや惣菜など地下食料品売り場の充実で人気（☞P73・75）。

3 福岡三越
国内外のネットワークを生かした魅力的なラインナップ。駅ビルとしての利便性も高い（☞P73・75）。

4 ソラリアプラザ
高感度なショップを集めたファッションビル。上層階は「ソラリア西鉄ホテル」。
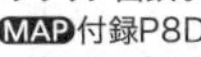付録P8D4

おみやげの駆け込み買いなら一挙に選べるデパ地下が便利です

メイドイン福岡や九州のおみやげが充実している天神の３大デパート。3店間は徒歩圏内で移動できるので、デパ地下めぐりを楽しみましょう。

A 岩田屋本店 B1・B2
本館の地下2フロアがまるごと食品街

創業宝暦4年（1754）の老舗百貨店。地下は2フロアに分かれ、地元博多をはじめ、九州の食材や銘菓を積極的に紹介している。

☎092-721-1111 住福岡市中央区天神2-5-35 ⓛ10～20時（新館7階の飲食店は11～22時、店舗により異なる場合あり）休不定休 交地下鉄空港線天神駅から徒歩3分 P契約駐車場4150台 MAP付録P9C4

「ベルアメール」の
パレショコラ5枚
1836円
素材、厚さ、歯ごたえにこだわった直径6㎝の丸い板チョコレート。香ばしいナッツや、うま味の凝縮されたドライフルーツがトッピングされている

「高橋商店（たかはししょうてん）」の
（左から）しょうがすこ、ゆずすこレッド、ゆずすこ、のりクロ
各594円
しょうがすこ、ゆずすこレッド、ゆずすこは液体辛味調味料。のりクロは、柚子胡椒味の海苔の佃煮。好きな組み合わせ4本で、ギフト箱を用意

「ホレンディッシェ・カカオシュトゥーベ」の
バウムシュピッツ
1728円
アプリコットジャムをサンドし、チョコレートでコーティングした一口サイズのバウムクーヘン

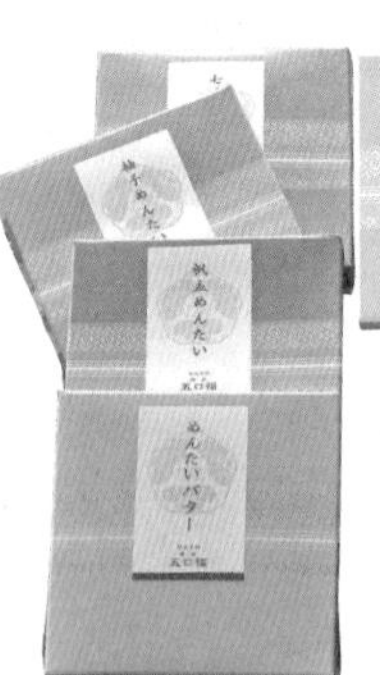

「五口福（ごこふく）」の五口福ごのみ
全10種 各40g 280円～
小分けで食べきりサイズの辛子明太子。薄型小箱でおみやげにオススメ

B 大丸福岡天神店 B2 とにかく品揃えが豊か

九州初上陸のショップや地元の人気菓子店などが集合。スイーツ好き必見のスポットとして注目を集めている。

☎092-712-8181 住福岡市中央区天神1-4-1 ⏰HPで要確認 休不定休 交地下鉄七隈線天神南駅からすぐ P契約駐車場2300台 MAP付録P8D4

「フリークス&コー糸島」のやますえ・糸島めんたい「可也山」
270g2500円
糸島の老舗「白糸酒造」の酒と、「カノオ醤油」の醤油を使用したやますえの調味液に、プロが選ぶ上質な原卵をじっくりと漬け込んでいる

「麻布かりんと」の博多限定あまおうかりんと
432円
酸味が少なくイチゴの濃厚な甘さが味わえる"あまおう"を贅沢に使用したかりんとう

「味の兵四郎」のだし2種ギフト
1296円
人気のあごだしと国産素材4種にこだわった洋風だしのセット

「京都祇園あのん」のあんぽーね
5個入り1836円
香ばしく歯切れのよい最中皮。つぶ餡とマスカルポーネチーズを使用した自家製クリームを、お好みでサンドしてどうぞ

「鈴懸」の鈴乃〇餅
1個108円
佐賀県産のヒヨクモチを使用したもっちりとした皮は、熟練の手で1枚ずつ焼き上げる繊細な舌ざわり

C 福岡三越 B2 九州のウマかもんグルメが集結

南北220mにわたり名店がずらり！ 特に九州はもとより全国から銘菓を集めたコーナー「全国銘菓 菓遊庵」が人気となっている。

☎092-724-3111 住福岡市中央区天神2-1-1 ⏰10～20時 休不定休 交地下鉄空港線天神駅から天神地下街で連絡 P契約駐車場4150台 MAP付録P8D4

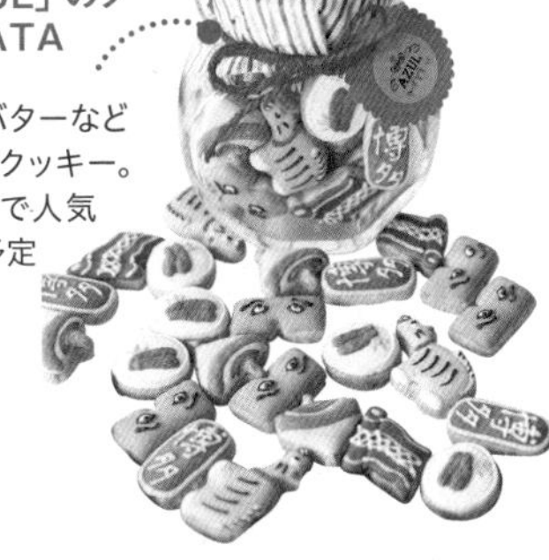

「アトリエ桜坂AZUL」のプティジョリー HAKATA
1瓶2840円
きび砂糖と四つ葉バターなどを使ったアイシングクッキー。博多らしいモチーフで人気
※毎月10日に入荷予定

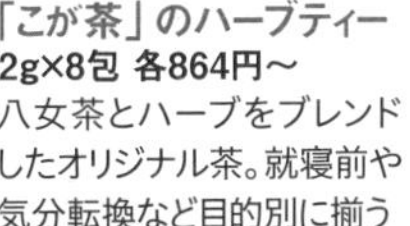

「こが茶」のハーブティー
2g×8包 各864円～
八女茶とハーブをブレンドしたオリジナル茶。就寝前や気分転換など目的別に揃う

北野エース「田中製麺」のごぼう天うどん
1人前594円
「田中製麺」は、福岡県久留米市にある老舗製麺所。創業から70年以上、地元の人に愛されてきた。ごぼう天うどんは、福岡ならではの定番うどんだ

「博多蒸氣屋」の博多焼きどうなつ
1個91円
しっとりとした食感とやさしい甘さが特徴。焼きたてならではの風味が感じられる

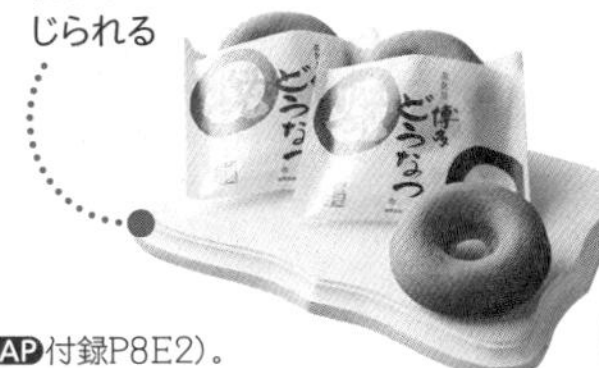

「アクロス福岡」前にある水鏡天満宮は"天神"の地名の由来になった由緒正しき神社です（MAP付録P8E2）。

地元でも人気のイートインやテイクアウトでデパ地下グルメを満喫！

デパ地下にはできたてを味わえるイートインやテイクアウトも充実。
現地でしか食べられない美味しさを満喫しましょう。

福岡生まれ、福岡育ちの老舗 福岡市民に愛され続ける岩田屋本店（いわたやほんてん）

DATA→P72

▲豚の角煮1袋(450g)1998円

和食
りょうてい おいまつ
料亭 老松

じっくり煮込んだ料亭の味

博多老舗の料亭として文化と技術を継承。じっくり煮込まれた角煮は、やわらかさのなかにもしっかりとした歯ごたえを感じさせる一品。

うなぎせいろ蒸し
がんそもとよしや
元祖本吉屋

香ばしいタレが食欲をそそる

「かおり風景100選」に選ばれた柳川のせいろ蒸し。秘伝のタレで味付けし、二度蒸ししたご飯と、じっくり炭火焼きした蒲焼が美味！イートイン可。

▲せいろ蒸し（4切、きも吸・漬物付き）4301円～◀イートインであつあつを召し上がれ！

ハムカツ
あそのいっぴん
阿蘇の逸品

ハムのおいしさがしっかり伝わる

ドイツのコンテストで受賞経験をもつハム・ソーセージの有名店。リッチなハムカツは揚げたてをその場で食べるのがおすすめ。

▲元祖 阿蘇カツ 1個120円

▲「あまおう」1650円（時季限定・価格変動あり）

フルーツジュース
ときお
TOKIO

果実店の直営おいしさは格別！

福岡県のオリジナルブランドイチゴ「あまおう」のみを使った贅沢なジュース。つぶつぶの果肉が感じられ、飲みごたえもたっぷり。イートイン可。

◀旬のフルーツを使ったジュースやスイーツを楽しめる

日本酒
だっさいすとあはかた
獺祭ストア博多

味と香りと炭酸が見事に調和

純米大吟醸特有の華やかな香り、山田錦がもつ米の甘み、瓶内二次発酵ならではの炭酸の爽やかさが特徴。

◀獺祭 純米大吟醸 スパークリング45 720㎖2255円

雨の日も便利。買い物なら「天神地下街」もオススメ！

南北590mに広がるヨーロッパ調の街並みはここでしか見られない光景。約150の魅力的な店舗が並んでいます。交通拠点や商業ビルとも直結していて移動も便利です。
☎092-711-1903 MAP付録P8D4

B 話題店もいっぱい！ 大丸福岡天神店

だいまるふくおかてんじんてん

DATA➡P73

▲国内で最初の店舗

▲さんかくのカップチーズ1個270円

チーズスイーツ
たべたと
TAVETATO

店名は博多弁の食べたと？(＝食べたの？)

「さんかくのカップチーズ」は、三角のかわいらしい、ふわふわなめらかな食感のスフレタイプのチーズケーキ。マスカルポーネ・カマンベール・ゴルゴンゾーラの3種類の味を用意している。

ナッツスイーツ
のわ
Noix

▶木の実のシュークリーム1個540円

木の実をコンセプトにしたスイーツが揃う

たっぷりのプラリネクリームとたくさんの木の実で仕上げた「Noix」自慢のシュークリームが人気。

▶いかしゅうまい大まる。8個入りは1296円

イカ
まんぼう
萬坊

ご飯のおかずにもお酒の肴にもなる

佐賀県呼子町のイカ料理店「萬坊」の名物。イカの上身を贅沢に使ったしゅうまいはふんわり食感でうま味が凝縮されている。

▲ブルーフォンセ516円

パティスリー
ぶるーふぉんせ
ブルーフォンセ

見目麗しいスイーツが並ぶ

この店のスペシャリテは、濃厚なアーモンドのババロアの中に、アーモンドの糖衣がけが入っている。

パン
じょあん
Johan

ずっしりとボリュームたっぷり！

1日に50ピースほどが登場するものの夕方にはなくなってしまう人気商品。パイ生地のサクサク感と甘酸っぱいジューシーなリンゴがたまらない。

▲アップルパイ～シナモンの香りとともに～1/4カット378円

C 国内外のグルメが集結 豊富なラインナップの福岡三越

ふくおかみつこし

DATA➡P73

▶バブカ・ポール（ホール1599円、1/2サイズ800円、1/6サイズ292円）

パン
ぽーる
Paul

フランスで人気のブーランジェリー

「バブカ・ポール」は、クロワッサン生地にチョコレートとチョコレートフィリング、クルミを巻き込み焼き上げている。
🕒10～20時（ランチ11時30分～14時、18時30分LO）

▲店頭のパンをその場で食べることもできる

岩田屋本店や福岡三越、VIORO、ソラリアプラザなどを結ぶ地下道が長さ120mのきらめき通り地下通路です。

気分に合わせて選びたい 雰囲気のある和みカフェ

ショッピングや観光に疲れたときは、雰囲気重視の和みカフェへ。
景色やインテリア、おいしいスイーツで心がゆっくりほぐれてきます。

天神

うおーたー さいと おっとー

Water site. OTTO

心地いい風が吹き抜ける リバーサイドカフェ

那珂川を眺めながら、広々としたテラスでもくつろげるカフェ。店内は天井も高く、川沿いの壁は一面ガラス張りで開放感も抜群。食事はもちろんのこと、スイーツが充実しており、紅茶やジュースなどのドリンクバーもあるのでのんびりできそう。

☎092-714-3308 住福岡市中央区天神1-16-1 西鉄イン福岡1階 ⏰11〜18時 休無休 交地下鉄空港線天神駅から徒歩5分 Pなし MAP付録P8E2

店内はスタイリッシュな印象

舌触りなめらかに焼き上げた濃厚なバスクチーズケーキ710円

肌寒い日にはひざ掛けを用意している

那珂川沿いのテラス席はペット同伴も可

大名

ぐろっと

GROTTO

喧騒を離れた癒やしのカフェ 老舗ホテルの新装ラウンジ

創業から半世紀の歴史を誇る老舗ホテルのラウンジカフェ&バー。「洞窟」という店名どおり細長くシックな造りで、重厚感のあるムードが漂う。待ち合わせはもちろん、ティー&バータイムにも最適。優雅なひとときを楽しもう。

☎092-781-0435 住福岡市中央区大名2-6-60 西鉄グランドホテル1階 ⏰10時〜23時30分LO 休無休 交地下鉄空港線天神駅から徒歩3分 P93台 MAP付録P9B3

夜はしっとりとしたバーラウンジに

ケーキセット1936円は、4種類のケーキから1品チョイスしよう！

中庭に流れる長さ約70mの滝を眺めつつゆったりと

創業時から使われている、モダンな椅子

緑の公園は
街ナカの
憩いのスポット

ちょっとした休憩にぴったりなのがビルの谷間に広がる「警固公園」。季節の花を愛でながらひと休みできます。お昼にはランチをとる人も多い。
MAP付録P8D4

大名
こーでゅろい かふぇ

CORDUROY café

大名の中心にありながら抜群の開放感を味わえる

壁一面が大きな窓になっており、街なかにいながら心地よい開放感を味わえると評判。パティシエが作るスイーツやボリューム満点の料理、専任の担当者が作るドリンクなどこだわりのメニューを提供している。深夜まで営業しているのも高ポイント。

☎092-716-3367 住福岡市中央区大名1-15-35 247ビル4階 ⏰11時～午前3時（ランチは～17時）休無休 交地下鉄七隈線天神南駅から徒歩7分 Pなし MAP付録P9C4

おしゃれな雰囲気の入口

オーダー率の高い、ほろ苦く大人の味わいのティラミス750円

天神
かふぇあんどぶっくす びぶりおてーく

café&books bibliothèque

ゆったりとページをめくれるブックカフェ

センスあふれる本が並ぶブックカフェ。本のみならずデザートのセンスも抜群で、ケーク・オ・ショコラ・エピス770円やベイク&レア2層チーズケーキ825円などが人気。ナスとベーコンのトマトソースパスタ1430円～やエッグベネディクト1540円～など、食事系メニューも。

☎092-752-7443 住福岡市中央区天神2-10-3VIORO地下1階 ⏰11～21時（20時30分LO）休無休 交地下鉄空港線天神駅から徒歩3分 Pなし MAP付録P9C3

ビルインながら落ち着いた雰囲気

ベリーとクリームチーズのパンケーキ1320円

フルーツゼリーで有名な「たらみ」の直営店も注目です。2階はイートインスペースで、贅沢なフルーツゼリーが味わえます。MAP付録P9C4

リニューアルや新施設も続々！市民のオアシス、大濠公園さんぽ

2019年春に大規模改修を終えた福岡市美術館をはじめ、新カフェも誕生するなど、大濠公園エリアは注目を集めています。

詳細 MAP 付録P5B～C3

緑と水が心地よい 市民の憩いの場

水上散歩を楽しめる白鳥ボートも

池の周辺にはベンチが配されている

園内にはエコフレンドリーなスターバックス コーヒーも

1 Day モデルコース

天神駅から地下鉄空港線で4分

- 地下鉄空港線 大濠公園駅
  - ▼徒歩5分
- 1 大濠公園
  - ▼徒歩10分
- 2 大濠テラス 八女茶と日本庭園と。
  - ▼徒歩3分
- 3 福岡市美術館
  - ▼美術館内
- 4 レストラン プルヌス
  - ▼徒歩12分
- 5 福岡城跡
  - ▼徒歩8分
- 地下鉄空港線 赤坂駅

1 大濠公園（おおほりこうえん）

スタート！ 9:00

福岡城の外堀を生かし、池をぐるりと囲むように作られた公園。池の周りには一周約2kmの遊歩道が整備され、終日ウォーキングやランニングを楽しむ人の姿が見られる。園内には福岡市美術館や日本庭園、レストラン、児童遊園や能楽堂などもある。

☎092-741-2004 住福岡市中央区大濠公園 ¥◷休散策自由 交地下鉄空港線大濠公園駅から徒歩5分 P103台（最初2時間220円、以降30分ごとに170円） MAP付録P5C3

「ボートハウス大濠パーク」内のロイヤル ガーデン カフェ

徒歩10分

徒歩3分

10:00

水辺の景観も楽しめる 八女茶がテーマの施設

園内の注目スポットとして人気を集める

☎092-401-0275（&LOCALS 大濠公園） 住福岡市中央区大濠公園1-9 大濠公園日本庭園西側 ◷店舗により異なる 休月曜 交地下鉄空港線大濠駅から徒歩12分 Pなし MAP付録P5C3

2 大濠テラス 八女茶と日本庭園と。（おおほりてらす やめちゃとにほんていえんと。）

福岡の高級茶・八女茶をはじめ、九州各地の食文化を発信する施設。1階にはカフェ（☞P41）、日本庭園の券売所を併設、2階はレンタルスペースになっている。

バーチャルムービーをぜひ！

江戸後期の福岡城の再現模型や古地図などを展示する「福岡城むかし探訪館」。城を再現したバーチャルムービーは必見。

☎092-732-4801 MAP付録P5C3

11:00

ふくおかしびじゅつかん

3 福岡市美術館

公園の緑に映えるレンガ貼りの美術館

2019年春、大改修を終え、より市民に開かれた美術館に。建築家・前川國男の意匠を引き継いだ館内には、古美術・近現代美術合わせて1万6000点を超える作品を収蔵している。

☎092-714-6051 住福岡市中央区大濠公園1-6 ¥観覧200円 ⏰9時30分～17時30分、7～10月の金・土曜は～20時（入館は閉館の30分前まで）休月曜（祝日の場合は翌平日）交地下鉄空港線大濠公園駅から徒歩10分 P26台（1時間200円）MAP付録P5C3

タイルの外観やアーチ型の天井など、前川氏の意匠が随所に感じられる

インカ・ショニバレCBE
《ウィンド・スカルプチャー（SG）II》2021年
撮影：山中慎太郎（Qsyum!）
©Yinka Shonibare CBE, 2021.
Courtesy of James Cohan Gallery, New York

ミュージアムショップも！

所蔵品をモチーフにしたオリジナルグッズや、地元クリエイターによるグッズ、博多織や博多人形などの伝統工芸品など、おみやげにしたくなるグッズが充実！
⏰9時30分～17時30分、7～10月の金・土曜は～20時

福かぶり猫
各4300円

作品の絵柄をあしらったデコレーションテープ
各500円

美術館内

13:00

れすとらん ぷるぬす

4 レストラン プルヌス

展覧会とのコラボメニューも

福岡市美術館内で最もロケーションがよく、公園や屋外広場のエスプラナードを一望できるレストラン。地元食材を使った和食、洋食のランチや週末限定のブランチなど多彩なメニューを用意している。

☎なし ⏰11時～20時30分（19時30分LO）、土・日曜、祝日9時30分～ MAP付録P5C3

目の前に公園が広がる

ミュージアムランチ2200円（土・日曜、祝日は2420円）や特別展記念コースなどがある

徒歩12分

ゴール！

福岡城の歴史に楽しく触れる

15:00

広大な城郭は散策も心地よい。毎年3月から4月にかけて桜が美しい

ふくおかじょうあと

5 福岡城跡

福岡藩の初代藩主・黒田長政が7年をかけて築城。その姿が大空を舞う鶴に似ていたことから「舞鶴城」ともよばれる。今は石垣や多聞櫓（たもんやぐら）などが残り、城址一帯は桜の名所として有名。

☎092-781-2153（舞鶴公園管理事務所）住福岡市中央区城内1-4 ¥⏰休散策自由 交地下鉄空港線赤坂駅から徒歩8分 P167台（1時間150円）MAP付録P5C3

昔と同じ場所に建つ下之橋御門（大手門）

大濠公園と、福岡城跡のある舞鶴公園は隣接しているので両方散策してみましょう。

大濠公園周辺には足を延ばす価値ありの人気店が集まっています

長年人気の名店から、話題のニューフェイスまで
大濠公園周辺の魅力的な実力店をのぞいてみましょう。

スイーツ

じゃっく おおほりてん

JACQUES 大濠店

見目麗しい絶品スイーツを

フランス・アルザスの名店「ジャック」で腕を磨き、「ルレ・デセール」会員である大塚シェフが営む。繊細かつ華やかなケーキにファンが多い。2023年2月現在、テイクアウトのみの営業。

☎092-762-7700 住福岡市中央区荒戸3-2-1 ⏰10時～12時20分、13時40分～18時 休月・火曜 交地下鉄空港線大濠公園駅から徒歩4分 Pなし MAP付録P5C2

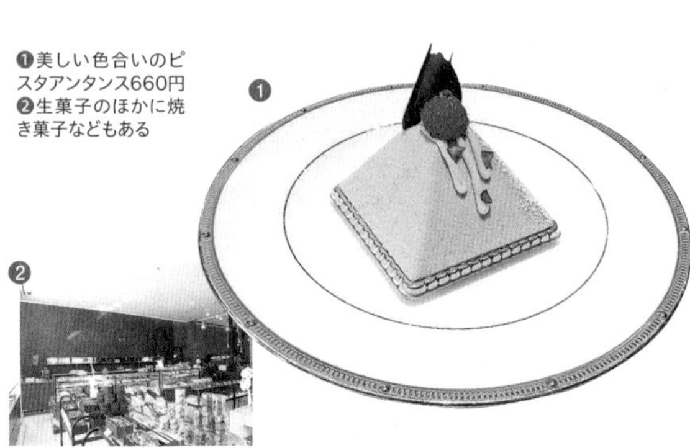

❶美しい色合いのピスタアンタンス660円 ❷生菓子のほかに焼き菓子などもある

コーヒー

くろもんこーひー

KUROMON COFFEE

古民家カフェで至福のコーヒータイムを

築約90年の日本家屋をリノベーションした趣のある空間で自家焙煎の香り高いコーヒーを味わえる。気に入った豆は購入することもできるので、気軽に聞いてみよう！

☎092-707-0669 住福岡市中央区黒門4-24 ⏰12～17時 休無休 交地下鉄空港線大濠公園駅から徒歩10分 Pなし MAP付録P5B3

❶チーズケーキ480円とカプチーノ／アイスアメリカーノ520円 ❷東京の有名店で腕を磨いた店主・八田さん

ごはん

ごはんや はんすけ

ごはんや 飯すけ

鮮度&コスパよし九州の滋味を定食で

毎朝仕入れる鮮魚を使った定食がおいしいと評判の店。刺身や煮物、焼き物とメニューは多彩で魚料理と相性がいい日本酒も揃っている。具だくさんの味噌汁もうれしい！

☎092-725-3366 住福岡市中央区大手門3-3-24 ⏰11時30分～15時LO、18～22時LO 休火・水曜 交地下鉄空港線大濠公園駅から徒歩3分 Pなし MAP付録P5C3
※2023年4月中旬にリニューアルオープン予定

❶いろんな魚種を楽しめるメニューを用意 ❷カウンター席もあり一人でも訪れやすい

※写真はイメージ

地名の由来を知ると街歩きがもっと楽しめる

福岡市には歴史をうかがわせる地名が今も数多く残っています。福岡と博多の違いもちょこっとお勉強しましょう。

「福岡市」なのに駅名は「博多」!?

全国でも珍しい、市名と中心の駅名が違っている都市・福岡。それには"福岡人"と"博多人"との激しいバトルがありました。

古くからの地名「博多」

「博多」の語源は、港湾が"博(ひろ)"く物資が"多(おお)"いためとか、海岸線が鳥の羽を広げた"羽形(はかた)"とか諸説ある。その名が最初に見られるのは平安時代初期の『続日本紀(しょくにほんぎ)』の天平宝字3年(759)の記述だ。博多の地名は古くから使われていたことがわかる。

古代から海外への窓口だった博多が急速に発展したのは11世紀の終わり以降。鎌倉時代の日本と南宋の貿易を担ったのは、博多を拠点とした「博多船頭」たちだった。14世紀半ばごろからは大内氏や大友氏らの下請けとして貿易に従事する一方、独自に海外貿易に乗り出す大商人も現れてくる。

以後も博多商人の活躍は目覚ましく、博多は堺と並ぶ二大自由都市へと発展。その後の戦乱で一時荒廃したが、豊臣秀吉による「太閤町割」による復興、さらに朝鮮侵略などを通じ、博多商人の役割は増大。進取の気性と独立心に富んだ独特の気風が形作られていく。この"博多人"の気風は、江戸時代を通じて、そして現在に至るまで、脈々と受け継がれている。

博多商人の旧別荘を有料公園として整備した楽水園☎092-262-6665 ¥100円 ⏲9～17時 休火曜(祝日の場合は翌日) MAP付録P4E3

「福岡」は江戸時代から

福岡という地名が登場したのは、慶長5年(1600)、黒田孝高(よしたか)(如水(じょすい))・長政(ながまさ)父子の入国後のこと。翌年築城を始めた城の名を、彼らは出身地の備前(現・岡山県)福岡の名をとり福岡城とした。以後、那珂川から西は城下町・福岡、東は商人の町・博多としてそれぞれ特色ある町として発展していく。

福岡と博多が激突

明治22年(1889)、市制発足の際、市名をめぐって福岡と博多は対立。県の告示により「福岡市」と決まったが、博多の町の人たちは独立論まで唱えて「博多市」を主張。同年12月に九州鉄道(現・JR鹿児島本線)が開通したとき、駅名を「博多駅」としたのは、「博多派」の人たちをなだめるためだったともいわれる。

しかし翌年2月、博多派の人たちによって、市議会に「市名を博多市に改める」という決議案が出される。議論は紛糾し、採決の結果は賛否同数。議長の判断で県の告示どおり福岡市と決定した。現在も中洲・川端の「博多エリア」の施設は、キャナルシティ博多(☞P62)や博多リバレイン(☞P68)といったように、「福岡」でなく「博多」の名をつける場合が多い。

那珂川に架かる福博であい橋は「福岡」と「博多」をつなぐ橋 MAP付録P8F2

地名に残る福岡の歴史

福岡出身の歌手＆俳優の武田鉄矢が著書※の中で自分が生まれた地名がなくなってしまったと嘆いているように、1960年代末期から全国で進められた住所表示変更により、福岡市も多くの歴史的町名が失われた。それでも今も、歴史をうかがわせる地名が残されている。福岡市きっての繁華街「天神」。これは天神様こと菅原道真が太宰府に左遷され、上陸した地に建てられた社殿に由来する。現在の水鏡天満宮で、その名前は、道真が川面に自分の姿を映してわが身をなげいたことからついたという。このほかにも、中国・朝鮮の人たちが住んでいたことをうかがわせる「唐人町」、江戸時代に家老など藩政の重臣たちが居住していた「大名」、古代の迎賓館といえる鴻臚館(こうろかん)を警備する警固所が置かれたことに始まる「警固(けご)」など、歴史の面影を残す地名は数多い。

※参考資料：『武田鉄矢の博多っ考』(1996年／経営書院)

これしよう！

深いこだわりがある小さなショップが多い

雑貨やインテリアショップが多いのもこのエリアです（☞P88）。

これしよう！

ファッションと食のトレンドを発信

セレクトショップや地元で人気のレストラン（☞P84～）も充実。

これしよう！

気ままな路面店めぐりが楽しいエリアです

細い路地沿いに飲食店や物販店が点在しています。

福岡のカルチャーはここから生まれる

大名・薬院周辺

だいみょう・やくいんしゅうへん

大名名物「駒屋」の豆大福（☞P91）

大名・薬院はココにあります！

赤坂
天神
地下鉄箱崎線
地下鉄空港線
呉服町
JR鹿児島本線
山陽新幹線
福岡空港
西鉄福岡（天神）
中洲川端
祇園
天神南
櫛田神社前
博多
大名
渡辺通
九州新幹線
JR博多南線
福岡空港
薬院
薬院
薬院大通
西鉄天神大牟田線
竹下
地下鉄七隈線

こんなところ

天神に隣接して西に広がる「大名」とその南の「今泉」「警固」「薬院」には福岡のオシャレなショップや飲食店が軒を連ねる。高感度なセレクトショップや雑貨店、オシャレなカフェ、オーナーシェフこだわりの飲食店が多い。ぶらりと散策しながら、お気に入りの店を探したい。

access

●博多駅から
地下鉄空港線で天神駅まで5分、赤坂駅まで6分。地下鉄七隈線で天神南駅まで4分、薬院駅まで6分、薬院大通駅まで9分。
●天神駅から
天神南駅まで徒歩8分。

問合せ 福岡市観光案内所（天神）
☎092-751-6904
MAP 付録P10-11

～大名・薬院周辺 はやわかりMAP～

天神
中洲川端駅へ
小金ちゃん
ホテルモントレ ラ・スール福岡
昭和通り
ザ・ワンファイブ福岡天神
福岡パルコ
西鉄福岡駅ビル
福岡市役所
天神中央公園
櫛田神社前駅へ
天神サザン通り
ソラリアステージ
明治通り
地下鉄空港線
赤坂
中央区役所
西鉄グランドホテル
岩田屋新館
VIORO
西鉄福岡(天神)
天神ツインビル
中央署
ラウンドワン
きらめき通り
大丸福岡天神店
地下鉄七隈線(2023年3月27日開業)
福岡大名ガーデンシティ
岩田屋本店
ソラリアプラザ
福岡アルティ・イン
大濠公園駅へ
バーニーズニューヨーク福岡店
警固公園
福岡三越
天神南
薬院新川
博多一風堂大名本店
天神西通り
ビックカメラ
大名
プラザホテルプルミエ
渡辺通り
東横イン福岡天神
国体道路
KOKO HOTEL 福岡天神
リッチモンドホテル福岡天神
若宮神社
大濠公園へ
渡辺通駅へ
季離宮
今泉公園
ホテル天神プレイス
BiVi福岡
警固
今泉
西鉄天神大牟田線
大正通り
薬院
住吉通りへ
薬院大通
桜坂駅へ
地下鉄七隈線
0 100m

大名では駒屋を目印に！

細い路地が広がる大名。駒屋（☞P91）を覚えれば迷わない。

今泉にはカフェが充実

今泉には感度の高い路面店のカフェが充実。休憩に便利。

3 カイタック スクエア ガーデン

1・2 薬院大通駅・薬院大通交差点

4 薬院六つ角

観光のヒント

こだわりの店が多い 気ままに歩くのがいちばん

裏路地散策が楽しいエリアだけに、気ままに歩くのがオススメだ。天神の喧騒から逃れて静かに過ごせる大人の店も多い。

大名・薬院・警固のストリートとランドマーク

1 薬院大通駅

薬院・警固エリアの散策は地下鉄七隈線薬院大通駅からスタート。路面店が多いエリアなので散策が楽しい。

2 薬院大通交差点

薬院大通交差点は「薬院四ツ角」とよばれる。ここから南西に延びる浄水通り沿いにも魅力的な店が並ぶ。

3 カイタック スクエア ガーデン

大人のライフスタイルを提案する、天神周辺のエリアで人気の複合商業施設。
MAP付録P11B2

4 薬院六つ角

地元のオシャレスーパー「ボンラパス」や人気ベーカリーなどがある交差点。雑貨店も近くに点在する。

シェフお得意の料理が並ぶ ランチコースで優雅なひとときを

ランチはグルメな地元女性に大人気のフレンチやイタリアンレストランで。
お値打ちのコース料理を堪能して、人気の秘密を自分の舌でチェック！

ランチAコース 3190円

前菜・スープ・メイン・デザート・食後のドリンク付き。6490円からのフルコースもあり(2名〜)

赤坂

じょるじゅ まるそー

GEORGES MARCEAU

シェフ自らが厳選する極上素材ふんだんのフレンチ

「福岡からの食の発信」をコンセプトに、九州全域の地場食材を使って五感で楽しめる華やかな料理を提供。生きたまま仕入れる魚介、提携農家による特別栽培の野菜など、素材の力を生かすべく、バターや塩は控えめに調理されている。

☎092-721-5857 住福岡市中央区大手門1-1-27 ⏰11時45分〜13時30分LO、18〜21時LO 休不定休 交地下鉄空港線赤坂駅から徒歩4分 Pなし MAP付録P5C3

おすすめポイント

仕入れ次第でメニューを決めているので料理は日替わり。パティスリーも春吉に構えるだけあって、デザートにもこだわりが感じられる

アニバーサリーに利用する人も多い

チョイスランチ 2000円

オードブル・スープ・メイン・デザート・ドリンク付き。メインは肉または魚料理から選択

薬院

びすとろ みつ

BISTROT MITSOU

いつも満席！人気ビストロのコスパ抜群コース

人気の秘密は、新鮮な素材を丁寧に調理する料理の味もさることながら、ボリュームにあり。「楽しくお腹いっぱいになって欲しい」との心遣いを感じる料理とサービスに大満足。平日でも混み合うので必ず予約をして訪れよう。

☎092-713-5227 住福岡市中央区薬院2-16-11 ⏰11時45分〜14時LO、18時〜21時30分LO 休火曜 交地下鉄七隈線薬院大通駅から徒歩5分 Pなし MAP付録P11B3

おすすめポイント

手の込んだオードブルから始まり、どれもボリュームがあり、コストパフォーマンスの高さが好評。パンがおかわり自由なのもうれしい

ミラーに書き込まれたメニューもインテリアの一つ

「BISTROT MITSOU」のガトーショコラ

チョコレート好き必食のガトーショコラは、濃厚で中が生チョコのようにトロ～リ。店内（アイス付き）は600円、持ち帰り（アイスなし）450円。（☞P84）

ペッシェランチ 3000円

前菜3種・日替わりパスタ・真鯛のシャンパンクリームソース・デザートなどが付く

大名

まんじゃーも

マンジャーモ

長年愛されてきたスペシャリテをランチで！

創業40年以上という老舗イタリアン。ディナーゲストの8割がオーダーするというスペシャリテ「真鯛のシャンパンクリームソース」を含む贅沢なランチがこの値段で味わえる。ほかに気軽なパスタランチなどもあり、落ち着いた雰囲気のなか楽しめる。

☎092-715-8855 住福岡市中央区大名2-6-60西鉄グランドホテル地 下1階 ⏰11時30分 ～15時LO、17時30分～22時LO 休無休 交地下鉄空港線天神駅から徒歩2分 P提携駐車場あり MAP付録P9B3

おすすめポイント

近海でとれた新鮮な鯛を蒸し上げ、ソースの上から焼き色をつけた手の込んだ一皿。ソースは一緒に出るパンと相性ぴったり！

人気店なので前日までに予約しておきたい

ポルチェリーノランチ 2400円

前菜・パスタ・メイン・ドルチェ・ドリンク付き。グラスワイン660円～と一緒にいかが

警固

ぽるちぇりーの

PORCELLINO

カウンター席もあるのでおひとり様も大歓迎！

普段使いをして欲しいと、カジュアルな雰囲気でイタリアンを楽しませてくれるトラットリア。けれど料理は本格派。丁寧に作られたドレッシングやソースが好評で、素材の持ち味を引き立てている。軽めのパスタランチ1400円もある。

☎092-714-7221 住福岡市中央区警固2-12-12 ⏰12時～13時30分LO、18時 ～21時30分LO 休火～木曜のランチ 交地下鉄空港線赤坂駅から徒歩7分 Pなし MAP付録P4D3

おすすめポイント

パスタは4種類からチョイス。前菜も3種類の料理が盛られ、メインはがっつり肉料理と、ボリューム満点のランチコース

木目に赤が映える17席の小さな気さくな店

春、「GEORGES MARCEAU」へ行くなら明治通り沿いを歩いてみて！ 舞鶴公園の満開の桜が楽しめます（MAP付録P5C3）。

ついつい長居をしてしまう くつろぎの人気個性派カフェ

女性にとって個性が光るおしゃれなカフェは究極のオアシス。
居心地よい空間のなか、おいしいカフェメニューに心がときめきます。

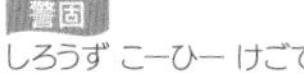

警固

しろうず こーひー けごてん

SHIROUZU COFFEE 警固店

香り高いコーヒーに 気持ちがほぐれる

朝食から夜カフェまで、さまざまなシーンで利用できるカフェ。スイーツはもちろん食事系メニューもある。高品質のスペシャルティコーヒーを自家焙煎し、サイフォンで淹れたコーヒーは味わいも香りも格別。「本日のコーヒー」は480円。

☎092-792-1369 住福岡市中央区警固2-15-10 ⏰8～19時 休不定休 交地下鉄空港線赤坂駅から徒歩8分 Pなし MAP付録P4D3

コーヒーゼリーアイスクリーム 550円

ベイクドチーズケーキセット 1050円

今泉

おーすとらりあん かふぇあんどばー まんりー

Australian café&bar Manly

オーストラリアの ビーチ気分で過ごせる

本格的なミートパイやワニ料理など、オーストラリアの食文化やビーチのある暮らしを再現したカフェ。リコッタチーズのパンケーキなど、デザートのほか、ディナーメニューも充実。

☎092-791-7738 住福岡市中央区今泉1-18-55 ⏰11～23時(22時LO、金・土曜、祝前日は23時LO) 休不定休 交地下鉄空港線天神駅から徒歩11分 Pなし MAP付録P11C2

ふわっふわの食感がたまらないリコッタチーズのパンケーキ バニラアイス添え1200円

テーブルとカウンターの全13席。家具は地元企業の特注品

赤坂

もちぇ

moitié

親しみやすいフレンチの新しいカフェ

フランスなどで約10年間修業を積んだ石井恒多さんが、2022年8月にオープンしたカフェレストラン。敷居の高いフレンチと親しみやすいカフェの融合がコンセプトで、地元食材を使用した創作フレンチを楽しむことができる。

☎092-707-1107 住福岡市中央区赤坂1-11-6 🕒11～17時、18～21時 休不定休 交地下鉄空港線赤坂駅から徒歩1分 Pなし MAP付録P4D3

キューブプリン700円～。キューブ状の四角いプリンはクリームチーズが入って濃厚でむっちり。そこにアイスをのせバーナーでブリュレ仕立てに。フルーツとエディブルフラワーの盛り付けも美しい

ローストビーフ丼1300円。肉のドームを開けると煙と香りが広がる演出も楽しい。セットは1600円

TOEI HOTELの1階にあり、イートインスペースはホテルのロビーと共有

薬院周辺

かまきり こーひー

KAMAKIRI COFFEE

独自開発したミルで淹れる一杯を！

元Apple社のエンジニアで、コーヒー好きが高じてマシンメーカーを立ち上げたダグラスさんがオーナー。独自に開発したスタイリッシュな電動ミルを使った至高の一杯を楽しめる。カフェラテ500円。

☎050-6874-5316 住福岡市中央区高砂1-1-23福岡東映ホテル1階 🕒9～21時(土・日曜、祝日8時～) 休無休 交地下鉄七隈線渡辺通駅から徒歩5分 Pなし MAP付録P10F3

バリスタのラテアートも！

福岡ではカフェで開催されるイベントも多彩。カルチャーの発信源として感度の高い人たちが集まります。

日々の生活が楽しくなる雑貨探し お気に入りに出合えてHAPPY♪

おしゃれなアイテムが揃う雑貨店では時間を忘れてお買い物を楽しみましょう。話題のセレクトショップを巡れば、一目惚れの一品が見つかるはず。

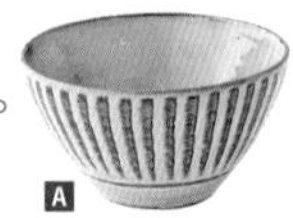

A

B

D

C

薬院

すりーびー ぽったーず

B・B・B POTTERS

暮らしを豊かにしてくれる生活雑貨

飽きのこないシンプルなデザインで機能性を備えたデイリーグッズが充実。1階はキッチン用品やガーデニンググッズが揃い、2階にはインテリア雑貨や作家物の器をラインナップ。幅広いセレクトは眺めているだけでも楽しい。ひと休みできるカフェも併設する。

☎092-739-2080 住福岡市中央区薬院1-8-8 ⏰11～19時（カフェは～18時30分LO）休不定休 交地下鉄七隈線薬院大通駅から徒歩3分 P4台 MAP付録P11C3

A小石原ポタリーのスープボウル2750円 B永遠の定番。月兎印のスリムポット。ホワイト1.2L（右）5280円、0.7L（左）4620円 CオリジナルロゴトートバッグSサイズ各1650円 D日本野鳥の会オリジナルの長靴6930円は折り畳んで持ち運びOK

※掲載の商品は一点モノなども多いため、店頭にない場合もあります

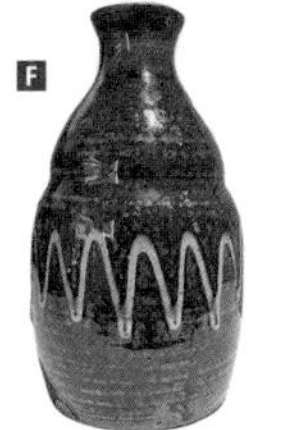

インテリアショップを巡るなら！
国内外の家具ブランドが一堂に集まる商業施設「BiVi福岡」。インテリアや雑貨など暮らしのヒントになりそうなアイテムを揃えたショップ巡りが楽しめます。
☎092-751-1180 MAP付録P10E2

E 蕎麦猪口各1320円。小石原焼の伝統を受け継ぐ飛鉋（とびかんな）、ポン描きといった独特の紋様は、飽きのこない存在感 F 太田哲三窯のポン描き紋様山道徳利7150円 G 飛鉋の飯碗1650円 H 小倉織縞模様の柄が美しい、あめちゃん袋1320円

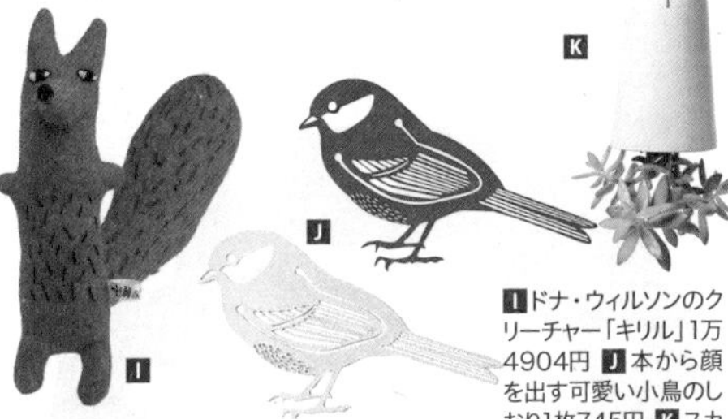

I ドナ・ウィルソンのクリーチャー「キリル」1万4904円 J 本から顔を出す可愛い小鳥のしおり1枚745円 K スカイプランター2808円～。天井から植物を吊るせば不思議な空間に

大名
じぇいず すたいる あんど りびんぐ

J's Style & Living

職人技がきらりと光る洗練された器たち

小石原焼の太田哲三窯、唐津で築窯の天平窯、小倉の小倉織など、伝統と歴史を感じ、今の暮らしになじむ作品の数々をセレクトする。

☎092-724-6882 住福岡市中央区大名1-6-13 1階 ⏰12～19時 休火・水曜（祝日の場合は営業） 交地下鉄空港線赤坂駅から徒歩6分 Pなし MAP付録P11A2

大名
すもーる いず びゅーてぃふる

small is beautiful

愛着を感じる世界の最先端デザイン

家具からインテリア小物まで独創性あふれるプロダクトをセレクト。ショップとスタジオを兼ね、リアルなデザインの現場を垣間見れる。

☎050-3340-6049 住福岡市中央区大名1-8-25 ⏰12～20時 休不定休 交地下鉄空港線赤坂駅から徒歩5分 Pなし MAP付録P11A1

L 三苫修氏の灰粉引高台湯呑4400円 M 西本良太氏によるジュエリーbox（小）4180円。色は4種類用意 N おじろ角物店の買い物かご1万9800円

薬院
ぱてぃーな

PATINA

経年変化の愉しさを見つけたい

店名はラテン語の"経年変化の味わい"という意味。ウェアから器、アクセサリーなど、オーナー・泉さんが国内外からセレクトしたアイテムが並ぶ。

☎092-791-9672 住福岡市中央区薬院1-7-12セルクル薬院402 ⏰13～17時（イベント中は12時～） 休水・木曜 交地下鉄七隈線薬院大通駅から徒歩3分 Pなし MAP付録P11C3

O 大阪の「深江菅細工」による丈夫で軽く撥水性のある菅（スゲ）コースター770円～ P もともとキノコ狩りやベリー摘み用につくられた柳のバスケット1万3200円～ Q 有田で350年続く老舗「今村家」が手がける〈JICON 磁今〉のマグカップ2860円～、浅リム皿2860円～

薬院
さむうえあ

SOMEWARE

使い込むほど愛着が湧くアイテムが揃う

"作り手"と"使い手"、双方の生活を想像しながら集められた国内外の生活雑貨が揃う。カトラリー、器に帽子など幅広いアイテムを展開する。

☎092-713-4565 住福岡市中央区薬院1-12-19 ⏰12～17時 休水曜、土・日曜、祝日不定休 交地下鉄七隈線薬院大通駅から徒歩5分 Pなし MAP付録P11C3

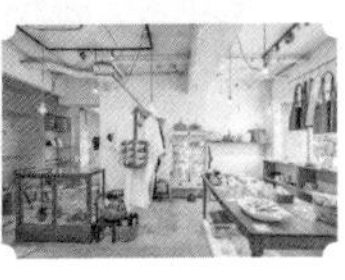

天神の「VIORO」6階には「B・B・B POTTERS」の系列店「LT LOTTO AND TRES」があります。MAP付録P9C3

ココにも行きたい

大名・薬院周辺エリアのおすすめスポット

手打ち蕎麦 やぶ金
てうちそば やぶきん

名物そばをしっとりとした空間で

国の有形文化財に登録されている日本家屋の1階にあるそば店。四季折々の食材にこだわり、各地から厳選したそば粉を使っている。せいろ990円や鴨南そば2000円のほか、季節のそばも要チェック。DATA ☎092-761-0207 住福岡市中央区大名2-1-16 ⏰11時30分～14時30分LO、17～21時LO ※火曜は昼のみ営業 休水曜 交地下鉄空港線赤坂駅から徒歩4分 Pなし MAP付録P9B4

のど越しと香りを楽しみたい

建築当初の面影を残す店内

味の正福
あじのまさふく

地元で根強い人気を誇る定食店

創業から40年以上続く人気の定食店。旬の魚を使った定食を求めて、一日中訪れる人が後を絶たないので、行列覚悟で行こう。定番人気のなすみそ定食1000円、さばみりん定食1250円、銀だらみりん定食1550円。DATA ☎092-712-7010 住福岡市中央区天神1-1-1アクロス福岡地下2階 ⏰11～21時 休木曜 交地下鉄空港線天神駅から徒歩5分 Pなし MAP付録P9C4

博多海鮮処 まんぷく屋
はかたかいせんどころ まんぷくや

旬の海鮮をたっぷりと!

生簀に旬の魚やイカが泳ぎ、九州産をメインに、鮮度抜群の天然活魚を味わえる居酒屋。魚だけではなく、A5ランクの牛肉を使った肉料理もおいしいと公表。活イカのお刺身は1人前1500円～（注文は2人前～）。DATA ☎092-406-2929 住福岡市中央区大名1-4-24 ⏰17時30分～23時30分 休不定休 交地下鉄空港線赤坂駅から徒歩5分 Pなし MAP付録P11A2

博多めんちゃんこ亭 天神店
はかためんちゃんこてい てんじんてん

市内を中心に7店舗を展開

昭和55年（1980）創業、博多発祥の鉄鍋麺「めんちゃんこ」の専門店で、元祖めんちゃんこは836円（22時以降は要深夜料金10%）。もつ鍋や博多名物、各種お酒が気軽に楽しめる。各席にある電源やWi-Fiも無料で利用可。DATA ☎092-406-5659 住福岡市中央区天神2-3-10 ⏰11時～午前5時（午前4時30分LO）休無休 交地下鉄空港線天神駅から徒歩8分 Pなし MAP付録P9C4

Ivorish 福岡本店
あいぼりっしゅ ふくおかほんてん

福岡発のフレンチトースト専門店

こだわりのジャージーミルクアイスクリームや季節のフルーツをトッピングしたスイーツ系や、ブランチにぴったりの食事系フレンチトーストなど種類豊富。一番人気はベリー DX1980円。食事系の人気メニューはエッグベネディクト1595円。DATA ☎092-791-2295 住福岡市中央区大名2-1-44 ⏰10～18時（17時LO）休火曜 交地下鉄空港線天神駅から徒歩3分 Pなし MAP付録P9B4

Bar Vita天神
ばーる う゛ぃーたてんじん

ランチやカフェタイムにお酒も楽しめる!

ランチ・カフェ・ディナー、それぞれのスタイルに合わせて楽しめるバール。テラス席もあり、心地よい時間が過ごせる。ドリンク、フードは310～1880円と、リーズナブルなメニューを揃えている。ランチは880円～。ピッツェリアを併設。DATA ☎092-739-3393 住福岡市中央区今泉2-5-17 ⏰11時30分～午前2時 休不定休 交地下鉄七隈線天神南駅から徒歩7分 Pなし MAP付録P11B2

KAKA cheesecake store
かか ちーずけーき すとあ

種類豊富なチーズケーキを食べ比べ

チーズの濃度やフレーバー、食感などが異なるチーズケーキを常時8種類用意。4種類のチーズを配合したKAKA410円のほか、濃厚な味わいのショコラ390円などが人気。イートインスペースもある。DATA ☎092-707-2980 住福岡市中央区大名1-7-2 けやきビル1階 ⏰10～18時 休無休 交地下鉄空港線赤坂駅から徒歩5分 Pなし MAP付録P11A2 ※商品は販売終了の場合あり

. AND READY
どっと あんど れでぃ

女性に人気のある美的スイーツ

新鮮な野菜やフルーツにこだわったヘルシーメニューが楽しめる。スムージーやケーキなど、カフェメニューも充実している。ナッツやグラノーラにもこだわる本格的なアサイーボウルは、フルサイズ1330円。ハーフサイズ890円。DATA ☎092-982-3930 住福岡市中央区薬院1-12-30 BUZZHAUS1階 ⏰8～18時 休水曜 交地下鉄七隈線薬院大通駅から徒歩5分 Pなし MAP付録P10C3

ぶりてぃっしゅぱぶ もーりす ぶらっくしーぷ
ブリティッシュパブ モーリス ブラックシープ

世界のビールで陽気にカンパイ♪

開放的なテラスのあるパブでは、イギリスやアイルランドなど国内外のビールが450円～（1パイント800円～）が楽しめる。スポーツ観戦を目当てに集まる外国人も多い。DATA☎092-725-8773 住福岡市中央区大名2-1-20 ⏰17時～午前1時（祝前日は～午前3時、土・日曜は15時～）休無休 交地下鉄空港線赤坂駅から徒歩4分 Pなし MAP付録P11B1

ばー ぱるむ どーる
Bar Palme d'or

深夜ユースにぴったりの正統派バー

重厚なドアを開くと、ブビンガ材の一枚板を使ったカウンターを主とした落ち着いた空間が広がる。貯蔵や熟成期間にこだわったモルトウイスキー1100円～やフルーツを使ったオリジナルカクテル1300円～などを味わって。DATA☎092-716-7110 住福岡市中央区大名1-14-18 YK66ビル2階 ⏰18時～午前2時(午前1時30分LO) 休日曜 交地下鉄空港線赤坂駅から徒歩7分 Pなし MAP付録P11B1

なかむらぶどうしゅてん
中村ぶどう酒店

マデイラワインの品揃えは全国でも有数

西通りから一歩大名に入った場所にあるワインショップの角打ち。落ち着いた店内の雰囲気も魅力。グラスワインが700円から、また全国でも珍しくポルトガル・マデイラ島のマデイラワインも楽しめる。DATA☎092-741-7331 住福岡市中央区大名1-12-66 ⏰12～20時（日曜、祝日は～19時）休月曜、隔週火曜 交地下鉄空港線天神駅から徒歩8分 Pなし MAP付録P11B1

おん しゅがー
ON SUGAR

ハワイで定番のおやつ"マラサダ"を

平尾のライフスタイルショップ「NO COFFEE」が手がけたスイーツショップ。一番人気はマラサダドーナツ。もっちりふわふわの食感を求めて、オープン直後から多くの人が訪れる。DATA☎092-707-3757 住福岡市中央区薬院1-10-17 ⏰11～17時（売り切れ次第終了）休月曜（祝日の場合は振替）交地下鉄七隈線薬院大通駅から徒歩3分 Pなし MAP付録P11C3

こまや
駒屋

地元では手みやげの定番和菓子

大名エリアの紺屋町商店街の一角にあり、昭和6年（1931）に創業した老舗和菓子店。国産素材にこだわり、昔ながらの手法で丁寧に作られる和菓子は、地元の人たちに愛され続けている。人気は豆大福150円。DATA☎092-741-6488 住福岡市中央区大名1-11-25 駒屋ビル1階 ⏰9時～16時30分以降売り切れ次第閉店 休日曜、祝日不定休 交地下鉄空港線赤坂駅から徒歩7分 Pなし MAP付録P11B1

じょーきゅうしょうゆ
ジョーキュウ醤油

大名のランドマーク的老舗

安政2年（1855）創業。都会の一角にある老舗醤油店。創業から160年を超える今でも伝統を守って作り続けられている醤油に、地元の主婦から博多の料理人までファンが多い。醤油だけではなく各種調味料なども揃う。DATA☎092-753-6766 住福岡市中央区大名1-12-15 ⏰10～18時 休日曜、祝日 交地下鉄空港線天神駅から徒歩7分 Pなし MAP付録P11B1

ふくおかせいかつどうぐてん
福岡生活道具店

地元贔屓なセレクトが楽しい

プロダクトデザイナーが営むメイドイン福岡の逸品を集めたセレクトショップ。カフェやギャラリーも併設した居心地のよい空間だ。機能性とデザイン性を兼ね備えた工芸品をチェックしたい。DATA☎092-688-8213 住福岡市中央区薬院4-8-30P&R薬院ビル2階 ⏰10～19時（カフェは12～24時）休月曜 交地下鉄七隈線薬院大通駅から徒歩1分 Pなし MAP付録P11B4

やまびこや
山響屋

ディープな郷土玩具の世界へ

九州を中心に全国の郷土玩具を揃える。店主が職人を訪ねて仕入れた、味わい深い玩具の愛らしさに時間を忘れそう！「構えずにかわいいと思ったものを手にとって」と、伝統工芸の間口を広げている。DATA☎092-753-9402 住福岡市中央区今泉2-1-55やまさコーポ101 ⏰11～18時 休木曜 交地下鉄七隈線天神南駅から徒歩8分 Pなし MAP付録P11C2

ていぐる ぶろかんて
TIGRE BROCANTE

デニム主体のワークスタイルを提案

福岡のアパレルメーカー・天空丸が手がける。現代に残る職人技をアレンジしたオリジナルの衣料品をメインに、大人のワークスタイルを提案。クオリティの高いアイテムが全国で高く評価され、各地からファンが訪れる。DATA☎092-761-7666 住福岡市中央区警固2-3-26 ⏰12～19時 休無休 交地下鉄空港線赤坂駅から徒歩10分 Pなし MAP付録P11A3

「大名」という地名はかつて黒田藩の藩政の重臣が住んでおり、彼らを「大名」とよんでいたことに由来しているそう。

これしよう！

ドライブで糸島半島をぐるり

地元の野菜を使った料理を出すレストランや、絶景カフェ（☞P100）に立ち寄りたい。

これしよう！

ベイサイドのエンタメスポットへ

福岡PayPayドーム（☞P94）、国宝「金印」がある福岡市博物館（☞P95）など。

これしよう！

博多ふ頭には巨大モールがあります！

博多ふ頭「ベイサイドプレイス博多」では、ショッピングや温泉が楽しめます。

＼ベイエリアはココにあります！／

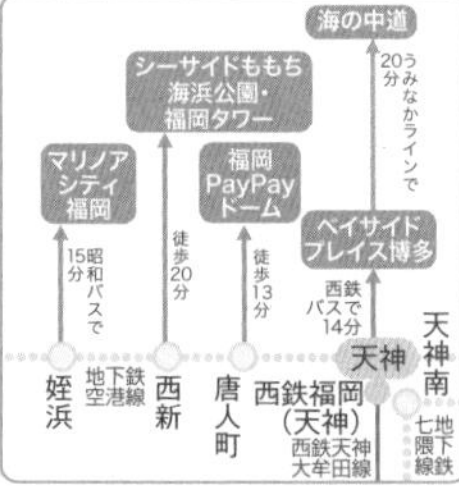

どこまでも広がる真っ青な空と海

福岡ベイエリア

ふくおかべいえりあ

福岡タウンから最も近いシーサイドスポットは福岡PayPayドームや福岡タワー、マリノアシティ福岡などエンタメスポットが集まる。対岸の海の中道には船か電車、志賀島へは車を利用しよう。博多湾に浮かぶ能古島へは片道約10分のプチ船旅を。また、糸島（☞P98）には野菜レストランやカフェが海沿いに点在し、爽快なドライブが楽しめる。

access

●福岡PayPayドームへ
地下鉄空港線唐人町駅から徒歩13分。

●シーサイドももち海浜公園・福岡タワーへ
地下鉄空港線西新駅から徒歩20分。

●マリノアシティ福岡へ
地下鉄空港線姪浜駅から昭和バスで15分。

●ベイサイドプレイス博多へ
天神から西鉄バスで14分。

●海の中道へ
ベイサイドプレイス博多からうみなかラインで20分。

●糸島へ
☞P98

●能古島へ
☞P102

問合せ 福岡市観光案内所（天神）
☎092-751-6904
MAP 付録P2-3

～福岡ベイエリア　はやわかりMAP～

玄界灘
博多湾
今津湾
志賀島
金印の湯
志賀海神社
金印公園
大岳
雁ノ巣
和白駅へ
雁の巣レクリエーションセンター
JR香椎線
マリンワールド海の中道
海の中道海浜公園
海ノ中道
西戸崎
福岡市営渡船
うみなかライン
のこのしまアイランドパーク
能古島
名島出入口へ
貝塚JCT
福岡都市高速道路1号線
馬出九大病院前駅へ
千鳥橋JCT
千代県庁口
福岡都市高速道路環状線
築港出入口
呉服町出入口
天神北出入口
百道出入口
マリゾン
福岡PayPayドーム
シーサイドももち海浜公園
地下鉄空港線
中洲川端
天神
西鉄福岡（天神）
唐人町
大濠公園
藤崎
西新
姪浜
JR筑肥線
今宿駅へ
福重JCTへ
薬院駅へ
橋本駅へ
天神南
櫛田神社前
博多駅へ
糸島へ
0　10km

4 海の中道（☞P97）

3 マリノアシティ福岡

2 福岡タワー（☞P95）

1 ベイサイドプレイス博多

能古島を望む古代ロマンの公園
「漢委奴國王」の印面を写した記念碑などを見学（☞P96）。

フェリーに乗ってアイランドへ
フラワーパークやビーチで遊び、のんびりとした一日を（☞P102）。

白砂ビーチのシーサイドリゾート
福岡タワーの北側に広がる白砂の人工ビーチ。夏はビーチスポーツも。

観光のヒント
レンタカーやフェリーを有効活用
博多湾を囲むように点在する観光スポットを巡るには、レンタカーが便利。海の中道へは博多ふ頭から20分の船旅が人気（☞P47）。

福岡ベイエリア

周辺のランドマーク

1 ベイサイドプレイス博多
（べいさいどぷれいすはかた）

鮮魚店などの飲食店、温泉施設でリフレッシュしよう。
MAP付録P4D1

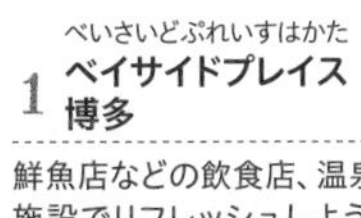

2 福岡タワー
（ふくおかたわー）

地上123mの最上階展望室からは福岡市街の一大パノラマや夜景が。カップル向けのスポットやレストラン、バーもある。（☞P95）

3 マリノアシティ福岡
（まりのあしてぃふくおか）

観覧車がそびえる、福岡中心部から車で30分ほどのアウトレットでショッピング。
MAP付録P3C3

4 海の中道
（うみのなかみち）

海の中道海浜公園では、花々や小動物とふれあえる（☞P97）。

潮風が心地よいシーサイドエリアでロマンチックさんぽを満喫！

博多湾ウォーターフロントエリアには、「福岡PayPayドーム」や「福岡タワー」など、楽しい施設が充実しています。

詳細 MAP 付録P5

1 Day モデルコース

天神バスセンター前から西鉄バスで18分

- 九州医療センター前
  - ▼徒歩1分
- 1 福岡PayPayドーム
  - ▼徒歩3分
- 2 バー&ダイニングCLOUDS
  - ▼徒歩15分
- 3 福岡市博物館
  - ▼博物館内移動
- 4 はかた伝統工芸館
  - ▼徒歩5分
- 5 福岡タワー
  - ▼タワー内移動
- 6 Sky Cafe&Dining ルフージュ
  - ▼徒歩2分
- 福岡タワー南口

スタート！ 11:00

野球の試合がない日も楽しめる

1 福岡PayPayドーム（ふくおかぺいぺいどーむ）

日本で初めての開閉式ドーム型施設として誕生。スポーツもお酒も楽しめる英国風パブなど、みどころも多いランドマーク。ドームツアーでは普段は入れないエリアを見学できるのも魅力。

☎092-844-1189 住福岡市中央区地行浜2-2-2 ¥ドームツアー1300円～（コースにより異なる。詳細はHPにて）交バス停九州医療センター前から徒歩1分 P1700台 MAP付録P5B2

鷹観世音大菩薩（たかかんぜおんだいぼさつ）
8ゲート前にあるホークスの守護神。選手やファンが勝利祈願に訪れる

恋が実るポスト

愛する人へのラブレターを投函すると恋が実るという伝説が語り継がれている。8ゲート総合案内所の隣

暖手の広場（だんてのひろば）
200名以上の著名人の手形を立体的に再現。憧れの人がいたら握手してみて

徒歩3分

12:00 絶景を眺めながらのアフタヌーンティー

地上123mで華やかなスイーツをゆったりと味わおう ※写真はイメージ

2 バー&ダイニングCLOUDS（ばーあんどだいにんぐくらうず）

ワンランク上の大人のティータイムが楽しめる「天空のアフタヌーンティー」4500円（税・サ込）が好評。福岡の街並みを見渡せる贅沢なアフタヌーンティーだ。

☎092-844-8000 住福岡市中央区地行浜2-2-3ヒルトン福岡シーホーク35階 ⏲12～24時（23時30分LO）アフタヌーンティー12～14時、14時30分～16時30分の2部制 休無休 交バス停ヒルトン福岡シーホーク前から徒歩1分 P800台 MAP付録P5A2
※「天空のアフタヌーンティー」価格は2023年1月現在のもの

こちらもチェック

BOSS E・ZO FUKUOKA（ぼす いーぞ ふくおか）

2020年7月にオープンしたエンタメスポット。フードホール、HKT48や吉本の劇場、王貞治ベースボールミュージアム、チームラボの常設展示など、一日中遊べる施設が盛りだくさん！「絶景3兄弟」と名付けられた全長100mのチューブ型スライダーや1人用ぶらさがり式レールコースターはスリル満点！

☎092-400-0515 住福岡市中央区地行浜2-2-6 ⏲営業日によって異なる。詳細はHPを確認 休なし 交バス停PayPayドームから徒歩3分 P1700台 MAP付録P5B2

©SoftBank HAWKS

百道（ももち）の海岸で生まれた名作『サザエさん』

『サザエさん』作者・長谷川町子さんは昭和19年（1944）から約3年間、現在の福岡市早良区西新に住んでおり、百道の海岸を散歩しているときに、サザエやカツオなどの登場人物がひらめいたそう。当時の海岸線近くにある「磯野広場」には記念碑もあります。
☎092-833-4306(早良区役所) MAP付録P5A3

15:00

＼福岡に縁ある文化財を常時展示／

3 福岡市博物館（ふくおかしはくぶつかん）

福岡・博多の歴史と暮らしを紹介する。西暦57年に中国（後漢）から贈られた国宝・金印や、『黒田節』にも歌われた名鎗・日本号などを展示。教科書で見た金印を手に取れるほど近くで見ることができる。

☎092-845-5011 住福岡市早良区百道浜3-1-1 ¥常設展示200円 ◷9時30分～17時30分（入館は～17時） 休月曜（祝日の場合は翌平日）、夏期は休館日の変更、開館時間の延長あり 交バス停博物館北口から徒歩5分 P250台 MAP付録P5A3

つまみの形はヘビをかたどったもので、印面に「漢委奴國王」と刻まれている

徒歩すぐ

16:00

＼職人の匠の技を感じる工芸品／

4 はかた伝統工芸館（はかたでんとうこうげいかん）

福岡・博多にゆかりのある伝統工芸品を一堂に展示。博多織や博多人形のほか、県特産民工芸品の歴史から製作過程までを学べる。第1～3日曜は、伝統工芸の体験教室もある。

☎092-409-5450 住福岡市早良区百道浜3-1-1福岡市博物館2階 ¥入館無料 ◷9時30分～17時30分（入館は～17時） 休月曜（祝日の場合は翌日）、12月28日～1月4日 交バス停博物館北口から徒歩5分 P250台（福岡市博物館駐車場利用） MAP付録P5A3

今にも動き出しそうな躍動感あふれる博多人形

2021年に福岡市博物館2階へ移転。さまざまなイベントが開催される企画展示コーナーもある

徒歩5分

17:00

5 福岡タワー（ふくおかたわー）

＼美しい夜景と「恋人の聖地」／

海浜タワーとしては日本一の高さ全長234mを誇る。地上123mにある最上階の展望室からの眺めは格別で、福岡市街とウォーターフロントが360度のパノラマで一望できる。サンセットビューも必見！

☎092-823-0234 住福岡市早良区百道浜2-3-26 ¥展望室800円 ◷9時30分～22時（最終入館は30分前） 休6月最終月・火曜 交バス停福岡タワー南口から徒歩2分 P81台 MAP付録P5A2

フェンスに鍵をかけて愛を誓う「恋人の聖地」愛鍵1個1000円

夕暮れとともにまたたき始める夜景

徒歩1分

18:00 ゴール！

＼地上120mのカクテルタイム／

6 Sky Cafe&Dining ルフージュ（すかい かふぇあんどだいにんぐ るふーじゅ）

福岡タワーの地上120m、展望台の下にあるラウンジ。日暮れや夜景をながめ、ロマンチックなひとときを過ごしたい。ディナーコース（要予約）なども提供する。

☎092-833-8255 住¥休交P福岡タワーに準ずる ◷11時30分～21時30分LO MAP付録P5A2
※18時以降はチャージ300円

カクテルは750円～

明太子スパゲッティー900円など

眺めのいいスペシャルシートはディナーコース（要予約）にて利用可

福岡タワーは地上116mと123mに展望室が、その間の地上120mに「Sky Cafe&Dining ルフージュ」があります。

海の中道から志賀島へ 潮風とともにシーサイドドライブ

シーサイドドライブ1

道の両側に海が広がる「海の中道」を抜けると志賀島に到着。
海と自然を感じながらちょっぴり遠出のドライブに出かけましょう！

MAP付録P2D1～2･P3C1～2

1 Day ドライブコース

- 福岡市街から国道3号・県道59号を経由
- ▼18km
- 1 マリンワールド海の中道
- ▼2km
- 2 海の中道海浜公園
- ▼5km
- 3 中西食堂
- ▼1.5km
- 4 金印公園
- ▼3.2km
- 5 休暇村 志賀島
- ▼10km
- 6 The lounge on the water
- ▼18km
- 福岡市街

立ち寄り湯

きゅうかむら しかのしま

休暇村 志賀島

疲れを癒やせる志賀島唯一の温泉

島の西端に位置する休暇村志賀島。目の前には全長800mの白砂ビーチが広がり、リゾートとして親しまれている。館内には温泉露天風呂「金印の湯」があり、ドライブ疲れを癒やすのにぴったり。

☎092-603-6631 住福岡市東区勝馬1803-1 ¥入浴700円 ◷入浴11～15時(最終受付14時) 休第3火曜(臨時休館あり) 交JR香椎線西戸崎駅から車で15分 P200台 MAP付録P3C1

玄界灘の波音が聞こえる露天風呂

古代の大陸との交流に思いを馳せよう

敷地内には記念のモニュメントが

公園

きんいんこうえん

金印公園

遥か古代ロマンを感じる場所

天明4年（1784）、志賀島の農民が「漢委奴國王」と記された金印を発見したという場所を記念し設立。展望所からは、玄海灘に能古島が浮かぶ美しい眺めが広がる。

☎092-645-1058(福岡市東区役所維持管理課公園係) 住福岡市東区志賀島古戸1865 ¥◷休散策自由 交西鉄バス金印塚バス停から徒歩2分 P11台 MAP付録P3C2

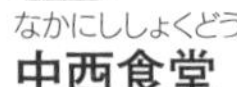
食堂

なかにししょくどう

中西食堂

名物・さざえ丼を味わおう!

志賀島産の新鮮なサザエを卵でとじたさざえ丼900円は志賀島を訪れたら味わいたい名物料理。磯の香りがふんわりと広がり、食欲をそそる！

☎092-603-6546 住福岡市東区志賀島583-8 ◷11～15時(売り切れ次第終了) 休火曜、第3月曜 交西鉄バス志賀島バス停から徒歩1分 P6台 MAP付録P3C2

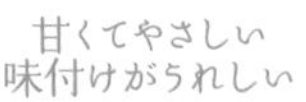

元横綱の曙関の名から命名された大盛りの曙丼1200円も人気

公園

うみのなかみちかいひんこうえん

海の中道海浜公園

自然と動物に癒やされる国営公園

四季折々の花々や美しい自然を満喫できる国営公園。モルモットやカピバラなど動物たちとふれあえる「動物の森」、博多湾を眺めながらのBBQなど一年を通して、さまざまなレジャーが楽しめる。

☎092-603-1111 住福岡市東区西戸崎18-25 ¥入園450円、65歳以上210円、中学生以下無料 ⏰9時30分～17時30分(11～2月は～17時) 休2月第1月曜とその翌日、12月31日・1月1日 交JR香椎線海ノ中道駅からすぐ、または福岡都市高速道路アイランドシティランプから車で13分 P3400台 MAP付録P2D2

ご当地生まれのB級グルメ、金印ドッグ

金印ドッグ600円は、イカフライとサイコロステーキを挟んだボリューム満点のホットドッグ。海の中道沿いの船の形をした移動販売店でどうぞ。☎092-605-4500(やすらぎ丸) MAP付録P3C2

▲「動物の森」には約50種の動物たちが
◀春の園内をチューリップが彩る

群れとスピードがテーマの外洋大水槽

目の前でペンギンを見ることができる

キュッキュ～～(遊びに来てねー)

水族館

まりんわーるどうみのなかみち

マリンワールド海の中道

博多湾が目前に迫る水族館

350種3万点の海洋生物を飼育しており、「九州の海」をテーマに九州各地の水辺を再現。博多湾を背景にしたアシカ・イルカショーもライブ感にあふれる。ペンギンのさまざまな表情が近くで見られる「ペンギンの丘」も人気。

☎092-603-0400 住福岡市東区西戸崎18-28 ¥入館2500円 ⏰9時30分～17時30分(季節変動あり) 休2月第1月曜とその翌日 交うみなかライン海の中道渡船場からすぐ、またはJR香椎線海ノ中道駅から徒歩5分 P400台 MAP付録P2D2

荒波を再現した玄界灘水槽

イタリア料理店

ざ らうんじ おん ざ うぉーたー

The lounge on the water

極上ディナーでリゾート気分を満喫

ディナーは海の中道にあるリゾートホテルで。ライトアップされたプールを眺められる大人の空間で、シェフ自慢の逸品をコースで味わいたい。ランチブッフェ、カフェタイムもあり。

☎092-603-2590 住福岡市東区西戸崎18-25 THE LUIGANS Spa&Resort 1階 ⏰6時45分～20時30分LO(ランチは11時30分～14時LO、ディナー17時30分～) 休不定休 交うみなかライン海の中道渡船場から徒歩1分、またはJR香椎線海ノ中道駅から徒歩6分 P100台 MAP付録P2D2

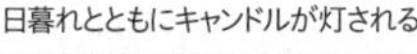

日暮れとともにキャンドルが灯される

ディナーコース4200円～(サービス料別)。アラカルトも充実

志賀島と九州本土を結ぶ海の中道は全長約8km、最大幅約2.5kmの巨大な砂州からできています。

福岡市街から車で約30分。蒼い海と空が広がる糸島へドライブ

シーサイドドライブ2

風光明媚なドライブルートとして観光客にも人気の糸島エリア。海沿いの人気スポットを巡って、休日気分を満喫しましょう。

問合せ 糸島市観光協会 ☎092-322-2098 MAP 付録P12

1 Day ドライブコース

●福岡市街から
福岡都市高速を経由

▼15km

福岡前原道路今宿 IC

▼15km

1 RESTAURANT CAFÉ PALM BEACH

▼800m

2 桜井二見ヶ浦

▼5.4km

3 糸島 LONDONBUS CAFÉ

▼2.1km

4 bbb haus

▼4.1km

5 芥屋の大門

▼14.1km

6 伊都安蔵里

▼4.2km

福岡前原道路前原 IC

カフェ

いとしまろんどんばす かふぇ

糸島LONDONBUS CAFÉ

フォトジェニックなカフェ

イギリスで実際に活躍していた1950年生まれのロンドンバスは青い空によく映える。カフェ仕様に改装した店内ではジェラートやホットドックなどを味わえる。

▼ジェラートダブル550円。ジェラートは常時9〜10種類が揃う

▼サーファーの聖地、野北海岸を一望できる

☎070-4350-0455 住糸島市志摩野北2289-6 🕒11時〜日没 休不定休(インスタグラムを確認) 交福岡前原道路今宿ICから約13km P20台 MAP 付録P12E2

レストラン・カフェ・ショップ

すりーびー はうす

bbb haus

大人に人気のドライブスポット

薬院の人気ショップ「B・B・B POTTERS(☞P88)」が手がけるゲストハウス&カフェ・ショップ。ショップは海や旅にまつわるモノがセレクトされ、レストランでは糸島産素材を使った料理も楽しめる。

▲センスあふれるアイテムが並ぶ

▼ランチコース3500円、ディナーコース8500円

◀bbb haus オリジナルエアミスト1650円

☎092-327-8020 住糸島市志摩小金丸1897 🕒カフェ11〜17時(16時LO)、ショップ11〜18時、ダイニングルーム12〜14時、18〜21時(要予約) 休月〜水曜 交福岡前原道路今宿ICから約15km P42台 MAP 付録P12D3

リラックスできるダイニングルーム

糸島 LONDON BUS CAFÉ 3

bbb haus 4

引津湾

鷺ノ首

5 芥屋の大門

筑前深江

▶船外に出て迫力の光景を間近に感じよう

ビュースポット

けやのおおと

芥屋の大門

海から望む迫力の玄武洞

高さ64m、奥行90m、間口10mを誇る日本三大玄武洞の一つ。芥屋漁港から遊覧船(約25分)に乗船すれば、六角形や八角形の玄武岩柱状節理を間近に見ることができる。

☎092-328-2012(芥屋大門観光社) 住糸島市志摩芥屋 ¥乗船800円 🕒9時〜16時15分 休不定休(天候により欠航あり)、冬期(12月〜3月中旬ごろ) 交福岡前原道路今宿ICから約20km P25台 MAP 付録P12D2

レストラン・カフェ

れすとらん かふぇ ぱーむ びーち

RESTAURANT CAFÉ PALM BEACH

リゾート感満載のシーサイドレストラン

飲食店や雑貨店などが集まるオールドハワイアン風のモール「パームビーチ・ザ・ガーデンズ」にあるダイニング。自家製のピッツアや生パスタなど、イタリアンを中心とした料理が楽しめる。

☎092-809-1660 住福岡市西区西浦286 🕒11～19時(18時30分LO、季節により変動あり) 休不定休 交福岡前原道路今宿ICから約15km P150台 MAP付録P12E2

▲夕日の名所にあるレストランらしいカクテル、ITOSHIMAサンライズ700円

▲目の前はビーチ。海外リゾートを彷彿とさせるテラス席もある

▲海老と帆立のカレートマトクリームパスタ2310円

1 RESTAURANT CAFÉ PALM BEACH
唐泊崎
2 桜井二見ヶ浦
長浜海岸
碁石鼻
糸島半島
九大学研都市
今宿
周船寺
筑前前原
美咲が丘
筑肥線
今宿IC
→天神・博多へ
福岡前原道路
前原IC
N
2km
6 伊都安蔵里

ビュースポット

さくらいふたみがうら

桜井二見ヶ浦

縁結びにもご利益のある絶景

海の中に2つの巨岩が並ぶ景勝地。櫻井神社の社地で古くから神聖な場所とされ、縁結びにもご利益があるといわれている。夏至のころには、「日本の夕陽百選」にも選ばれたサンセットも美しい。

☎092-322-2098(糸島市観光協会) 住糸島市志摩桜井 ¥🕒休散策自由 交福岡前原道路今宿ICから約12km P47台 MAP付録P12E2

▼鳥居の向こうに夫婦岩がある

長さ30mの大注連縄で結ばれた2つの巨岩、夫婦岩

ショップ・カフェ・レストラン

いとあぐり

伊都安蔵里

糸島の旬を楽しめるカフェレストラン

昭和初期に建てられたかつての醤油蔵を改装した建築もみどころ。オリジナル調味料や全国のこだわりの地酒を販売する。季節のケーキが人気のカフェで過ごすのもおすすめ。

☎092-322-2222 住糸島市川付882 🕒10～18時 休月・火曜 交福岡前原道路前原ICから約4.5km P27台 MAP付録P12E4

▼安蔵里の万能天然だし(8g×15包)1080円

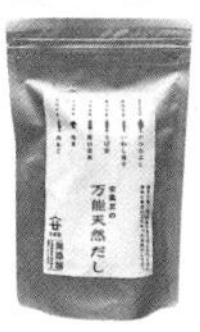

▲野菜や料理をさらにおいしくする完全無添加の万能酢500㎖ 890円

▲冬～春はイチゴのスイーツがズラリ

食材の豊かさでも知られる糸島。ぜひ直売所などで新鮮でリーズナブルな野菜や果物などを買って帰りましょう。

新鮮な糸島野菜を食べにいく、糸島半島爽快ドライブ

風光明媚なドライブルートとして観光客にも人気の糸島エリア。
海と山に囲まれた糸島は、おいしい野菜が育まれる豊穣の地なのです。

洋食
べーかりーれすとらん かれんと

Bakery Restaurant CURRENT

ベーカリーコーナーを併設する海が見えるレストラン

ドライブ途中の食事やお茶におすすめのスポット。季節に応じた地元糸島の食材を使った料理をはじめ、スイーツやドリンクといったカフェメニューも用意。併設するパティスリーやベーカリーのケーキ、パンも楽しめる。

☎092-330-5789 住糸島市志摩野北向畑2290 ⌚10〜18時（17時LO、ブランチ10〜11時、ランチ11時30分〜）※季節により変動あり 休不定休 P26台 交福岡前原道路前原ICから車で約11km MAP付録P12E2

潮風を感じるテラス席もある

洋食
びーち かふぇ さんせっと

Beach Cafe SUNSET

二見ヶ浦の波音をBGMに糸島の恵みをいただこう

美しいサンセットで知られる二見ヶ浦を眺めながら、開放的なオープンテラスで食事ができる。契約農家から届く有機野菜を使ったメニューが揃い、人気のロコモコは歯ざわりのいいきんぴらごぼうも加わった変わり種。

☎092-809-2937 住福岡市西区西浦284 ⌚11〜21時（20時LO）休木曜、第3水曜 交福岡前原道路今宿ICから車で約14km P18台 MAP付録P12E2

南国ムードたっぷりの雰囲気

二見ヶ浦は海水浴でも人気。

糸島野菜をおみやげに買いたい！

糸島には直売所がたくさん。なかでもJA糸島が運営する産直市場「伊都菜彩（いとさいさい）」では野菜はもちろん、果物、米、鮮魚、精肉、惣菜なども販売している。

☎092-324-3131 MAP付録P12F3

糸島野菜はコレ！

イタリアナス

バターナッツパンプキン

メニュー スタジオーネの前菜の盛り合わせ 3850円（コース料金）

イタリアン

あっか ぷんと えっふぇ

ákka PUNTO éffe

自家菜園で育てたとれたて野菜を満喫

農業体験ができる民宿のレストラン。東京やイタリアで腕をふるったシェフが夫婦で営む。自家菜園の野菜やハーブを、地元の魚や肉と合わせた料理が自慢だ。パスタ料理は、コース2420円～（コースは前日までに要予約）と、アラカルトで楽しめる。

☎092-326-6301 住糸島市二丈吉井389-1 Lランチ11時45分～14時LO、カフェ14～16時、ディナー17時30分～20時30分LO 休不定休 交二丈浜玉道路吉井ICから車で約2km P7台 MAP付録P12D4

ニワトリやヤギがおり、のんびりした雰囲気

こちらもチェック オシャレでおいしい糸島絶景レストラン

さんふらわー

sunflower

海辺に映える真っ白な空間

白を基調にしたウッドデッキから青い海を望めるダイニング。イタリアンやフレンチを取り入れた洋食やセンスあふれるデザートが人気。マカダミアンナッツソースのパンケーキ1250円。

☎092-834-8769 住福岡市西区今津4420-1 L11時30分～21時（ランチは15時LO）休木曜 交福岡前原道路今宿ICから車で約8km P30台 MAP付録P12F2

▲白いパラソルが並ぶウッドデッキ

▲新鮮魚介のブイヤベーススパゲッティのランチセット1870円

たいむ

TIME

鳥居をくぐった先の隠れ家的人気カフェ

絶好のロケーションのなか、手間ひまかけたカジュアルな料理やスイーツが味わえる。糸島では数少ないモーニング営業も行っている。冬期はモーニングのみ休業。

☎092-332-8607 住糸島市志摩桜井4423-7 Lモーニング9時～10時30分LO、カフェ11時～16時30分LO 休不定休 交福岡前原道路前原ICから車で約12km P50台 MAP付録P12E2

photo by chippachapus/code

▲県道54号沿いの看板を入り、海の方向に進むと見えてくる

▶手前はナポレオンパイ1500円（コーヒーor紅茶付き）と、奥はブラックストロベリー1500円（コーヒーor紅茶付き）

ドライブのおやつにおすすめなのが「Bakery Restaurant CURRENT」のパン。クルミ、レーズンなどのテーブルロールは5個385円。

フェリーで10分のプチクルージング 3時間ほどで楽しめる能古島(のこのしま)

博多湾に浮かぶ周囲約12kmのフラワーアイランド、能古島。
“福岡のハワイ”ともよばれる小島ですが、ここも見逃せない観光スポット！

福岡市と能古島を結ぶフェリー

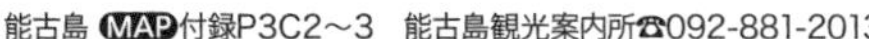
能古島 MAP付録P3C2～3　能古島観光案内所☎092-881-2013

花の名所「のこのしまアイランドパーク」

フェリーでのアクセス

●能古渡船場(姪浜旅客待合所)から

能古渡船場から能古旅客待合所までフェリーで約10分。通勤や通学などのほか、レジャーに利用されている。能古島のコスモスの時期は利用客が増え、賑わう。

☎092-881-8709(福岡市営渡船) ¥往復460円(片道10分) 毎日出航1日23便(日曜、祝日は21便) 交姪浜までは地下鉄天神駅から西鉄バス能古渡船場行き300、301、302、304番で30分能古渡船場下車 P347台(1日510円) MAP付録P3C3

マーケット 

のこのいち

のこの市

まずは訪れたい情報発信地

島でとれた野菜や果物、特産品が買えるほか、飲食店や観光案内所も隣接する便利なスポット。

☎092-881-2013 住福岡市西区能古457-16 8時30分～17時30分(天候・季節変動あり) 休無休 交能古旅客待合所からすぐ Pなし MAP付録P3C3

地方への発送も受け付ける

島の野菜たっぷり！のこバーガー590円

能古島産ニューサマーオレンジ果汁入り「のこぽん」1本450円

カフェ 

のこ にこ かふぇ

noco nico cafe

手作りカフェでごゆるりと

オーナーの温かい人柄に、つい長居してしまう憩いのレトロカフェ。もちもちチーズパン120円やクッキーなど自家製のおやつも販売している。

☎なし 住福岡市西区能古457-1 昼過ぎ～夕方 休不定休(雨天時) 交能古旅客待合所から徒歩1分 Pなし MAP付録P3C3

渡船場の目の前。フェリー出発前にひと息つくのに格好の場所

レジャーパーク 

のこのしまあいらんどぱーく

のこのしまアイランドパーク

季節の花に囲まれた憩いの公園

博多湾と福岡市内を一望できる自然公園。15万m²という広い園内には、一年中美しい花々が絶えない。宿泊施設やレストランなどもある。

☎092-881-2494 住福岡市西区能古島 ¥入園1200円、小・中学生600円、3歳以上400円 9時～17時30分(日曜、祝日は～18時30分) 休無休 交能古旅客待合所から西鉄バスアイランドパーク行きで10分、終点下車すぐ P姪浜渡船場に300台(1日510円) MAP付録P3C2

6～7月はマリーゴールドが見頃

ミュージアム 

のこはくぶつかん

能古博物館

島の自然や歴史、芸術を紹介

丘陵の中腹に位置し見事な眺望が眼下に広がる。金印を鑑定した学者・亀井南冥一族の資料や島の歴史資料、庭には江戸期の窯跡などが点在。広い敷地は散策にもぴったり。

☎092-883-2887 住福岡市西区能古522-2 10～17時 休月～木曜(祝日の場合は開館、12月下旬～1月、5・10月は無休) 交能古旅客待合所から徒歩10分 Pあり MAP付録P3C3

桜の名所でもある

長さ22m、7室構造の連房式登り窯。市指定史跡

「カフェのこのしま(MAP付録P3C3)」(☎092-891-5300)では、レンタサイクル(電動アシスト付き)60分500円、1日1800円を利用できます。

旅をもっと充実させましょう。厳選おみやげ・ホテル情報

明太子ならどこも同じ？
リーズナブルなホテルは？ ゴージャスに過ごすなら？
旅をさらに楽しく盛り上げるための
おみやげ、ホテル情報をお届けします。

本場の辛さとうま味がじんわり、福岡みやげの決定版、辛子明太子

発祥店「ふくや」だけではなく、ほかのブランド明太子にも注目！
明太子専門だから、こだわりと味はどのお店も自信満々、最強です。

辛子明太子とは？
とうがらしを加えた調味ダレなどでスケトウダラの卵を味付けしたもの。とうがらしを使った料理が豊富な朝鮮半島で生まれ、福岡や山口県下関で発展。本場の博多ではメーカーも種類もとにかく豊富。

中洲
あじのめんたいこ ふくや なかすほんてん

味の明太子 ふくや 中洲本店

辛子明太子の発祥といえばここ！

ふくや創業者が韓国で食べたキムチ漬けのタラコを元に発案したのが始まり。昭和24年（1949）の発売以来、自社製造で常に味を進化させてきた明太子のパイオニアだ。

☎092-261-2981 住福岡市博多区中洲2-6-10 ◷9～22時、土・日曜、祝日9時30分～18時 休無休 交地下鉄空港線中洲川端駅から徒歩5分 Pなし MAP 付録P7A3

ツブチューブ プレーン レギュラー
918円（100g）
片手で簡単に使えるチューブ入り明太子。全8種類が揃う

めんツナかんかん 食べ比べ3缶セット
1080円
明太子風味の人気ツナ缶が3個セットに！

味な油漬け どこでも明太子
1296円（10本入り）
常温保存可能なスティックタイプの明太子

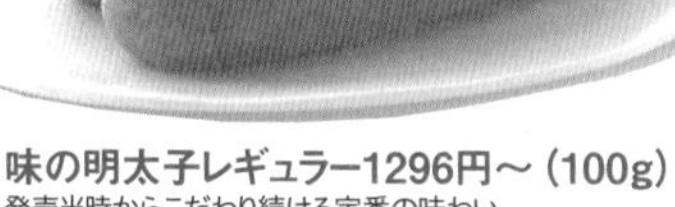

味の明太子レギュラー1296円～（100g）
発売当時からこだわり続ける定番の味わい

焼き手羽めんたい
880円（5本）
手羽先に明太子をたっぷり詰めて焼き上げた一品

ヤリイカ明太
750円（140g）
ヤリイカの甘みと明太子の辛さが絶妙にマッチ！

辛子明太子 徳用切子（無着色）
1950円（300g）
製造過程で切れた明太子を徳用価格で販売。深いコクとうま味のある明太子をたっぷりと味わえる

箱崎周辺
かねふく こうじょうちょくばいてん

かねふく 工場直売店

厳しい品質管理がうまさの秘密

スケトウダラの卵の調達から塩漬け、辛子明太子への加工まで厳しい管理のもと一貫して自社生産。弾力、ツヤなどを職人が確認している。こだわりの味を求めて工場に足を運んでみよう。

☎092-631-3090 住福岡市東区東浜1-5-17 ◷10時～17時30分 休水曜 交地下鉄箱崎線箱崎宮前駅から徒歩10分 P2台 MAP付録P2E3

博多駅

はかたのあじ やまやまいんぐてん

博多の味 やまやマイング店

「匠のたれ」にじっくりと。168時間熟成

昭和49年（1974）創業。酒をベースに昆布・とうがらし・柚子胡椒を加えた「匠のたれ」に168時間漬け込んだコク深い明太子が自慢。だしやもつ鍋など多彩な商品が揃う。

☎092-432-9081 住福岡市博多区博多駅中央街1-1博多ステーションビル名店街マイング1階 ⏰9～21時 休施設に準ずる 交JR博多駅直結 Pなし MAP付録P6F3

できたてめんたい（繭箱）1680円（150g）
できたてならではのプチプチの粒感とゆずの香りが格別

めんたいペペロンチーノ【パスタソース】700円（60g）
ゆでたパスタに混ぜるだけの簡単パスタソース

かずのこ明太子 1296円（130g）
上質な数の子を大きめにカットしている

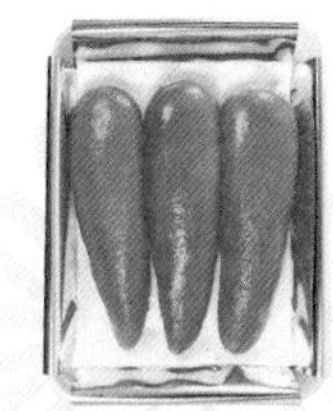

化粧箱入り辛子明太子 2160円（148g）
素材の持ち味を生かした独自の味付けで広く愛されている

※販売価格や内容量は変動の場合あり

大名

ちかえほんぽ

稚加榮本舗

長年人気の料亭仕上げの辛子明太子

活魚料理が人気の料亭が作る辛子明太子は上品な味わいが自慢。厳選したタラコだけを使い、形や粒の揃い方、色合いなどのこだわりを追求。リピーターも多い。

☎0120-174487 住福岡市中央区大名2-2-19 ⏰11～19時 休無休 交地下鉄空港線赤坂駅から徒歩5分 Pなし MAP付録P11A1

川端周辺

しまもと はかたえきまえてん

島本 博多駅前店

博多でしか販売していない隠れ名店

タラコの最高峰である北海道産にこだわり、鮮度抜群の辛子明太子が自慢。マイルドな味付けや、ひと粒ひと粒をしっかり感じられる食感が特徴だ。地元タクシー運転手さんのおすすめの店の一つ。

☎092-291-2771 住福岡市博多区御供所町2-63 ⏰9～19時 休無休 交地下鉄空港線祇園駅からすぐ Pなし MAP付録P7C2

オリジナル辛子明太子 1620円（120g）
ふっくらしているが中には粒々がぎっちり詰まった銘品

めんたいマヨネーズ 460円（115g）
パスタ、サラダ、サンドイッチにお役立ち

イワシ明太子 1800円（4～6尾）
脂がのったイワシのお腹に明太子がたっぷり！

オリジナル辛子明太子 810円（100g）～
そのままでも、添付の特製ダレで好みの辛さに調整してもいい

春吉

どんたく めんたい なかや

どんたく めんたい 中弥

庶民的な店だから量り売りOK、切れ子あり！

柳橋連合市場にあり、くじら肉や干物なども扱っている人気店。大ぶりで大粒のタラコを120時間以上も熟成させた自家製辛子明太子は、地元の調理人も絶賛する。

☎092-761-2117 住福岡市中央区春吉1-5-1柳橋連合市場内 ⏰7時～15時30分 休日曜、祝日 交地下鉄七隈線渡辺通駅から徒歩3分 Pなし MAP付録P4E3

「味の明太子 ふくや」では工場見学や手作り体験なども行っています。問合せ☎092-621-8989

大切なあの人への贈り物に 粋な博多っ子の手みやげ

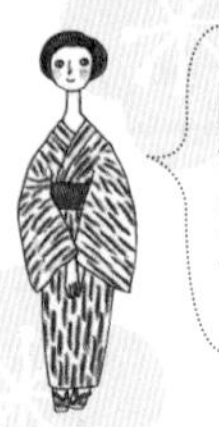

100余年の歴史を誇る老舗の甘味から新進気鋭の洋菓子店のスイーツまで、味にうるさい博多っ子のお眼鏡にかなった逸品をご紹介しましょう。

ダックワーズ
1袋2個入り454円

和菓子の最中をヒントにした16区の看板商品。生地に使ったアーモンドの風味がやさしく香る

薬院

ふらんすがし じゅうろっく

フランス菓子 16区

地元で絶大な信頼を集めるパティスリー

福岡にフランス仕込みの伝統的な洋菓子をもたらしたパティスリー。三嶋隆夫シェフが考案し、パリにも広めた「ダックワーズ」はあまりにも有名。焼き菓子、生ケーキのほか、アイスクリームやチョコレートも販売。

1 1階は販売コーナー、2階は喫茶 2 オレンジケーキ2700円

☎092-531-3011 住福岡市中央区薬院4-20-10 ⏰10～18時(喫茶は～17時) 休月曜(喫茶は月・木曜)※祝日の場合は翌日 交地下鉄七隈線薬院大通駅から徒歩4分 P14台 MAP付録P4D3 ※2023年4月から値上げ予定あり

ひとくち石畳
(スイート)
9個入り1296円

厳選された生クリームを上品な仕上げの生チョコで包んだ新感覚のトリュフ

川端周辺

ちょこれーとしょっぷ ほんてん

チョコレートショップ 本店

全国区人気を誇る"博多のチョコ"の本店がここ!

旧帝国ホテルやヨーロッパで修業した初代の味を忠実に守り続けるトリュフチョコレート専門店。安心で安全、手作りと鮮度へのこだわりから、店内には専用の冷蔵コーナーもあるほどだ。ケーキや焼き菓子も充実。

1 選ぶのに迷ってしまうほど。常時50種が並ぶ 2 博多バームチョコレート1728円

☎092-281-1826 住福岡市博多区綱場町3-17 ⏰10～19時 休火曜 交地下鉄空港線中洲川端駅から徒歩5分 P6台 MAP付録P4E2

つぶらな目の ひよ子は 福岡が発祥

つぶらな目がかわいい「ひよ子本舗吉野堂」の名菓ひよ子。大正元年(1912)、お菓子作りが盛んだった福岡県飯塚市で誕生し、今や全国区の銘菓として親しまれています。☎092-541-8211 ※JR博多駅、福岡空港、主要百貨店などで購入可。

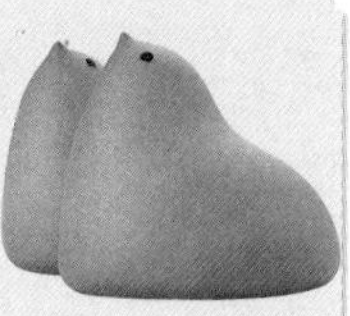

胡桃(くるみ)
1個240円
くるみを白餡で包み込み、やわらかな落雁でくるみの形に整えた半生菓子

警固周辺

おかしどころ ごとう

御菓子處 五島

一品一品大切に手作りされたやさしい味わい

木花が彩る和モダンな和菓子店で、目を見張るほどに美しく仕上げられた生菓子や干菓子などがショーケースに並ぶ。ようかんや季節を表現した創作和菓子は口コミで評判を呼び、国内での知名度も上がった。

1客とのやりとりを大切にしたいと販売は店頭だけ 2干菓子の五福のわ1080円

☎092-731-5100 住福岡市中央区赤坂3-1-21 ⏰9～19時(祝日は～17時) 休日曜 交地下鉄七隈線桜坂駅から徒歩7分 P2台 MAP付録P5C3

福うめ最中
1個194円
手芒豆(てぼまめ)の白餡に風味豊かな金時豆を加え、さくっとした香ばしい皮で包んでいる

春吉

かげつどうじゅえい

花月堂寿永

創業130年余、変わらぬ製法で愛される銘菓

創業明治22年(1889)。福岡で最中といえば、多くの人がこの店を挙げるほど。看板商品の「福うめ最中」は、梅の花をモチーフにした愛らしい形と、誕生以来変わらぬ製法で愛されている味だ。手みやげにも最適。

1この地に店を構えて70年余り 2シナモンの香り豊かな唐舟248円も世代を問わず人気が高い

☎092-761-0278 住福岡市中央区春吉2-7-20 ⏰10～18時 休日曜、祝日 交地下鉄空港線中洲川端駅から徒歩10分 Pなし MAP付録P7A4

江戸時代、長崎に陸揚げされた砂糖は小倉まで続いた長崎街道を通って日本全国へ。福岡は歴史的にもお菓子と縁が深い街なのです。

おいしい福岡をお持ち帰り！駅や空港で味みやげを探しましょう

旅の思い出やおみやげに買いたくなる味みやげをご紹介。
福岡の歴史・文化をモチーフにしたもの、グルメな街ならではのものなど多彩です。

「明月堂（めいげつどう）」の
博多通りもん（はかたとおりもん）
5個パック720円～

博多みやげの大定番！ミルク風味のしっとりとした皮でやわらかい白餡を包んだまんじゅう。和と洋が見事に融合した博多西洋和菓子。賞味期限：常温3～4週間

ここで買えます ❶❷❸❹

「如水庵（じょすいあん）」の
筑紫もち（つくしもち）
3個入り486円～

筑紫平野など九州産のひよく米を練り上げた餅に、大豆「タマホマレ」を使ったきな粉をまぶした餅菓子。付属の黒蜜をかけて。賞味期限：常温20日

ここで買えます ❶❷❸❹

「二鶴堂（にかくどう）」の
博多の女（はかたのひと）
6個入り389円～

昭和27年（1952）創業の店のロングセラー。小豆ようかんをバウムクーヘンに包んだ一口サイズのお菓子。美しい博多人形のパッケージが目印。賞味期限：常温40日

ここで買えます ❶❷❸❹

みんな納得の大定番。博多っ子も支持する銘菓

「千鳥饅頭総本舗（ちどりまんじゅうそうほんぽ）」の
千鳥饅頭（ちどりまんじゅう）
8個入り1512円

寛永7年（1630）創業。北海道産手亡（てぼう）豆とザラメで炊き上げた純白のこし餡を生地で包んで黄金色に焼き上げた、九州を代表する銘菓。賞味期限：常温15日

ここで買えます ❶❹

※2023年4月に価格変更の予定あり

「にわかせんぺい本舗 東雲堂（ほんぽ とううんどう）」の
二〇加煎餅（にわかせんぺい）
3枚入り4箱648円～

明治39年（1906）の創業以来、博多の情緒を菓子で表現。定番の二〇加煎餅は郷土芸能「博多仁和加」の面をかたどった卵風味のせんぺい。賞味期限：常温60日

ここで買えます ❶❷❸❹

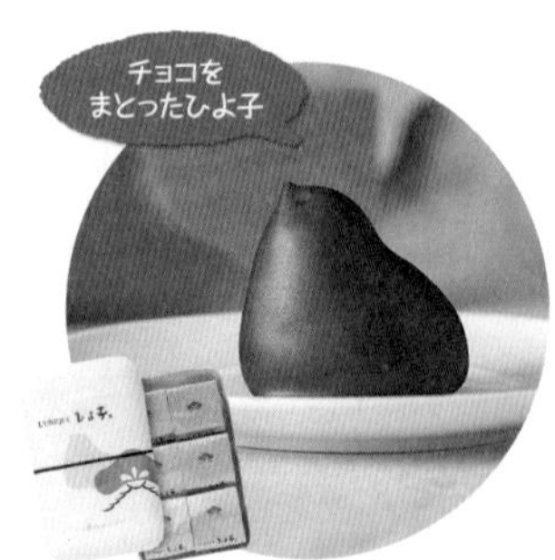

「ひよ子本舗吉野堂（ほんぽよしのどう）」の
纏衣ひよ子（まといひよこ）
6個入り1577円～

長年愛され続けている名菓ひよ子（☞P107）をビターなチョコでコーティング。チョコとひよ子の絶妙なハーモニーを楽しんで。福岡空港のみの販売。賞味期限：常温21日

ここで買えます ❶

**空の玄関口
福岡空港は
おでかけスポット
としても注目**

滑走路を一望する展望デッキで行き交う飛行機を眺めたり、新しい福岡グルメを発信するフードホールで食事を満喫したりするなど、おみやげ探し以外にもお楽しみがいっぱいだ。
☎092-621-6059 MAP 付録P2F3

「博多らーめんShin-Shin」の
博多純情らーめんShin-Shin
3食入り1393円～

博多ラーメン店の代表格ともいえる名店(☞P17)。豚骨、鶏ガラ、香味野菜を煮込み、屋台の味を再現したスープと激細麺がセットになったもの。賞味期限：常温2カ月
ここで買えます ❶❷❸❹

「太宰府えとや」の
梅の実ひじき
150g 756円

肉厚のひじきのもっちり感、梅の実のカリッと感、2つの歯ごたえがたまらない生ふりかけ。ゴマの風味もポイント。チャーハンや冷奴にも。賞味期限：冷蔵1カ月
ここで買えます ❶❷❸❹
❹ではオリジナルパッケージで販売(150g864円)

いつもの食卓に福岡の食文化を

「トリゼンフーズ」の
博多華味鳥 水たきミニセット
1～2人前 1728円

「華味鳥」の飼育から手がける料亭「博多華味鳥」がプロデュース。濃厚な鶏ガラスープと滋味あふれる肉、特製ポン酢が付く（内容量変更の場合あり）。賞味期限：冷凍6カ月
ここで買えます ❶❷

「茅乃舎」の
博多限定 茅乃舎あごだし
8g×20袋 1620円

料理好きならみんな知っているであろう茅乃舎のだし。博多限定品は、焼きあごとあご節を贅沢に重ね使いした、上品ながらも力強いうま味のあるだしだ。賞味期限：常温1年
ここで買えます ❶❸

ここで買えます

福岡空港
ふくおかくうこう
❶ 福岡空港
スイーツショップやレストランが大充実。福岡を代表する有名店の直営店も数多く入る。
☎092-621-6059 ⏲5時30分～最終便到着まで（店舗により異なる）休無休 MAP 付録P2F3

博多駅直結
まいんぐ
❷ マイング
九州最大級の明太子売り場を有し、九州銘菓やご当地スイーツまで幅広く揃う。
☎092-431-1125 ⏲9～21時（マイング横丁は7～23時）休無休 MAP 付録P6F3

博多駅直結
はかたでいとす
❸ 博多デイトス
県内の名店が並ぶ「みやげもん市場」、地元グルメが楽しめる「博多のごはん処」「博多めん街道」「博多ほろよい通り」からなる。
☎092-451-2561 ⏲休店舗により異なる MAP 付録P6F3

博多駅直結
はかためいひんぐら はかたぐちてん
❹ 博多銘品蔵 博多口店
博多駅コンコースの博多口側にあり、博多のみやげは福岡地区最大級の品揃え。地元有名店のスイーツもラインナップ。
☎092-483-2048 ⏲7時～22時30分 休無休 MAP 付録P6F3

銘菓のなかには、福岡を代表する高級ブランドイチゴ・あまおうを使ったものも登場しているので、探してみましょう。

気持ちのいい上質なホテルに泊まりましょう

国内外のVIPやセレブリティを迎える福岡きってのホテルをはじめ、ビュー自慢のホテル、リゾートムード漂う海辺のホテルなど、いろいろチョイス！

天神

そらりあにしてつほてるふくおか

ソラリア西鉄ホテル福岡

どこに行くにもアクセス抜群なハイクラスホテル

天神の中心にあり、西鉄福岡（天神）駅に直結とアクセス抜群の立地ながら、一歩ホテル内に足を踏み入れると静かで落ち着いた空間が広がる。全客室シモンズベッドを採用し、洗い場付きのゆったりとしたバスルームも好評だ。17階のレストランやバーからは天神の景色が一望できる。

☎092-752-5555 住福岡市中央区天神2-2-43 交地下鉄空港線天神駅から徒歩5分 P40台（1泊1500円）MAP付録P9C3 ●全161室（T95・W55・そのほか11室）●ソラリアプラザ6～17階 ●2018年リニューアル

1 客室には大川組子や伊万里焼など、九州ならではの伝統工芸品が使われている 2 窓の外に広がる夜景を楽しめるバー「トランスブルー」 3 天神地区にあり、ショッピングや観光拠点に最適

料金
- ダブル 3万5090円～
- ツイン 4万4770円～

素敵ポイント
メインダイニング「レッドフランマ」

17階のレストランをはじめ、客室からも美しい夜景が望める

博多駅周辺

ういず ざ すたいる ふくおか

WITH THE STYLE FUKUOKA

"ホテルで遊ぶ"がコンセプト スタイリッシュな大人ホテル

博多駅から徒歩7分と至便なエリアに、パームツリーがそびえる隠れ家風のホテルがたたずむ。新進建築デザイナーによるスタイリッシュな建物は、館内中央に吹き抜けのウォーターガーデンを備え、全客室にテラスを完備。晴れた日には、テラスで朝食やランチをいただける。ミニバーのドリンクはすべてフリーで、自分の別荘にいるかのようなプライベート感にあふれた時間を過ごせる。

☎092-433-3900 住福岡市博多区博多駅南1-9-18 交JR博多駅から徒歩7分 P20台 MAP付録P4F3 ●全16室 ●地上4階建て ●2004年開業

1 カリフォルニアのレジデンスを思わせるモダンな客室 2 ウッドデッキには宿泊客専用のジャクジーがあり、24時間無料（要予約）

素敵ポイント
「ブレックファスト＆ランチ」

朝食とランチメニューを好きな時に好きなだけ楽しめる。※メニューは時間帯によって変更あり。

料金
1泊朝食ランチ付
（2名宿泊の場合の1室料金）
- クイーン 4万5000円～
- ツイン 5万5000円～
- IN 16時 OUT 14時

駅近（駅から徒歩5分以内） 客室インターネット可 レディスフロアあり エステまたはスパ施設あり 大浴場あり

住吉

ぐらんど はいあっと ふくおか

グランド ハイアット 福岡

ラグジュアリーで快適なステイを約束

博多のランドマーク「キャナルシティ博多」内に位置するラグジュアリーホテル。天神と博多駅の中間にあり、どちらにもアクセスしやすく、ショッピングモールも隣接し、利便性も抜群だ。洗練された雰囲気の館内は居心地がよく、センスあふれるモダンな客室も旅の疲れを癒やしてくれる。滞在中はフィットネスや屋内プールなども利用可能。

素敵ポイント

「ザ マーケット エフ」

朝食からランチ、ティータイム、ディナーのほか、ペストリーショップも兼ねた活気あふれるオールデイダイニング

どの部屋にも大きなバスタブを完備

☎092-282-1234 住福岡市博多区住吉1-2-82 交地下鉄空港線中洲川端駅から徒歩10分、または地下鉄七隈線櫛田神社前駅から徒歩3分 P1300台（キャナルシティ博多共有、1泊1980円）MAP付録P7B3 ●全372室（S126・T199・W31・そのほか16室）●地下2階地上12階建て ●1996年開業

料金

（2名宿泊の場合の1室料金）

ダブル 2万5410円～

ツインルーム 3万2670円～

IN 15時 OUT 12時

川端

ほてるおーくらふくおか

ホテルオークラ福岡

博多の伝統を感じる客室と多彩なレストランが魅力

九州一の繁華街、中洲にもほど近く、地下鉄中洲川端駅からもアクセス抜群！シンプリシティ&エレガンスをテーマにした客室は安らぎが感じられる上質な空間となっている。和食、中国料理、鉄板焼き、寿司、フレンチ、オールデイダイニングにビアレストラン、ラウンジ&バーとレストランも大充実し、何度訪れても飽きることがない。

素敵ポイント

「オークラブルワリー」

店内の醸造所で造るケルシュ、アルト、スタウト、ヴァイツェンの4種と季節のビール1種を味わおう。

ホテルオークラ福岡特別仕様のベッドを採用

☎092-262-1111 住福岡市博多区下川端町3-2 交地下鉄空港線中洲川端駅直結 P800台（博多リバレイン共有、1泊1500円）MAP付録P8F1 ●全264室（S21・T151・そのほか92室）●地下1階地上13階建て ●2008年リニューアル

料金

（2名宿泊の場合の1室料金）

シングル 1万6500円～

ツイン 2万800円～

IN 15時 OUT 11時

福岡タワー周辺

ひるとんふくおかしーほーく

ヒルトン福岡シーホーク

全客室がオーシャンビュー！福岡のランドマーク

豪華客船をイメージした巨大な館内には1053室の客室に加え、人気ブッフェレストラン「ブラッセリー&ラウンジシアラ」など5つの直営飲食店、プール、フィットネスセンター、ショッピングゾーンなど付帯施設も充実。客室からは博多湾が望め、リゾートムード満点だ。さらに福岡 PayPayドーム（☞P94）や福岡タワー（☞P95）などの観光スポットへも徒歩圏内。

素敵ポイント

憧れのパノラミックスイート

パノラマジェットバスが大人気の客室。カップルにおすすめ♥

朝な夕なに博多湾の美しい景色を楽しめる客室

☎092-844-8111 住福岡市中央区地行浜2-2-3 交地下鉄空港線唐人町駅から徒歩19分、または西鉄バス福岡タワー（TNC放送会館）行きで7分、ヒルトン福岡シーホーク前下車すぐ P800台（1泊1500円）MAP付録P5A2 ●全1053室 ●地上35階建て ●2010年開業

料金

（2名宿泊の場合の1室料金）

シングル 2万1953円～

ツイン 2万4639円～

IN 16時 OUT 11時

博多駅と天神駅周辺には、快適なビジネスホテルや女性向けアメニティグッズを揃えたリーズナブルなホテルが多いです。

博多駅周辺

にしてつほてる くるーむはかた

西鉄ホテル クルーム博多

天然温泉の大浴場があるホテル

コンセプトは「旅先の家」。JR博多駅から徒歩4分、博多バスターミナルは正面とアクセス良好。大浴場内にはサウナもある。DATA ☎092-413-5454 住福岡市博多区博多駅前1-17-6 交JR博多駅から徒歩4分 P68台（1泊1500円）MAP付録P6E2 ¥S1万2000円～、T2万4000円～ ⏰IN15時 OUT11時 ●全503室（S439・T24・D40室）●地上14階建て ●2016年リニューアルオープン

博多駅周辺

ざ ぶらっさむ はかた ぷれみあ

THE BLOSSOM HAKATA Premier

博多の粋が感じられる上質空間

2019年9月開業。博多織をモチーフにした外観や和モダンテイストの客室が魅力。DATA ☎092-431-8702 住福岡市博多区博多駅前2-8-12 交JR博多駅から徒歩7分 P39台（1泊1500円）MAP付録P7C3 ¥D1万4000円～、T2万円～ ⏰IN15時 OUT11時 ●全238室（D115・T123）●地上14階建て ●2019年開業

博多駅周辺

さっとんほてるはかたしてぃ

サットンホテル博多シティ

フローリングと大きなベッドが好評

男性でも足が伸ばせる広々としたバスタブや大きなベッド、広く開放的なロビーが人気。Wi-Fi無料対応。DATA ☎092-433-2305 住福岡市博多区博多駅前3-4-8 交JR博多駅から徒歩5分 P周辺駐車場利用 MAP付録P4E3 ¥S8000円～、T1万4000円～ ⏰IN15時 OUT11時 ●全162室（S69・T53・そのほか40室）●地下1階地上13階建て ●2011年開業

博多駅周辺

てんねんおんせん そでみなとのゆ どーみーいん ぷれみあむ はかた・きゃなるしてぃまえ

天然温泉 袖湊の湯

ドーミーインPREMIUM 博多・キャナルシティ前

上質な眠りと癒やしの空間

"美人の湯"で名高い天然温泉大浴場がある。朝食にはあっさり塩もつ鍋も登場。客室からレストランと大浴場の混雑状況が確認できる。DATA ☎092-272-5489 住福岡市博多区祇園町9-1 交JR博多駅から徒歩10分、または地下鉄七隈線櫛田神社前駅からすぐ P26台（1泊1800円）MAP付録P7C3 ¥S平日1万750円～（休前日1万7750円～）、T平日1万2750円～（休前日1万9750円～）⏰IN15時 OUT11時 ●全122室（S87・T33・そのほか2室）●地上9階建て ●2011年開業

博多駅周辺

ほてるだぶりゅびーえふぐらんではかた

ホテルWBFグランデ博多

露天風呂から博多の景色を満喫

九州の食材を使い、朝からステーキ食べ放題ビュッフェが楽しめ、博多市内が眺望できる最上階露天風呂も魅力的。客室にはシモンズ製のベッドを採用。客室露天風呂付きの部屋も。DATA ☎092-452-4123 住福岡市博多区博多駅南2-2-5 交JR博多駅から徒歩10分 P10台（1泊1500円）MAP付録P4F3 ¥D平日6500円～（休前日7700円～）、T平日7500円～（休前日8700円～）⏰IN15時 OUT11時 ●全275室（D120・T152・トリプル3）●地上14階建て ●2018年開業

博多駅周辺

でゅーくすほてるはかた

デュークスホテル博多

ヨーロッパの雰囲気が漂うホテル

ヨーロピアンテイストにまとめられたホテル。客室の家具はヨーロッパ直輸入。アンティーク家具に囲まれ、気品あふれる空間でゆったりくつろげる。DATA ☎092-472-1800 住福岡市博多区博多駅前2-3-9 交JR博多駅から徒歩2分 P契約有料駐車場利用（17時間1500円）MAP付録P6D3 ¥S平日9350円～（休前日1万4300円～）、T平日1万6500円～（休前日2万2000円～）⏰IN15時 OUT11時 ●全153室（S135・T9・D9）●地上10階建て ●1996年開業

博多駅周辺

ほてるくりおこーとはかた

ホテルクリオコート博多

博多ビギナーに安心の好立地

博多駅が目前と利便性抜群のホテル。カフェ、居酒屋なども併設し、観光やビジネス、小さい子ども連れにもおすすめ。DATA ☎092-472-1111 住福岡市博多区博多駅中央街5-3 交JR博多駅からすぐ P30台（1泊1500円）MAP付録P6F3 ¥S平日7500円～（休前日1万2000円）、T平日1万500円～（休前日2万1000円）⏰IN14時 OUT11時 ●全177室（S42・T100・そのほか35室）●地下3階地上14階建て ●1974年開業

博多駅周辺

ほてるにっこうふくおか

ホテル日航福岡

不動の人気を誇るラグジュアリーホテル

ゆったりとした空間と落ち着いたインテリア、細やかな心遣いが感じられるサービスで人気。館内のレストランのおいしさにも定評がある。DATA ☎092-482-1117 住福岡市博多区博多駅前2-18-25 交JR博多駅から徒歩3分 P117台（1泊1500円）MAP付録P6D3 ¥S1万1900円～、T2万1800円～ ⏰IN14時 OUT12時 ●全360室（S139・D41・T170・そのほか10室）●地上14階建て ●1987年開業

駅近（駅から徒歩5分以内） 客室インターネット可 レディスフロアあり エステまたはスパ施設あり 大浴場あり

天神駅周辺

らいふ てんじん ふくおか

lyf Tenjin Fukuoka

おしゃれなインテリアにも注目

コワーキングスペースやシェアキッチンなどを備えた新感覚のホテル。地域のコミュニティとふれあうイベントなども毎月主催している。客室にはデスク（一部）やスマートTVが備えられ、機能的。DATA☎092-753-8695 住福岡市中央区今泉1-2-13 交地下鉄空港線天神駅から徒歩10分／地下鉄七隈線薬院駅から徒歩6分 Pなし MAP付録P10D2 ¥T・D平日5445円～(休前日9075円～) ⏲IN14時 OUT11時 ●全131室(T58・D73)●地上10階建て ●2021年開業

博多駅周辺

しずてつほてるぷれじお［はかたえきまえ］

静鉄ホテルプレジオ［博多駅前］

広々バスルームで快適ステイ

シングルルームには洗い場付きのバスルームを完備。シモンズ社と共同開発したオリジナルベッドも魅力。郷土料理から定番メニューまで多彩な朝食も好評だ。DATA☎092-451-2800 住福岡市博多区博多駅前4-17-6 交JR博多駅から徒歩6分 P9台（要事前予約、1泊1500円）MAP付録P4F3 ¥S7000円～、T9000円～ ⏲IN15時 OUT11時 ●全182室（S158・T23・そのほか1室）●地上14階建て ●2018年開業

天神駅周辺

にしてつぐらんどほてる

西鉄グランドホテル

格調高い老舗シティホテル

昭和44年（1969）開業。天神の顔ともよべるホテルで、地元で愛され続けてきた。伝統に培われた心地よいサービス、シンプルながら上品な客室、多彩に揃ったレストランも評価が高い。DATA☎092-771-7171 住福岡市中央区大名2-6-60 交地下鉄空港線天神駅から徒歩5分 P90台（1泊1800円）MAP付録P9B3 ¥S1万5730円～、T3万250円～ ⏲IN15時 OUT11時 ●全279室(S97・T137・そのほか45室)●地上14階・地下1階建て ●2005年リニューアル

天神駅周辺

りっちもんどほてるふくおかてんじん

リッチモンドホテル福岡天神

天神繁華街の中心に位置

無料のレディスアメニティにはメイク落としやフェイスマスク、入浴剤などのオリジナルアイテムが揃っており、快適に過ごせる。DATA☎092-739-2055 住福岡市中央区渡辺通4-8-25 交地下鉄七隈線天神南駅から徒歩2分 P32台（1泊2000円）MAP付録P10D1 ¥S7500円～、T9500円～ ⏲IN14時 OUT11時 ●全245室(S162・T47・そのほか36室)●地上13階建て ●2007年開業

天神駅周辺

ほてる もんとれ ら＊すーる ふくおか

ホテル モントレ ラ＊スール 福岡

女性好みのヨーロピアンテイスト

芸術の国ベルギーをテーマに、アール・ヌーヴォー&デコ調の優美な空間が広がる。パジャマ、空気清浄機、マイナスイオンドライヤーなど配慮も◎。DATA☎092-726-7111 住福岡市中央区大名2-8-27 交地下鉄空港線天神駅から徒歩2分 P28台(1泊1800円)MAP付録P9B3 ¥S平日8000円～（休前日1万3000円～)、T平日1万円～（休前日1万8000円～）⏲IN15時 OUT11時 ●全191室(S93・T97・そのほか1室)●地上12階建て ●2003年開業

中洲川端周辺

ほてる・とりふぃーとはかたぎおん

ホテル・トリフィート博多祇園

ステイしながら博多を体感

2020年9月、博多の総鎮守「櫛田神社」近くに開業。館内・室内の随所で山笠の写真とともに「博多祇園山笠」の粋を伝える。大浴場もあり、旅の疲れをゆったりと癒やせる。DATA☎092-283-7060 住福岡市博多区冷泉町8-24 交地下鉄空港線祇園駅から徒歩5分 P7台（1泊1650円）MAP付録P7B1 ¥D5500円～、T8000円～ ⏲IN15時 OUT11時 ●全130室(D95・T28・そのほか7室)●地上9階建て ●2020年開業

中洲川端駅周辺

にしてついんふくおか

西鉄イン福岡

天神にも中洲にも徒歩圏内

中洲の川沿いにあり、ネオン街の眺めが美しい。最上階レストランの朝食や和洋バイキングも人気となっている。DATA☎092-712-5858 住福岡市中央区天神1-16-1 交地下鉄空港線中洲川端駅から徒歩2分 P42台（1泊1500円）MAP付録P8E2 ¥S1万3200円～、T2万4400円～ ⏲IN15時 OUT10時 ●全271室（S150・T64・D54そのほか3室）●地上13階建て ●2018年リニューアル

中洲川端駅周辺

みついがーでんほてるふくおかなかす

三井ガーデンホテル福岡中洲

好立地と高センスで快適ステイを約束

2020年7月開業。地下鉄中洲川端駅から近く、天神にも博多駅にも好アクセス。上階に大浴場もありくつろげる。洗練された印象の客室も魅力だ。DATA☎092-263-5531 住福岡市博多区中洲5-5-1 交地下鉄空港線中洲川端駅から徒歩2分 P24台（1泊1600円）MAP付録P8E1 ¥T5700円～、D5300円～ ⏲IN15時 OUT11時 ●全257室(D157・T100室)●地上13階建て ●2020年開業

S→シングル T→ツイン D→ダブル　P112-113掲載の料金は1泊素泊まりの1室料金です。料金は季節・人数などで変動します。

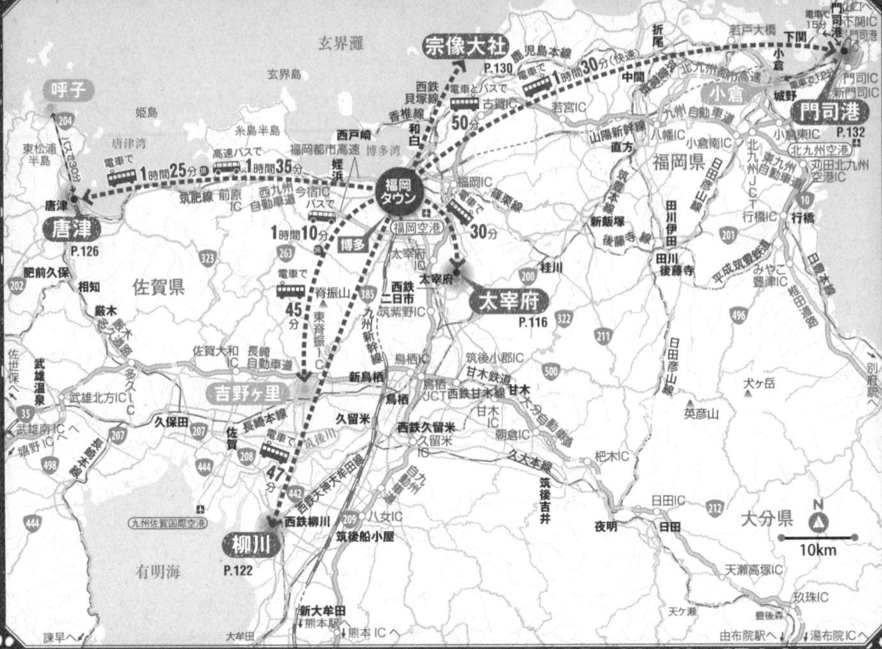

唐津へ

プラス 1DAY

城下町さんぽと窯元めぐり

古くから大陸文化との交易の要衝として栄えた城下町。明治時代には石炭の積み出し港として賑わい、その当時の洋館も残る。日本三大松原の一つ、虹の松原は17世紀初め、唐津藩主、寺沢広高が防潮林として植えた、全長約5kmに及ぶ広大なものだ。また、唐津焼の里として知られ、窯元めぐりも楽しい。唐津焼の器で供される玄界灘の新鮮な魚介も魅力だ。P126参照。

太宰府へ

プラス 半日

学問の神様に参拝したら参道で名物を

学問の神様・菅原道真公を祀る太宰府天満宮が最大のみどころ。1100年の歴史を誇る、全国の天満宮の総本宮で、国宝、重要文化財など見ごたえ十分だ。参拝の後は、参道に40軒ほどあるみやげ店や専門店で名物の梅ヶ枝餅を味わいたい。日本とアジアの交流の歴史を紹介する九州国立博物館（☞P120）はアーティスティックな展示方法で見ごたえがある。P116参照。

柳川へ

プラス 半日

白秋ゆかりの城下町

町を縦横に走る網目状の水路（掘割）でどんこ舟に乗ってのんびりと景観を楽しむのがいちばん。赤レンガの並倉やなまこ壁に北原白秋の詩の世界を体感できる。柳川発祥の名物うなぎのせいろ蒸しをいただこう。P122参照。

宗像大社へ

プラス 1DAY

三女神を祀る世界遺産の社へ

世界にも類を見ない信仰の発展・継承を示すものとして世界遺産に登録された「宗像大社三宮」。九州屈指のパワースポットといわれている。強力なパワーとご利益を授かりに行こう。P130参照。

門司港へ

プラス 1DAY

レトロな洋風建築が点在

明治～大正時代の赤レンガが見事な洋館やレトロな建物が点在し、ノスタルジック散歩が楽しめる。関門海峡に沈む夕日や光輝くライトアップを見れば旅がさらに思い出深いものになること間違いなし！P132参照。

ひと足延ばして行きましょう。福岡タウンからのプチトリップへ

福岡の市街周辺にも魅力的な観光スポットが点在します。電車なら1時間前後で行くことができる観光地が多いのも魅力です。プラス1日してみませんか。旅がさらに魅力的に輝きます。

学問の神様・菅原道真公を祀る緑豊かな太宰府天満宮へ

福岡から電車で30分

国内外から年間約1000万人が参拝する太宰府天満宮。
樟(くすのき)が囲むすがすがしい鎮守の森を歩けば、心まで洗われるよう。

太宰府(だざいふ)ってこんなところ

7世紀後半、平城京の3分の1規模の「大宰府」が置かれ、西日本の政治、経済、外交の中心だった地。多くの遺跡や古社寺が残るなかでも、1100年の歴史を刻む太宰府天満宮や、全国で4番目に誕生した国立博物館はぜひ訪れたい。参道散策のお供には名物の梅ヶ枝餅を。

アクセス

電車：西鉄福岡（天神）駅から西鉄天神大牟田線特急で西鉄二日市駅まで15分、西鉄太宰府線に乗り換え、西鉄太宰府駅まで5分

車：天神北ICから福岡都市高速で水城ICまで15km、県道112・76号で西鉄太宰府駅まで6km

問合せ 太宰府市観光案内所 ☎092-925-1880

拡大図 付録P13上

現在の御本殿は天正19年（1591）の再建。華麗な装飾が印象的な五間社流造。2023年5月からは、124年ぶりに大改修を行うため（3年間を予定）、御本殿前には仮殿が建てられる

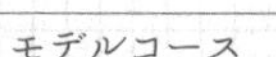

モデルコース

所要約3時間

西鉄太宰府駅
▼ 徒歩5分
太宰府天満宮
（アクセストンネル経由）
▼ 徒歩7分
九州国立博物館
（アクセストンネル経由）
▼ 徒歩7分
ランチ＆参道散策
▼ 徒歩5分
西鉄太宰府駅

太宰府天満宮(だざいふてんまんぐう)

桃山時代の様式を今に伝える壮麗な本殿

平安初期の学者・政治家、菅原道真公を祀る。御祈願を申し込めば、道真公の御墓所の上に立つ国の重要文化財・御本殿に昇殿できる。祈願料6000円～。御本殿右側には道真公を慕って都から飛来したという「飛梅」がある。

☎092-922-8225 住太宰府市宰府4-7-1 時境内自由（ただし楼門内は6時30分～19時、季節により異なる。12月31日～1月3日は昼夜開門）休無休 交西鉄太宰府駅から徒歩5分 P2000台（1回500円）MAP付録P13C2

1 御本殿にて行われる御祈願。受付8時45分ごろ～17時ごろ 2 御祈願時に授かれる御札と御守 3 飛梅。見頃は2月上旬ごろ

楼門 ろうもん

檜皮葺（ひわだぶ）きの二重門。表が二重屋根、裏が一重屋根と表裏で姿が異なる、全国的にも珍しい造り

御神牛 ごしんぎゅう

道真公に縁の深い牛。自分の悪い部分を撫でれば病が治る信仰がある

宝物殿 ほうもつでん

道真公の御真筆と伝わる書や、国宝の歴史書『翰苑（かんえん）』など約5万点を収蔵。🕒9～16時（入館）休月曜（祝日の場合は翌日）¥500円

おみくじ

全10色あり、季節ごとに色が替わる。1回100円

うそのぞう 鷽の像

太宰府天満宮の守り鳥。幸せを運ぶといわれている。隣には古代中国の想像上の聖獣・麒麟の像が立つ

たいこばし・ひらばし 太鼓橋・平橋

参道にある神橋。太鼓橋・平橋・太鼓橋と続く3連の橋で、手前から過去・現在・未来を表している

かんこうれきしかん 菅公歴史館

今では制作されていない古い手法で作られた「装着博多人形」で菅原道真公の生涯をジオラマで展示。その他、人形、玩具、絵馬なども見学できる。場所は本殿裏の崇敬者会館の地下1階。

¥入館200円 🕒9時～16時30分（最終入館16時）休火・水曜

▲16のジオラマで生前のエピソードを紹介している

境内の梅林と樟（くすのき）の森は環境省選定「かおり風景100選」の一つ。樟をわたる風の音もさわさわと耳に心地よいのです。

天満宮詣での行き帰りに賑わう参道でおみやげ探し

太宰府天満宮のシンボル・梅をモチーフにしたおみやげがいっぱい。名物・梅ヶ枝餅をほおばりながら約90の店が並ぶ参道を歩きましょう。

梅ヶ枝餅。中央には梅型のくぼみがある

抹茶セット（梅ヶ枝餅付き）700円

1 寺田屋（てらだや）

緋毛氈（ひもうせん）の敷かれた縁台で梅ヶ枝餅が味わえる

参道沿いにある茶屋。梅ヶ枝餅130円は店内のカフェや店奥の日本庭園で1個から味わえるほか、抹茶やコーヒーとのセットでも楽しめる。

☎092-922-4064 住太宰府市宰府4-6-15 ⏰9時～17時30分 休第1・3水曜（1～3月を除く）交西鉄太宰府駅から徒歩4分 Pなし MAP付録P13C2

＼梅ヶ枝餅ははずせません／

都落ちした道真公を慰めようと、老女が梅の枝を添えて差し上げたという故事に由来。つぶ餡入りの焼き餅で、できたての味は格別！ 参道には20軒ほどの販売所があり、店内で味わえる店もあります。1個130円。

2 太宰府天満宮案内所

びいどろ太宰府 3

1 寺田屋

太宰府天満宮 ⇩

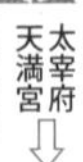

2 太宰府天満宮案内所（だざいふてんまんぐうあんないしょ）

参道の突き当たり、境内入口近く

知る人ぞ知るキュートなみやげ処

太宰府天満宮の案内やガイド申込みの受付などを行う案内所。「中川政七商店」がプロデュースした、梅模様のオリジナルアイテムも販売している。

☎092-922-8225（社務所）住太宰府市宰府4-7-1 ⏰9～17時 休無休 Pなし MAP付録P13C2

※価格は年によって変動の場合あり

梅と干支の図柄を組み合わせた小物が人気。小銭入れ1980円（右）、ギャザーポーチ1870円～（下）

3 びいどろ太宰府（びいどろだざいふ）

涼しげな梅の花を自分用みやげに

紅白梅や学問の神様にちなんだ合格縁起物など、さまざまなガラス製小物を販売。手作りのため、一点一点、微妙に表情が違うのも趣深い。お気に入りを見つけて。

☎092-922-3611 住太宰府市宰府2-7-17 ⏰10～18時 休不定休 交西鉄太宰府駅から徒歩3分 Pなし MAP付録P13B2

梅の直径は1cmほど。梅スタンド各440円

びいどろ太宰府限定ステンドしおり715円

4 太宰府参道 天山
だざいふさんどう てんざん

国の重要文化財が最中に!?

北海道十勝産の小豆やもち米100%の皮など、素材に徹底的にこだわり、ひとつひとつ丁寧に作られた和菓子が人気。一番人気は大宰府政庁跡から出土した鬼瓦をモチーフにした鬼瓦最中。テイクアウトなら注文を受けてから餡を詰めてくれるので皮がサックサク!

☎092-918-2230 住太宰府市宰府2-7-12 ⏲8時30分～17時 休不定休 交西鉄太宰府駅から徒歩3分 Pなし MAP付録P13B2

鬼瓦最中1個230～240円。白・黒・八女茶餡がある

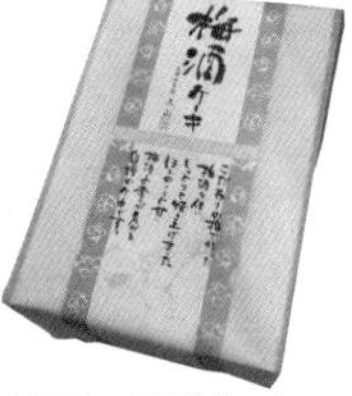

地元産の梅酒を使ったしっとり和風の梅酒ケーキ1箱800円

地元でも人気の名店だ

5 梅園菓子処
ばいえんかししょ

天満宮御用達の老舗菓子舗

昭和23年（1948）創業の和菓子専門店。幸運を招くとされる鷽(うそ)の民芸品が入った「うその餅」や、京麩焼きに特製こし餡を挟んだ「ミニ梅守(うめもり)」200円などの名物菓子が揃う。

☎092-922-4058 住太宰府市宰府2-6-16 ⏲10～17時 休月曜、1月8日（土・日曜、祝日の場合は翌平日）、8月お盆明けの平日2日間 交西鉄太宰府駅からすぐ P1台 MAP付録P13B2

季節を映す茶席用の菓子。干菓子1個100円～

1月ごろは木彫りの「木鷽」、それ以外の時期は博多人形のうそ鳥「土鷽」となる

しそ風味の求肥を甘いそぼろで包んだうその餅（小）1箱980円～

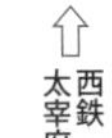

6 風見鶏
かざみどり

築150年の建物を利用した喫茶店

ドイツのアンティークオルゴールやランプが飾られている店内は、レトロで落ち着いた雰囲気。自家焙煎コーヒー650円や自家製コーヒーゼリーとともに、和みのひとときを。

☎092-928-8685 住太宰府市宰府3-1-23 ⏲10時～17時30分 休不定休 交西鉄太宰府駅からすぐ Pなし MAP付録P13B2

コーヒーゼリー（アイスクリーム添え）800円

エッグサンドイッチ900円

7 YAMAYA BASE DAZAIFU
やまや べーす だざいふ

焼きたての明太フランスを!

2020年にオープンした明太フランス専門店で、注文後、オーブンでリベイクして提供する。「やまや太宰府店」も隣接しており、人気商品や博多名物が勢揃い。

☎092-555-3072 住太宰府市宰府3-1-1 ⏲9時30分～17時30分 休無休 Pなし MAP付録P13B2

明太フランス350円。明太子がたっぷり入ったフィリングとバターの風味を楽しめる

明太子やお菓子など、福岡みやげが豊富に揃う

光明禅寺（MAP付録P13C2）では九州最古の枯山水庭園が見られます。拝観200円。2023年春まで拝観休止中。

天満宮周辺には歴史を感じる必見スポットが目白押しです

太宰府への旅が天満宮だけではもったいない！
一歩足を延ばす価値大の魅力スポットが待っています。

4階で目を引く「伊万里焼」の展示

周囲の山並みを映す曲線フォルムの建物

太宰府天満宮からは虹のトンネルを使って徒歩7分

きゅうしゅうこくりつはくぶつかん

九州国立博物館

歴史と文化を五感で学べる

「日本文化の形成をアジア史的観点から捉える」をコンセプトに、日本とアジア諸国との文化交流の歴史を紹介。見る・触れる・嗅ぐなど、五感を使って学べる。

☎050-5542-8600（ハローダイヤル）住太宰府市石坂4-7-2 ¥文化交流展示室観覧700円（特別展は別料金）🕒9時30分～17時※入館は閉館30分前まで 休月曜（祝日または振替休日の場合は翌日）交西鉄太宰府駅から徒歩10分 P313台（1回500円）MAP付録P13C2

戦国時代の医学書『針聞書』に登場する「はらのむし」をモチーフにしたオリジナルグッズ。フィギュア610円、手ぬぐい1350円

体験型展示室「あじっぱ」

ほうまんぐうかまどじんじゃ

宝満宮竈門神社

縁結びの神様として有名

大宰府政庁が置かれる前に鬼門除けとして祀られたと伝わる神社。縁結びの神、玉依姫命（たまよりひめのみこと）を祀り、良縁を願う人に人気。祈願や占いもトライしてみよう。

☎092-922-4106 住太宰府市内山883 ¥◷休参拝自由（お守り授与所は8時30分～18時）交西鉄太宰府駅からコミュニティバス「まほろば号」内山行きで7分、終点下車すぐ P100台（1回400円） MAP付録P13C1

ピンクと白の大理石を使ったスタイリッシュな授与所

ブレスレットになる、恋守りむすびの糸1500円

再会の木
神功皇后が出兵の際にサイカチの木を植えたのが起源と伝わる

愛敬の岩
右側の岩から左側の岩まで目を閉じてたどり着けば恋が叶うといわれる

本殿
男女の縁のみならず、仕事や家族、友人との良縁を結んでくれるといわれる

こちらもチェック

きゅうしゅうゔぉいす

九州ヴォイス

九州産のなかでも特にデザイン性が高く、優れたアイテムをセレクトしたアンテナショップ。雑貨や食品など、暮らしを豊かにしてくれるこだわりアイテムが並ぶ。

☎092-403-0430 住太宰府市宰府3-4-45 ◷10時～17時30分 休無休 交西鉄太宰府駅から徒歩5分 Pなし MAP付録P13B2

炊きたてご飯に混ぜるだけの「はかた地どり飯の素」790円

蛭子（えびす）味噌スパウト各540円

大宰府に赴任後、妻を亡くした旅人の寂しさが詠まれている

近くに大宰府政庁跡もある

さかもとはちまんぐう

坂本八幡宮

梅花の宴に思いを馳せて

大友旅人の邸宅跡で「梅花の宴」が開かれたのではないかと伝わる場所にある神社。土・日曜、祝日は御朱印・お守り・おみくじの受付を行っている（平日は無人）。境内には旅人が詠んだ歌の歌碑もある。

☎なし 住太宰府市坂本3-14-23 ¥◷休境内自由（社務所は土・日曜、祝日の10～16時）交西鉄都府楼前駅から徒歩16分 Pなし MAP付録P13A2

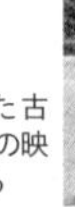

VRを使った古代の大宰府の映像も楽しめる

だざいふてんじかん

大宰府展示館

古都の歴史を学ぶ

大宰府史跡の発掘調査で見つかった遺構を保存公開し、出土品などで大宰府の歴史や文化を紹介。博多人形でつくられた「梅花の宴」のジオラマも展示されている。

☎092-922-7811 住太宰府市観世音寺4-6-1 ¥入館200円 ◷9時～16時30分 休月曜（祝日の場合は翌日）交西鉄都府楼前駅から徒歩15分 P30台 MAP付録P13A2

泊まるならココ

古民家を改装した客室

ほてる かるてぃあ だざいふ

ホテル カルティア 太宰府

江戸末期や明治期の建物をリノベートし、歴史や文化にふれる体験が楽しめるホテル。レストランやカフェだけの利用も可能で、地元食材を使ったフレンチを味わえる。

☎0120-210-289（VMG総合窓口）住太宰府市宰府3-3-33 ¥1泊2食付3万6905円～ ◷IN15時／OUT12時、ランチ11時30分～14時LO、カフェタイム14～16時LO、ディナー17時30分～20時LO 休不定休 交西鉄太宰府駅から徒歩5分 P13台（宿泊者のみ利用可）MAP付録P13C2

白秋ゆかりの水郷・柳川をどんこ舟でのんびり川下り

福岡から電車で最短47分

江戸時代に造られた掘割を行く風流な船遊びで、柳川藩の面影が残る城下町を船上から眺めましょう。

柳川(やながわ)ってこんなところ

筑後川河口にある城下町。柳川城の掘割が網目状に走る水郷の町には、藩政時代の遺構が残り、北原白秋の故郷としても有名。名物うなぎのせいろ蒸しはぜひ味わいたい。

アクセス

電車：西鉄福岡（天神）駅から西鉄天神大牟田線特急で西鉄柳川駅まで最短47分。バス：西鉄柳川から西鉄バス早津江行きで京町まで4分、本城町、御花前まで10分、水天宮入口まで11分

車：天神北ICから九州自動車道でみやま柳川ICまで61km、県道775号、国道443号で柳川駅まで10km

問合せ 柳川市観光案内所 ☎0944-74-0891

拡大図 付録P13下

緑の柳に白と黒の格子状のなまこ壁が美しく映える、川下りを代表する風情ある風景の一つ

モデルコース

所要約3時間

西鉄柳川駅
▼ 徒歩5～10分
川下り乗船場
▼ 船で60分
川下り降船場
▼ 徒歩3分
北原白秋生家・記念館
▼ 徒歩4分
柳川藩主立花邸 御花
▼ 徒歩2分+バス10分
西鉄柳川駅

川下り(かわくだり)

四季の彩りと趣向も楽しみ

船頭さんの竿一本で約4kmを60分かけて巡る。赤レンガの並倉などを見物しながら進み、水郷情緒を満喫できる。水上行灯が川面に映える夏の夜、冬のこたつ舟も人気。

問合せ ☎0944-74-0891（柳川市観光案内所）¥1560～1700円 ⏰9時30分～日没まで 休無休（荒天時運休） 交西鉄柳川駅から徒歩8分程度の範囲に乗船場4カ所 P各乗船場にあり MAP付録P13C3

＼ 川下り舟会社・柳川観光開発で乗船！ ／

1 ルート内で最も幅が狭い弥兵衛門橋 2 蜘蛛手網は、網を水の中に入れて魚をとる仕組みの道具。かつて柳川で実際に使われていたもの 3 四季折々の景色を楽しめる

柳川 付録P13

お堀めぐりコース

大門橋 出の橋 佐賀へ 三柱神社 西鉄久留米駅へ 西鉄天神大牟田線 元祖本吉屋 P.124 筑紫橋 筑紫町 鍛冶屋町 辻町 京町 みながわ 沖端川 グッディ 柳川橋 松月文人館 伝習館高 柳川古文書館 西鉄柳川 柳川ショッピングモール 西鉄柳川駅 等応寺(ねはん像) 長谷健文学碑 木村緑平句碑 日吉神社 あめんぼセンター(図書館・水の資料館) 檀一雄文学碑 うなぎ供養碑 市役所 城堀水門 なまこ壁 水産堂 白柳荘 白秋石橋庭水中歌碑 有明橋 紅茶の店 River Flow P.123 沖の端水天宮前 旧戸島家住宅 御花前 本城町 柳川城址 柳川高 並倉 大牟田駅へ 夜明茶屋 P.125 沖端水天宮 水影の碑 柳川藩主立花邸 御花 P.123 福厳寺 柳川市 北原白秋生家・記念館 P.123 からたち文人の足湯 P.125 城東橋 ダイレックス 白秋詩碑苑 降船場 杉森高 柳川署 若松屋 P.125 御堀橋 宮永橋 皿屋福柳 P.125 民芸茶屋六騎 P.124 亀の井ホテル柳川 柳川温泉 200m

川下り舟会社 MAP付録P13C3 Ⓐ～Ⓓは乗船場 Ⓐ…柳川観光開発 ☎0944-72-6177 Ⓑ…大東エンタープライズ ☎0944-72-7900 Ⓒ…水郷柳川観光 ☎0944-73-4343 Ⓓ…城門観光 ☎0944-72-8647(要予約)

きたはらはくしゅうせいか・きねんかん

北原白秋生家・記念館

近代日本を代表する詩人の生家

童謡『待ちぼうけ』『ペチカ』『雨ふり』をはじめ、数多くの詩や短歌を残した北原白秋の生家を復元し、ゆかりの品々を展示。奥の記念館では、白秋の詩業や生涯、遺品のほか、柳川の歴史や民俗資料を紹介する。白秋生家自体も、明治期の柳川商家の形態を伝える貴重な建物だ。

☎0944-72-6773 住柳川市沖端町55-1 ¥600円 ⏰9～17時(入館は～16時30分) 休12月29日～1月3日 交バス停沖の端水天宮前から徒歩4分 P有料市営駐車場利用 MAP付録P13A4

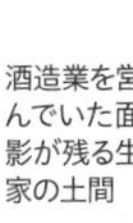

酒造業を営んでいた面影が残る生家の土間

やながわはんしゅたちばなてい おはな

柳川藩主立花邸 御花

大名文化の華やかさに触れる

柳川藩主立花家の歴史を体感できる7000坪の国名勝。明治時代の伯爵邸と庭園「松濤園」が当時のまま残り、伯爵家族が暮らした居室が料亭となっている。四季折々の情景がみどころだ。併設の史料館では伝来の大名道具を展示。名勝内にホテル・食事処・みやげ物店もあり、一日中楽しめる。

☎0944-73-2189 住柳川市新外町1 ¥入園1000円 ⏰10～16時 休月曜 交バス停御花前から徒歩2分 P宿泊者のみ利用可能 MAP付録P13A4

常緑の松が美しい松濤園と歴史ある建築群

こうちゃのみせ りばーふろー

紅茶の店 River Flow

2階席からは掘割を行く舟が望め、ゆったり過ごせる。約60種類揃う紅茶650円～は、スイーツ3種盛り800円(写真)とともにどうぞ。

☎0944-74-0211 住柳川市稲荷町13-4 ⏰10時～17時30分LO 休水・木曜(祝日の場合は営業) 交バス停水天宮入口から徒歩4分 P5台 MAP付録P13A4

ひな祭りのころの柳川はとても華やか。「さげもん」という、華やかな色合いの吊し飾りがあちこちで見られます。

せいろ蒸しに柳川鍋、有明海の幸も楽しみましょう

柳川はうなぎが名物です

背開き～素焼～蒲焼したうなぎを、ご飯と蒸すのが柳川流。ムツゴロウは見た目と違い、あっさり系の美味です。

元祖本吉屋

がんそもとよしや

本場の味を発祥の店で満喫して

初代・本吉七郎兵衛がせいろ蒸しを考案。以来、330年以上受け継がれる秘伝のタレをつけながら、炭火で炙り焼くうなぎの香ばしさは格別！せいろで蒸すことでうなぎの香ばしさとうま味がタレをまぶしたご飯にも移り、脂ののったうなぎのおいしさが存分に味わえる。定食に付く白焼酢の物もファンが多い一品だ。

☎0944-72-6155 住柳川市旭町69 ⏲10時30分～19時30分LO 休月曜（祝日の場合は翌日）交バス停京町から徒歩2分 P40台 MAP付録P13B3

創業は天和元年（1681）と柳川一の老舗

香ばしさがクセになる!

白焼わさび3400円。わさび、柚胡椒など好みで

鰻の酢の物、肝吸いが付くせいろ蒸し定食5500円

やわらかく煮込まれたドジョウが入る柳川鍋1050円

柳川ならではの白壁・なまこ壁を模した店構え

あっさりとした甘辛さ!

タレのほどよい甘さに箸がすすむせいろ蒸し1940～3670円

民芸茶屋 六騎

みんげいちゃや ろっきゅ

文豪たちに愛された味を継承

柳川鍋は、北原白秋の詩『思ひ出』にうたわれた旧懐月楼跡（料亭松月）の味を今に伝える素朴な風味。小ぶりのドジョウとゴボウを甘辛く炊き、卵でとじたもので、ふんわりとした食感と香りの豊かさを楽しめる。うなぎのせいろ蒸しも、木炭で焼き上げるなど昔ながらの調理法で伝統の味を守っている。

☎0944-72-0069 住柳川市沖端町28 ⏲11時～15時30分LO 休火曜（祝日の場合は振替あり）交バス停御花前から徒歩5分 P4台 MAP付録P13A4

※価格は2023年1月のものです。変動の可能性がありますので、事前にご確認ください

さらやふくりゅう
皿屋福柳

テイクアウトもOKの新名物

店頭でアツアツを用意しているオリジナルのうなむす（うなぎのおにぎり）2個570円をテイクアウトするのが人気。このうなむすに南蛮漬やサラダ、スープ、茶碗蒸しが付くうなむす昼膳は、平日14時30分までの数量限定。うなぎせいろむし3000円（吸い物付き）やむつごろうの甘露煮550円などもメニューに並ぶ。

☎0944-72-2404 住柳川市沖端町29-1 ⏰11時30分～14時30分LO 休木曜、第2・4水曜（祝日の場合営業。振替休日は不定）交バス停御花前から徒歩5分 P17台 MAP付録P13A4

和の趣の外観だが店内奥にはステンドグラスが

甘酸っぱくて食がすすむ

うなぎとキュウリの酢の物・うざく1120円

うなむす昼膳1700円

上鰻せいろ蒸し（肝吸付き）3930円

テーブル席がある新館。奥には庭を望む座敷もある

卵の風味でまろやかさUP

刻んだうなぎがたっぷり入った鰻巻1200円

わかまつや
若松屋

著名人も御用達の老舗

安政年間（1854～60）創業のうなぎ料理専門店。柳川の醤油と水飴を使った秘伝のタレは創業当時から伝わるもので、厳選した国産うなぎのうま味をいっそう引き立てる。古くは北原白秋や檀一雄、も贔屓にし、味にうるさい地元の人にも人気となっている。

☎0944-72-3163 住柳川市沖端町26 ⏰11時～19時15分LO 休水曜、第3火曜 交バス停御花前から徒歩5分 P30台 MAP付録P13A4

よあけぢゃや
夜明茶屋

有明海の絶品珍味をたっぷりと

鮮魚店を併設し、鮮度のよさに定評のある食事処。店先には有明海の新鮮な海の幸が並び、ムツロゴウやワラスボ、クッゾコ（舌ビラメ）などを一品料理で味わえる。煮付けや刺身などの定食ものも人気だ。おみやげにむつごろうラーメン1袋324円も販売。

☎0944-73-5680 住柳川市稲荷町94-1 ⏰9～22時（食堂は11時～14時30分LO、17時～21時30分LO）休火曜（祝日の場合は営業）交バス停水天宮入口から徒歩3分 P20台 MAP付録P13A4

小上がりもあり、ゆったりと食事を楽しめる

コリコリとした食感が特徴

イソギンチャクの味噌煮880円

有明の幸定食1870円

からたち文人の足湯（MAP付録P13A4）。温泉が旅の疲れを癒やしてくれます。利用無料、11～15時、不定休。

+福岡から電車で85分

新鮮な発見がある 城下町であり名陶の町・唐津

別名・舞鶴城ともよばれる唐津城をはじめ、レトロな建築の数々を訪ねましょう。ランチは呼子港に水揚げされた名物のイカ料理を。

唐津って こんなところ

古くから大陸交易で栄え、唐へ渡る津(港)が名の由来となった旧唐津藩の城下町。唐津城からは、クロマツ林が5kmにわたって続く虹の松原が一望できる。唐津焼を育んだ風情ある町並みを歩き、玄界灘の幸をいただこう。

アクセス

電車：博多駅から福岡市地下鉄空港線西唐津行き(JR筑肥線直通)で唐津駅まで1時間25分

車：天神北入口から福岡都市高速・西九州自動車道で唐津ICまで50km

問合せ 唐津観光協会 ☎0955-74-3355

拡大図 付録P15下

モデルコース

所要4時間

JR唐津駅
▼ 徒歩20分
唐津城
▼ 徒歩10分
旧高取邸
▼ 徒歩2分
唐津茶屋
▼ 徒歩9分
旧唐津銀行(辰野金吾記念館)
▼ 徒歩7分
曳山展示場
▼ 徒歩3分
JR唐津駅

豊臣秀吉の家臣で、初代唐津藩主の寺沢広高が慶長7年(1602)から7年を費やして築城
※現在の天守閣は模擬天守

桜やツツジなど花の名所としても知られる(上)。城内部には歴史を物語る貴重な資料や武具、唐津焼の資料などが展示されている(下)

からつじょう

唐津城

優美な城は唐津のシンボル

秀吉が朝鮮出兵への拠点とした名護屋城の解体資材を用い、建てられたといわれている名城。東西の浜を翼に見立てると、鶴の姿に見えることから舞鶴城の別名がある。

☎0955-72-5697 住佐賀県唐津市東城内8-1 ¥天守閣入館500円 ⏰9～17時 休12月29～31日 交JR唐津駅から徒歩20分 P170台(1時間以内100円) MAP付録P15B3

きゅうたかとりてい

旧高取邸

レトロで豪華絢爛な炭鉱王の邸宅

肥前の炭鉱王、高取伊好(たかとりこれよし)の邸宅。約2300坪の敷地に大広間棟と居室棟が立つ。大広間内の能舞台のほか、72枚の杉戸絵や欄間の意匠など、みどころが随所に。

☎0955-75-0289 住佐賀県唐津市北城内5-40 ¥入館520円 ⏰9時30分～17時 休月曜(祝日の場合は翌日) 交JR唐津駅から徒歩15分 P75台(入館者は1時間無料) MAP付録P15B3

1 個人の邸内の能舞台で現存するのは国内唯一といわれている
2 国の重要文化財に指定されている

こちらもチェック

からつちゃや

唐津茶屋

唐津湾を一望する旅館「渚館きむら」の食事処は、呼子のイカの活造りコース3450円などのイカ料理に定評がある。

☎0955-72-4617 住佐賀県唐津市東城内4-3 ⏰11時30分～14時LO、17時30分～20時LO 休不定休 交JR唐津駅から徒歩20分 P45台 MAP付録P15B3

ひきやまてんじじょう

曳山展示場

"唐津くんち"の曳山が勢揃い

唐津くんちの華麗な立役者、曳山(山車)14台を保存し展示。金銀を施した曳山は大きいもので高さ7m、重さ3tほど。文政2年(1819)から明治9年(1876)にかけて奉納された。佐賀県の重要有形民俗文化財。

☎0955-73-4361 住佐賀県唐津市新興町2881-1 ¥入館310円 ⏰9～17時 休12月29～31日 交JR唐津駅から徒歩3分 Pあり MAP付録P15A3

2023年2月現在、改築のため、唐津駅そばのふるさと会館 アルピノ敷地内へ移転中

\ 唐津くんちとは？ /

毎年11月2～4日に行われる唐津神社の秋の例大祭。重さ2～3tの巨大な曳山14台が市内を巡行するシーンは壮観。クライマックスは3日の御旅所神幸。「日本三大くんち」の一つ。

きゅうからつぎんこう
(たつのきんごきねんかん)

旧唐津銀行(辰野金吾記念館)

辰野式で造られた赤レンガ建築

東京駅や日本銀行本店などを手がけた唐津出身の建築家、辰野金吾が監修した建物。3連の大アーチ窓、大理石の暖炉など、明治45年(1912)竣工当時の姿を忠実に再現した館内は、石炭産業で唐津の街が興隆したころの華やかさがうかがえる。

☎0955-70-1717 住佐賀県唐津市本町1513-15 ¥入館無料 ⏰9～18時 休12月29～31日 交JR唐津駅から徒歩7分 P19台 MAP付録P15A3

1 赤レンガに白い石の辰野式デザイン
2 ケヤキを使用した旧営業室の木製カウンター

泊まるならココ

ようようかく

洋々閣

明治26年(1893)創業の名旅館。明治・大正期の面影を残す純和風の設えに、唐津焼「隆太窯」(☞P129)のギャラリーを併設。九州で最初に始めたというシャブシャブ鍋(1名8855円、2名以上から、要予約)も絶品。

☎0955-72-7181 住佐賀県唐津市東唐津2-4-40 ¥1泊2食付2万4200円～ ⏰IN15時／OUT10時 交JR唐津駅から車で6分 P30台 MAP付録P15B3

唐津のコロッケといえば「魚(ギョ)ロッケ」。魚肉と野菜をみじん切りにしてパン粉で揚げたもの。

お気に入りの器に出合える唐津焼の窯元とギャラリー

「一楽、二萩、三唐津」と茶人に愛され、海外にも名を馳せる唐津焼。用の美を探しに名窯へ、心にひびくお気に入りが見つかるはず。

1献上唐津を得意とする椎ノ峯窯の三寸皿 2窯元の代表作が並び、日用食器の販売も多数

\唐津焼とは?/

約440年前、渡来した朝鮮陶工の手によって発展。「蹴ロクロ」や「登り窯」を始めた窯業地として知られる。現在は旧唐津藩の御用窯を勤めた中里家を中心に、約65の窯元がある。

からつやきそうごうてんじ・はんばいじょう

唐津焼総合展示・販売場

ビギナーはここへ直行! 器選びのコツも教わろう

唐津焼協同組合に加入する12の窯元作品を展示販売する。窯元にはそれぞれ得意な技法や個性があるので、自分好みの作家を探すには最適だ。窯元選びや散策のアドバイスもしてもらえ、絵付け体験1650円〜(要予約。配送料は別途)も受け付けている。

☎0955-73-4888 住佐賀県唐津市新興町2881-1 ふるさと会館アルピノ2階 ⏰9〜18時 休木曜(祝日の場合は変更あり) 交JR唐津駅から徒歩3分 Pあり MAP付録P15A3

なかざとたろうえもんとうぼう

中里太郎右衛門陶房

名門窯の陶房で伝統技術を鑑賞

旧唐津藩の御用窯を務めた、約430年の伝統ある名門。12代が古唐津を復興して人間国宝に。新館には13代と現当主14代の作品が並び、伝統技法の叩き成形による花入や水指など重厚感のある作品が並ぶ。

☎0955-72-8171 住佐賀県唐津市町田3-6-29 ⏰9時〜17時30分 休水曜、第1・3・5木曜 交JR唐津駅から徒歩7分 P8台 MAP付録P15A3

1斑唐津(まだらがらつ)碗皿1万7600円 2絵唐津茶盌「笹」1万1000円 3絵唐津皿「オモダカ」6寸8250円。14代の作品ももちろん購入できる

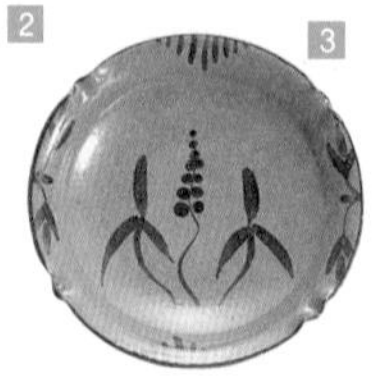

4御用窯当時に使われた登窯(国指定史跡) 5職人作による窯の作品を展示販売 6「御茶盌窯(おちゃわんがま)記念館」。入館料400円

1三島鉢1万6500円 2自然に囲まれたギャラリーで品選び 3運がよければ作陶中の中里太亀さんに会える

りゅうたがま
隆太窯

海外でも注目される 中里隆・太亀・健太氏の作品

伝統の中に自由な発想を取り込み、自然豊かな陶房で生まれる逸品。絵唐津や粉引、三島など多彩な技法で作られる日用食器は、料理が引き立つ器と定評だ。釉薬をかけずに焼き締める唐津南蛮も存在感あり。

☎0955-74-3503 住佐賀県唐津市見借4333-1 🕒10～17時 休水・木曜 交JR唐津駅から車で15分 P3台 MAP下コマ図

\ 唐津焼の魅力 /

唐津焼は「用の美」です。使ってこその美しさ。例えば料理のときに持ちやすく使いやすい器の大きさや重さ。そういうものを女性の立場で考え、私の生活のなかから生み出してきました。

あや窯 中里文子さん

あやがま
あや窯

女性作家ならではの ぬくもりにあふれた器

人間国宝・井上萬二氏に師事し、51歳で陶芸家となった中里文子氏の窯元。併設の「ギャラリー淡如庵(たんにょあん)」には季節の草花を題材にした日用食器が並ぶほか、1階には唐津焼の歴史がわかる「古唐津ミニミニ資料館」がある。

☎0955-72-5709 住佐賀県唐津市町田5-7-7 🕒10～17時 休無休 交JR唐津駅から徒歩7分 P4台 MAP付録P15A3

1飾っておきたいアジサイの8寸皿1万6200円～ 2使い勝手がよく飽きのこないデザインが魅力 3あや窯のモチーフ、二羽の千鳥を描いた湯呑3300円 4露草の花が愛らしいワインカップ4000円

こちらもチェック

とうふりょうり かわしま
豆腐料理 かわしま

創業から200余年の老舗「川島豆腐店」が営む日本料理店。厚揚げ、おから炒り、うずみ豆腐など豆腐づくしのコースが隆太窯の器で味わえるとあって観光客にも大人気。

☎0955-72-2423 住佐賀県唐津市京町1775 🕒8時、10時（完全予約制）休日曜 交JR唐津駅から徒歩3分 Pなし MAP付録P15A3

窯元の多くが駐車場を備えているので、唐津ではレンタカーを使っての移動も便利です。

世界文化遺産に登録された宗像大社に参拝しましょう

福岡から 電車とバスで50分

世界にも類を見ない信仰の発展・継承を示すものとして世界遺産に登録された「宗像大社三宮」とその他の関連資産を訪ねてみましょう。

宗像大社ってこんなところ

宗像大社は沖ノ島の「沖津宮」、大島の「中津宮」、宗像の「辺津宮」の三宮からなり、それぞれに宗像三女神を祀る大社。海を隔てて結ばれた三宮の総称が「宗像大社」だ。

アクセス

電車：JR博多駅から鹿児島本線快速・区間快速でJR東郷駅まで30分。東郷駅から西鉄バス神湊波止場行きで10分、宗像大社前下車

車：天神北入口から福岡都市高速道路・九州縦貫自動車道で古賀ICまで23km、国道3号・県道97号線で16km

問合せ 宗像大社 ☎0940-62-1311

拡大図 付録P15上

本殿は国重要文化財。柿葺（こけらぶき）の流麗な屋根と、屋根の前方が長く延び、柱と柱の間に5つの間がある五間社流造（ごけんしゃながれづくり）が特徴

モデルコース

所要4時間

バス停 宗像大社前
▼ 徒歩1分
宗像大社辺津宮
▼ 徒歩1分
宗像大社神宝館
▼ 徒歩8分
海の道むなかた館
▼ バス5分
道の駅 むなかた
▼ バス5分
バス停 宗像大社前

宗像大社辺津宮（むなかたたいしゃへつみや）

国家皇室の守護をはじめあらゆる“道”の神様

日本各地に6000余ある神社の総本宮。御祭神は宗像三女神の一柱である市杵島姫神（いちきしまひめのかみ）。宗像三女神はあらゆる“道”を司る神様として知られており、交通安全祈願などの目的で、多くの参拝者が訪れている。

☎0940-62-1311 住宗像市田島2331 ¥参拝無料 ⏰6〜17時 休無休 交バス停宗像大社前から徒歩1分 P500台 MAP付録P15B1

高宮祭場（たかみやさいじょう）

全国でも数少ない社殿のない古祭場。古代には沖ノ島と同様の祭祀が行われていた。祈りの原型を現在に伝えている

第二宮・第三宮（ていにぐう・ていさんぐう）

第二宮には沖津宮の田心姫神（たごりひめのかみ）、第三宮には中津宮の湍津姫神（たぎつひめのかみ）を祀っている

むなかたたいしゃしんぽうかん
宗像大社神宝館

沖ノ島から見つかった国宝を収蔵

沖ノ島で発見され、すべて国宝に指定された約8万点もの奉献品を中心に、宗像大社に奉献された文書などを収蔵・展示している。日本の古代史を紐解く貴重な史料を見学しよう。

☎0940-62-1311 住宗像市田島2331 ¥入館800円 ⏰9時～16時30分（入館は～16時）休無休 交バス停宗像大社前から徒歩1分 P500台 MAP付録P15B1

所蔵品のほとんどが国宝

国宝
きんせいゆびわ
金製指輪

花文様と円文の細やかな装飾が施された純金製の指輪。韓国慶州の新羅の王陵からも類似品が見つかっている

国宝
さんかくぶちしんじゅうきょう
三角縁神獣鏡

3世紀ごろのものとみられる神鏡。縁の断面が三角形で、神話に登場する 神仙・霊獣を中心に模様があしらわれている

国宝
こんどうせいりゅうとう
金銅製龍頭

龍の頭をかたどった金銅製品。中国敦煌の壁画の中で、祭礼時に幟などを立てる竿先の部分に龍頭がつけられた様子が描かれている

大迫力の大型スクリーン

宗像大社から徒歩圏内なので、アクセスしやすい

うみのみちむなかたかん
海の道むなかた館

世界遺産への知識を深めよう

世界遺産「神宿る島」宗像・沖ノ島と関連遺産群を紹介するガイダンス施設。沖ノ島の様子を体感できる大型スクリーンや解説映像のほか、宗像の歴史や文化を知る出土品などを展示。

☎0940-62-2600 住宗像市深田588 ¥入館無料（特別展示は有料の場合あり）⏰9～18時 休月曜（祝日の場合は翌平日）、12月29日～1月3日 交バス停宗像大社前から徒歩5分 P114台 MAP付録P15B1

「おふくろ食堂はまゆう」の鯛・ブリ丼1480円
☎なし ⏰11～16時（15時30分LO）

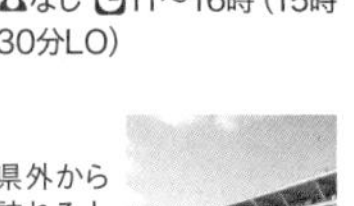

県外から訪れる人も多い

みちのえき むなかた
道の駅 むなかた

九州・沖縄地区で屈指の人気を誇る道の駅

年間170万人もが訪れる大人気の道の駅。漁師や農家の人が直接持ち込む新鮮な魚介や野菜をはじめ、加工品や弁当、惣菜などの品揃えが充実。鮮魚料理が味わえる食事処も併設している。

☎0940-62-2715 住宗像市江口1172 ⏰9～17時 休第4月曜（祝日の場合は翌平日）交JR東郷駅から西鉄バス神湊波止場行きで11分、牟田尻下車、徒歩15分 P500台 MAP付録P15B1

こちらもチェック 聖地を拝む沖合の島、大島へ足を延ばそう

問合先 ☎0940-72-2226（大島観光案内所）

アクセス

●JR東郷駅から西鉄バス神湊波止場行きで20分、バス停神湊波止場からすぐの神湊港渡船ターミナルへ。神湊港渡船ターミナルから大島までは、市営渡船またはフェリーで15～25分（片道570円）。
●島内はみどころを巡る観光バス「グランシマール号」または「みあれ号」が運行（※季節によりバスが変更となる。運休もあり）。

問合先

大島渡船ターミナル ☎0940-72-2535
「グランシマール号」 西鉄バスお客様センター ☎0570-00-1010
「みあれ号」 みなとタクシー ☎0940-35-1111

むなかたたいしゃなかつみや
宗像大社中津宮

海を隔て辺津宮と向かい合う

宗像三女神の一柱・湍津姫神（たぎつひめのかみ）を祀る。七夕伝説発祥の地とされ、縁結びのご利益があるといわれる。中津宮と沖津宮遙拝所の御朱印をいただける。☎0940-72-2007 住宗像市大島1811 ¥参拝無料 ⏰9～17時 休無休 交大島港フェリーターミナルから徒歩4分 P5台 MAP付録P15A1

▶本殿は福岡県指定文化財

むなかたたいしゃおきつみやようはいしょ
宗像大社沖津宮遙拝所

沖ノ島をここから拝もう

約50km沖合にある上陸禁止の沖ノ島を遥拝（遥か遠くから拝むこと）するための場所。沖ノ島信仰の伝統を今に伝える。御朱印は中津宮にて。☎0940-72-2007（中津宮社務所）住宗像市大島 ¥休⏰参拝自由 交大島港フェリーターミナルから「グランシマール号」で21分または「みあれ号」で7分、沖津宮遙拝所下車すぐ、車で5分 P310台 MAP付録P15A1

▶天気がよく空気が澄んだ日に沖ノ島を望める

宗像大社に車で行くなら、隣の福津市にも足を延ばしてみては？海沿いにオシャレなカフェが点在しています。

大正ロマンが薫る門司港ノスタルジックさんぽ

＋福岡から電車で1時間30分

かつて国際貿易港として栄えた門司港では美しいたたずまいのレトロ建築に出合えます。

＋門司港(もじこう)ってこんなところ

明治22年（1889）に特別輸出港に指定され発展。明治・大正時代の洋館を修復・移設し、整備した門司港レトロ地区は散策しながら楽しむのがおすすめ。ランチは焼きカレーを。

アクセス

電車：博多駅からJR鹿児島本線快速で門司港駅まで1時間30分（途中乗り換えとなる便あり）

車：天神北ICから福岡都市高速・九州自動車道で門司ICまで80km、県道72号・25号、国道198号で門司港駅まで3.4km

問合せ 門司港レトロ総合インフォメーション☎093-321-4151

拡大図 付録P14下

モデルコース

所要約3時間

JR門司港駅
▼ 徒歩3分
九州鉄道記念館
▼ 徒歩3分
旧門司三井倶楽部
▼ 徒歩1分
旧大阪商船
▼ 徒歩5分
旧門司税関
▼ 徒歩4分
出光美術館（門司）
▼ 徒歩8分
JR門司港駅

木造2階建ての建物は大正時代の姿に復原された

JR門司港駅（じぇいあーるもじこうえき）

重要文化財にして現役の駅舎

鉄道駅として日本で初めて国の重要文化財に指定された門司港駅。保存修理工事を終え2019年にグランドオープンした駅舎内は、みごたえたっぷりだ。

☎なし 住北九州市門司区西海岸1-5-31 ◷休入場自由（2階は9時30分～20時。見学不可の場合あり）Pなし MAP付録P14B4

皇族がご行幸の際に利用された貴賓室も入口からのぞける

徒歩3分

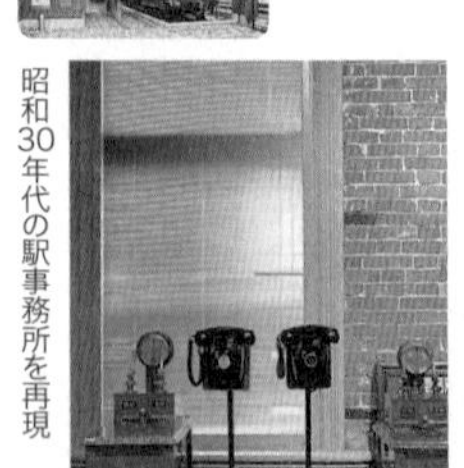

昭和30年代の駅事務所を再現

九州鉄道記念館（きゅうしゅうてつどうきねんかん）

赤レンガ造りの鉄道テーマパーク

明治24年（1891）築の旧九州鉄道本社を使用。明治～昭和の名車両や貴重な鉄道遺産を展示。運転シミュレーター（1回100円）も人気がある。

☎093-322-1006 住北九州市門司区清滝2-3-29 ¥300円 ◷9～17時（入館は～16時30分）休第2水曜（8月無休）、7月第2水・木曜 交JR門司港駅から徒歩3分 P市営駐車場利用50台（1時間200円）MAP付録P14B4

徒歩3分

きゅうもじみついくらぶ
旧門司三井倶楽部

大正モダンな雰囲気を今に伝える

三井物産門司支店が社交倶楽部として大正10年（1921）に建築。2階にアインシュタイン博士が来日の際に宿泊した部屋や、門司出身の作家・林芙美子の記念室がある。1階にはレストランも。

☎093-321-4151（門司港レトロ総合インフォメーション）住北九州市門司区港町7-1 ¥2階のみ150円 ⏰9～17時 休無休 交JR門司港駅下車すぐ Pなし MAP付録P14B4 ※2023年3月（予定）までは工事のため休館中（レストランは営業）

アインシュタインメモリアルルーム

1階のレストラン店内

ハーフティンバー様式の建築で国の重要文化財

徒歩1分

きゅうおおさかしょうせん
旧大阪商船

"港の美貌"たる建築美

大正6年（1917）築、幾何学的な形態を基調としたゼツェシオン様式の建物。イラストレーター「わたせせいぞうギャラリー」がある。

☎093-321-4151（門司港レトロ総合インフォメーション）住北九州市門司区港町7-18 ¥わたせせいぞうギャラリー入場150円 ⏰9～17時 休無休（わたせせいぞうギャラリーは年2回）交JR門司港駅から徒歩1分 Pなし MAP付録P14B3

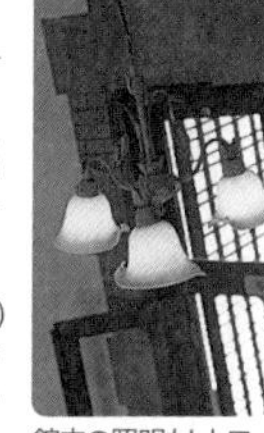
館内の照明もレトロ

1階は無料休憩室。散策途中のひと休みにぴったり

大陸航路の拠点だった大阪商船門司支店を修復

徒歩5分

きゅうもじぜいかん
旧門司税関

港に似合う赤レンガの外観

明治45年（1912）築。煉瓦造り瓦葺き2階建ての建物で、昭和初期まで税関庁舎として使われていた。

☎093-321-4151（門司港レトロ総合インフォメーション）住北九州市門司区東港町1-24 ¥無料 ⏰9～17時 休無休 交JR門司港駅から徒歩5分 Pなし MAP付録P14C3

館内では、建築当時から残る、赤レンガが今も見られる

徒歩4分

いでみつびじゅつかん（もじ）
出光美術館（門司）

日本や東洋美術の展示が充実

出光興産の創業者・出光佐三氏のコレクションを中心に展示し。出光創業史料館も併設。

☎093-332-0251 住北九州市門司区東港町2-3 ⏰10～17時 休月曜（祝日の場合は開館）交JR門司港駅から徒歩8分 P門司港レトロ駐車場利用 MAP付録P14C3

常設展示はなく、年5回の企画展示が行われている

こちらもチェック

観光ガイド付きの人力車でレトロな街並みを楽しもう！

コースは数種あり。1区間1名4000円～、2名5000円～。えびす屋 関門／☎093-332-4444 住北九州市門司区本町3-20 ⏰9時～日没 休無休 P門司港レトロ駐車場利用 MAP付録P14C4 ※2023年1月現在臨時休業中。要問合せ

門司港レトロ展望室（MAP付録P14C3）は門司港を一望するのに最適。入場300円、10～22時（入館は～21時30分）、不定休。

ハイカラグルメと雑貨巡りも門司港のテッパン！です

門司港には長い歴史を感じさせる名物グルメが多々。
素敵な雑貨屋さんも多いので、ぜひ立ち寄ってみましょう。

1 雑貨

あるぶる
Arbre

フランスの骨董市の空気感が漂う

フランスをメインに買い付けられたアクセサリーや食器など、アンティーク品をラインナップ。グリーン好きのオーナーが手がける観葉植物なども販売している。

☎093-331-0087 住北九州市門司区西海岸1-4-50 ⏰12～17時 休日～水曜 交JR門司港駅から徒歩3分 Pなし MAP付録P14B4

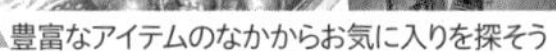
▲豊富なアイテムのなかからお気に入りを探そう

▼ラリックの香水瓶3万円

▲カメオブローチ2万5000円

2 焼きカレー

べあ ふるーつ もじこうほんてん
BEAR FRUITS 門司港本店

トロトロの半熟卵が決め手！

野菜や果物を十数種類のスパイスでじっくり煮込んだカレールーが好評。連日「スーパー焼きカレー」目当てのファンが、全国各地から訪れている。

☎093-321-3729 住北九州市門司区西海岸1-4-7 門司港センタービル1階 ⏰11時～21時30分LO（金・土曜、祝前日は～22時30分）休無休 交JR門司港駅からすぐ Pなし MAP 付録P14B4

▶スーパー焼きカレー935円。マイルドなおいしさのカレーに卵とチーズをのせて焼いてある

▲門司港駅に降り立つとすぐ左手にある

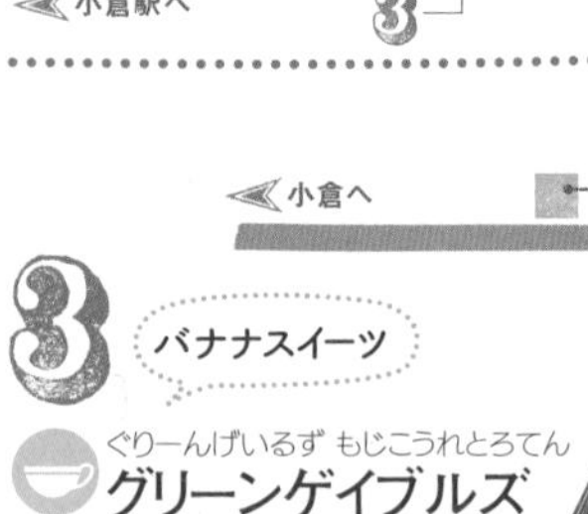

3 バナナスイーツ

ぐりーんげいぶるず もじこうれとろてん
グリーンゲイブルズ 門司港レトロ店

こだわりの洋菓子と紅茶を満喫しよう

ひとつひとつ手作りにこだわる洋菓子店。一番人気は「レトロバナナ（単品199円）」。店頭販売はもちろん、店内のカフェスペースでは紅茶と一緒に楽しむことができる。

☎093-332-2277 住北九州市門司区港町5-1 門司港レトロ海峡プラザ1階 ⏰10～19時（喫茶は～18時30分）※土・日曜、祝日は～20時（喫茶は～19時30分）休無休 交JR門司港駅からすぐ P29台（1時間400円、利用額に応じてサービス券発行）MAP付録P14B4

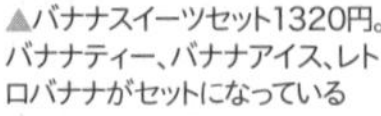
▲バナナスイーツセット1320円。バナナティー、バナナアイス、レトロバナナがセットになっている

▲店内では海を眺めながらケーキや紅茶を味わおう

門司港は
バナナの叩き売り
発祥の地

明治後期、輸送の途中で熟したバナナを寄港地・門司港の露店で売ったことから、発祥の地といわれるように。今もイベント時などに保存会の人による実演が見られます。MAP付録P14B4

▲焼きバナナパルフェ880円。2本分のバナナがのる。中には自家製のバナナソースやアイスも！

4

バナナスイーツ

ふるーつ ふぁくとりー もーん で れとろ

Fruit Factory Mooon de Retro

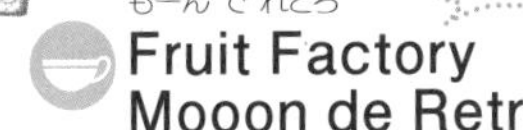

フルーツ専門店のパーラー

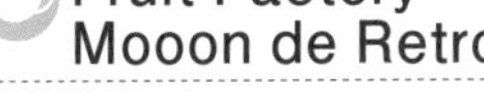

旬のフルーツを使ったパフェやジュース、アイスキャンディなどが揃うパーラー。フルーツの販売も行っている。海の目の前という絶好のロケーションも魅力だ。

☎093-321-1003 住北九州市門司区東港町1-24 ⏰11～18時（季節によって変動あり）休不定休 交JR門司港駅から徒歩5分 P門司港レトロ駐車場利用（1時間200円）MAP 付録P14C3

▲市内に4店舗を構える人気店

ハヤシライス

こがねむし

5

とろ～り卵がたまらない

10種類以上の食材を3日間かけて煮込んだ本格フォン・ド・ボーのドミグラスソースを使ったハヤシライスが人気。40年以上も注ぎ足し続けた唯一無二の味わいだ。

☎093-332-2585 住北九州市門司区東本町1-1-24 ⏰11時45分～14時30分、17時～21時30分（売り切れ次第閉店）休金曜（祝日の場合は前日）交JR門司港駅から徒歩10分 Pなし MAP付録P14C3

▲昭和の喫茶店のような雰囲気が魅力

▲とろ～り卵のオムレツハヤシ700円。ご飯を覆うとろとろのオムレツにソースがたっぷり！

6

雑貨

さむしんぐふぉー

SOMETHING4

英国インテリアのセンスを感じて

英国アンティークに魅せられた松永さん夫妻が営む。現地に年2～3回ほど足を運んで買い付けた家具や雑貨が豊富に揃う。近隣には姉妹店「IN THE MOOD」も。

☎093-321-0611 住北九州市門司区港町3-26 ⏰11～17時 休月～水曜 交JR門司港駅から徒歩6分 P門司港レトロ駐車場利用（1時間200円）MAP付録P14C3

◀シルクに刺繍が入ったアンティークポストカード1800円

▲窓際のステンドグラスはロングセラーアイテム

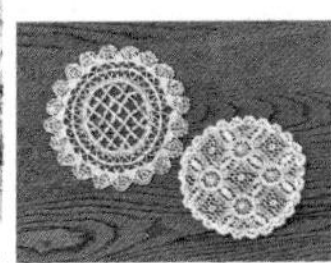

◀手編みのレース大1000円（左）、小800円（右）

門司港レトロ中央広場（MAP付録P14B3）では、毎年春と秋に雑貨などの蚤の市が開かれています。

福岡へのアクセス

福岡は、全国の主要都市と飛行機や新幹線などで結ばれています。
さまざまなアクセスルートから、自分のプランに合わせて選びましょう。

飛行機でアクセス

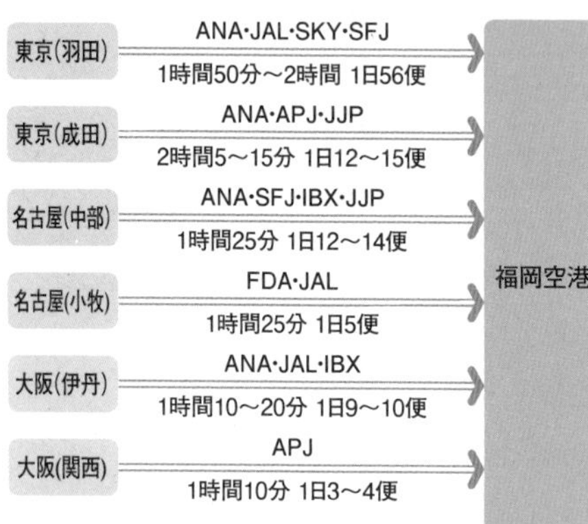

プランニングのヒント

福岡空港は、博多駅へ地下鉄で2駅、約5分の位置にあり、市街地に近い便利な空港だ。出発時は1階の航空会社カウンターから2階の出発保安検査場へ。

〈空港からのアクセス〉

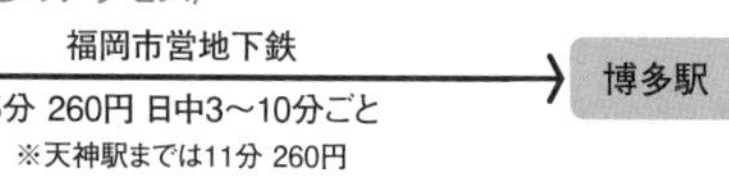

(国際線T発着) 西鉄バス → 小倉駅前
1時間58分 1500円 1日6～7便

西鉄バス → 西鉄久留米駅 → JR久留米駅
49～56分 1260円 30分～1時間ごと
※JR久留米駅までは1時間1～8分

鉄道でアクセス

▶東京・名古屋・大阪から

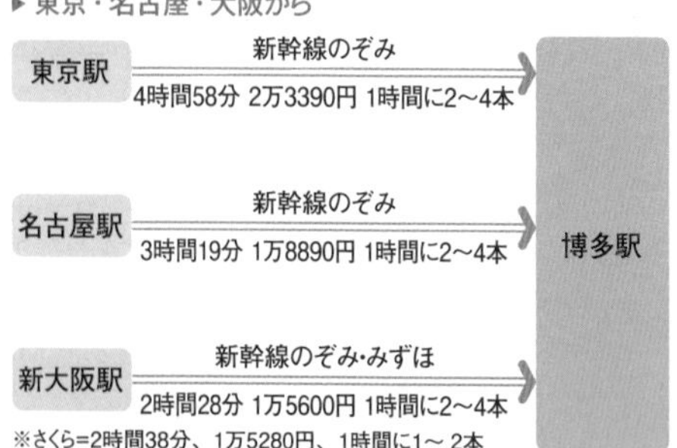

※さくら=2時間38分、1万5280円、1時間に1～2本

▶九州各地から

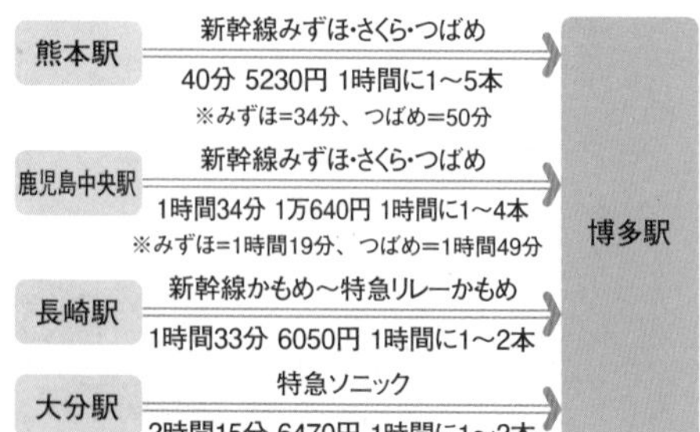

おトクなきっぷを活用しよう

旅行プランに合わせておトクな割引きっぷを活用しよう。予約が早いほど割安で、きっぷの受取前・出発前なら何度でも変更できるネット限定の片道きっぷや、JR特急が利用できる2枚セットのお得な回数券などがある。JR九州のHPをチェックしよう。

●九州ネットきっぷ・早特3・早特7(片道)
有効期間：1日

主な発着区間	ネットきっぷねだん	ネット早特3ねだん	ネット早特7ねだん
熊本駅～博多駅	4700円	－	3800円
鹿児島中央駅～福岡市内	1万110円	－	－
別府・大分駅～博多駅*	3150円	2550円	－

*日豊本線・小倉駅経由

●2枚きっぷ(自由席・指定席)
有効期間：1カ月

主な発着区間	ねだん	利用座席
別府・大分駅⇔福岡市内	6600円	指定席
別府・大分駅⇔北九州市内	6600円	指定席
佐賀駅⇔博多駅	2500円	自由席
小倉駅⇔博多駅*	2940円	自由席

*山陽新幹線は利用不可

プランニングのヒント

新大阪駅からはのぞみのほか、九州新幹線に直通するみずほ・さくらも利用できる。東京駅・名古屋駅からは博多駅行きののぞみを利用。新幹線が通らない九州内の都市からは、宮崎を除き、新幹線に乗り継ぐより博多駅直通のJR特急利用がおすすめ。

◎本書掲載の交通表記における所要時間は目安です。

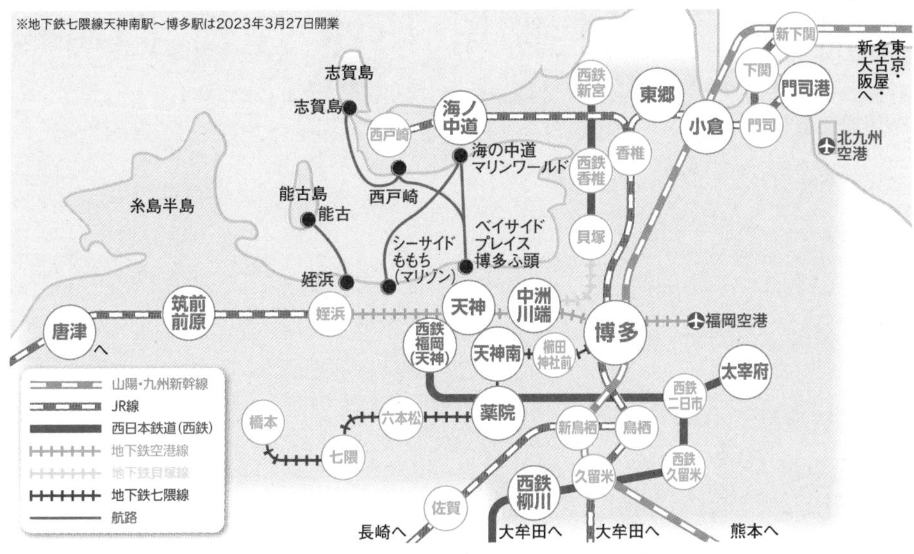

高速バスでアクセス

福岡の高速バスのターミナルは、博多駅に隣接する博多バスターミナルと、天神の西鉄天神高速バスターミナルの2カ所。

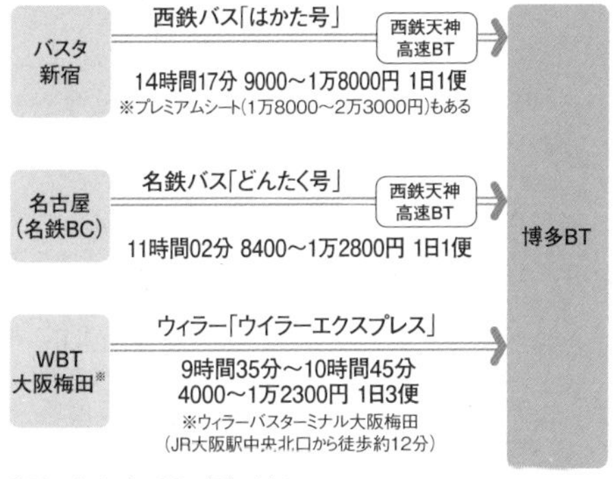

◎BC=バスセンター、BT=バスターミナル

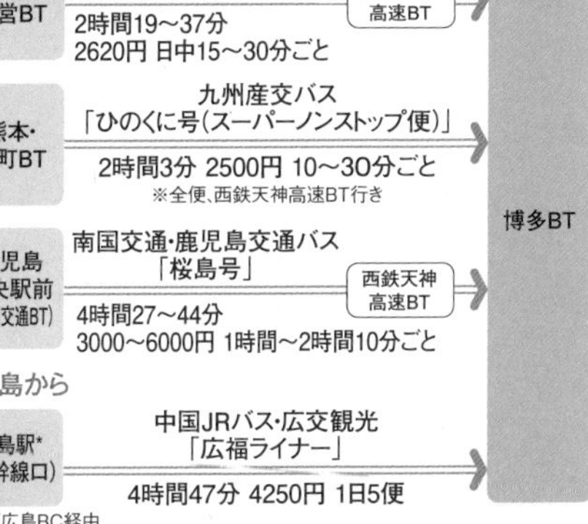

*全便広島BC経由

☎問合先

鉄道

- ●JR九州(案内センター) ☎0570-04-1717
- ●JR西日本(お客様センター) ☎0570-00-2486
- ●福岡市営地下鉄(お客様サービスセンター) ☎092-734-7800
- ●西日本鉄道(お客さまセンター) ☎0570-00-1010

飛行機

- ●ANA(全日空) ☎0570-029-222
- ●JAL(日本航空) ☎0570-025-071
- ●SKY(スカイマーク) ☎0570-039-283
- ●SFJ(スターフライヤー) ☎0570-07-3200
- ●IBX(アイベックスエアラインズ) ☎0570-057489
- ●FDA(フジドリームエアラインズ) ☎0570-55-0489
- ●APJ(ピーチ) ☎0570-001-292
- ●JJP(ジェットスター) ☎0570-550-538

バス

- ●西鉄バス(お客さまセンター) ☎0570-00-1010 (高速バス予約) ☎092-734-2727
- ●名鉄バス(高速予約) ☎052-582-0489
- ●ウィラー(問合せ) ☎0570-666-447
- ●中国JRバス(高速予約) ☎0570-666-012
- ●広交観光 ☎082-238-3344
- ●JR九州バス(高速予約) ☎092-643-8541
- ●長崎県営バス(高速バス予約センター) ☎095-823-6155
- ●九州産交バス(高速予約) ☎096-354-4845
- ●南国交通(高速予約) ☎099-259-6781
- ●鹿児島交通バス(鹿児島本港高速バスセンター) ☎099-222-1220

福岡から太宰府、柳川、唐津、宗像、門司へ

県内の移動は鉄道やバスなど公共交通機関でも無理なくアクセスできます。
高速道路も整備されており、福岡タウンを拠点に、周辺観光地へのドライブもおすすめです。

鉄道やバスでアクセス

◎BT＝バスターミナル　西鉄は2023年3月27日改定後の運賃を記載しています

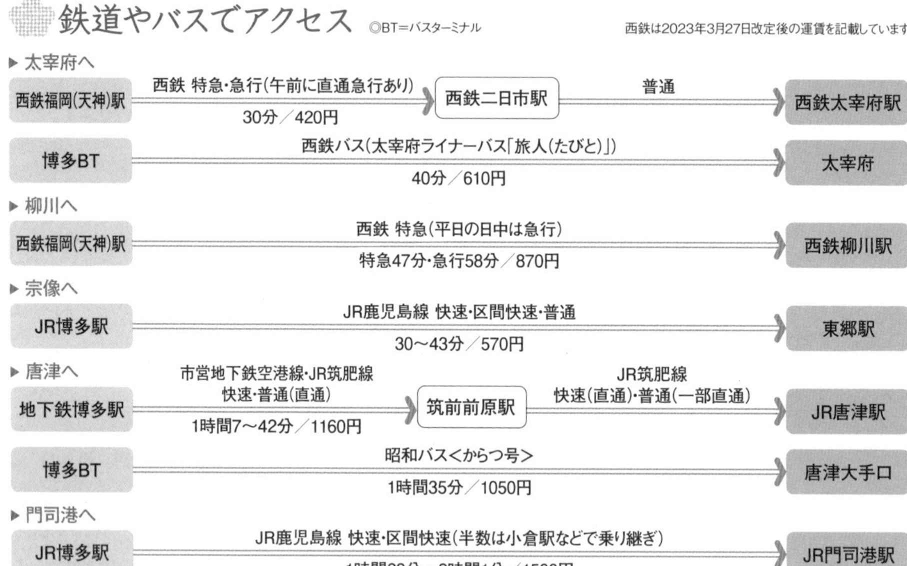

おトクなきっぷを活用しよう

●太宰府散策きっぷ
960円

西鉄福岡(天神)・薬院駅～太宰府駅間の往復きっぷに、参道周辺にある31店舗中の1軒で利用できる梅ヶ枝餅(2個)引換券をセット。きっぷの提示で宝物殿などの入館料割引あり。都府楼前・二日市・西鉄五条の3駅のみ途中下車可。2日間有効。

●太宰府・柳川観光きっぷ
3080円

西鉄福岡(天神)・薬院駅～太宰府駅～西鉄柳川駅間の往復乗車券に、柳川観光開発の運航する川下り乗船券をセットしたきっぷ。観光施設や飲食店での割引特典つき。2日間有効。途中下車不可。

●柳川特盛きっぷ
西鉄福岡(天神)駅から5260円

西鉄主要駅～西鉄柳川駅間の往復乗車券に、柳川観光開発の運航する川下りの乗船券と、8店舗から選べる柳川の郷土料理食事券をセットにした割引きっぷ。柳川西鉄タクシーの50円割引券や観光施設の割引特典、プレゼントの引替券もついている。2日間有効。

●FUKUOKA1DAY PASS
2650円

西鉄電車の西鉄福岡(天神)駅～西鉄柳川駅間、太宰府線・甘木線全線に加え、福岡市内や周辺と西鉄電車沿線(柳川駅以北)、筑豊・佐賀地区の西鉄グループの路線バス(高速バス・特急バスなどを除く)が1日乗り降り自由。観光施設や飲食店などで割引やプレゼントの特典付き。

☎問合先

日本道路交通情報センター
- **九州地方・福岡情報**　☎050-3369-6640
- **九州地方高速情報**　☎050-3369-6771
- **福岡都市高速情報**　☎050-3369-6680
- **NEXCO西日本お客さまセンター**　☎0120-924863
- **駅レンタカー（九州予約センター）**　☎092-624-2367

福岡周辺ドライブマップ

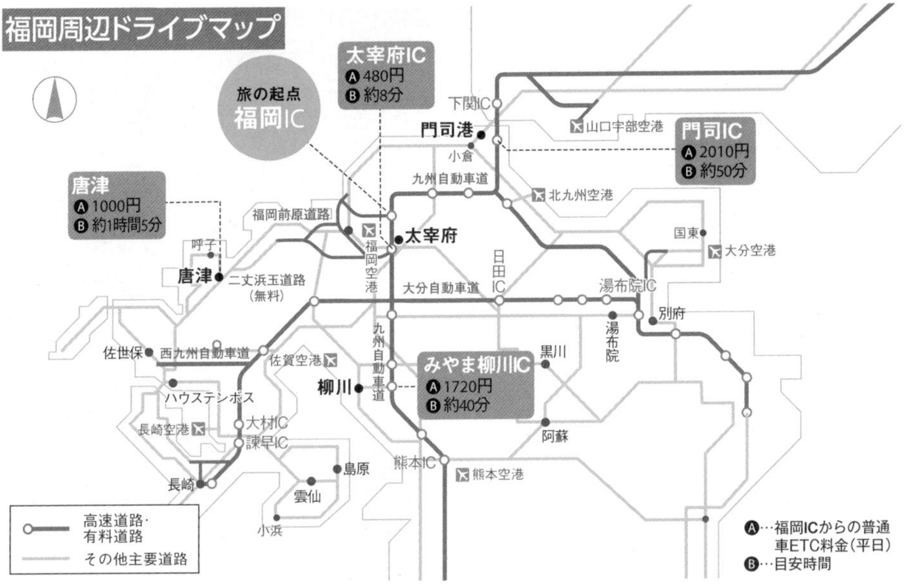

旅の起点
福岡IC
太宰府IC
Ⓐ480円
Ⓑ約8分
門司IC
Ⓐ2010円
Ⓑ約50分
唐津
Ⓐ1000円
Ⓑ約1時間5分
みやま柳川IC
Ⓐ1720円
Ⓑ約40分
下関IC
門司港
小倉
山口宇部空港
九州自動車道
北九州空港
福岡前原道路
太宰府
福岡空港
国東
大分空港
呼子
唐津
二丈浜玉道路
（無料）
日田IC
大分自動車道
湯布院IC
別府
湯布院
佐世保
西九州自動車道
佐賀空港
九州自動車道
黒川
柳川
ハウステンボス
大村IC
長崎空港
諫早IC
阿蘇
熊本IC
熊本空港
島原
長崎
雲仙
小浜
高速道路・
有料道路
その他主要道路
Ⓐ…福岡ICからの普通車ETC料金（平日）
Ⓑ…目安時間

車でアクセス

本州方面から

▶ 福岡市内へ

※料金は普通車のETC料金(平日)

中国吹田IC —中国道→ 神戸JCT —山陽道→ 山口JCT —中国道→関門橋→九州道→ 福岡IC … 594km 通行料金 1万2570円

福岡市内から

▶ 柳川へ

博多 —福岡都市高速環状線→太宰府線→ 太宰府IC —九州道→ みやま柳川IC —県道775号→国道443号→国道208号→ 柳川 … 66km 通行料金 2030円

▶ 唐津へ

博多 —福岡都市高速環状線→ 福重JCT —福岡前原道路→今宿バイパス→二丈浜玉道路→唐津バイパス→県道347号→ 唐津 … 54km 通行料金 1000円

▶ 門司港へ

博多 —福岡都市高速環状線→香椎線→粕屋線→ 福岡IC —九州道→ 門司IC —県道25号→ 門司港 … 84km 通行料金 2640円

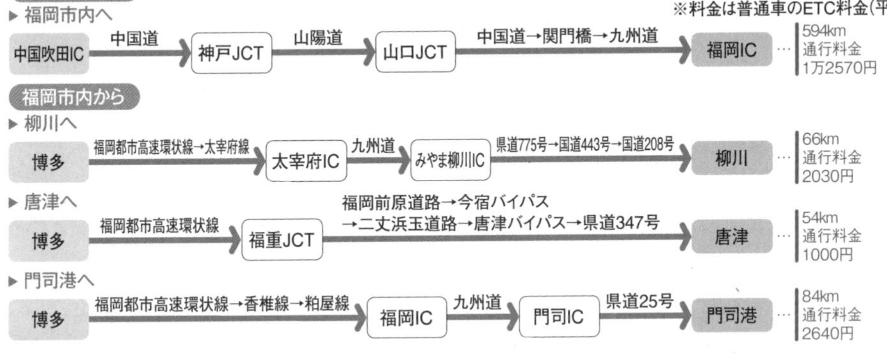

おトクなレンタカー

●レール&レンタカーきっぷ(JR各社)

駅レンタカーをインターネットで事前に予約しておき、駅のみどりの窓口などでJRのきっぷと駅レンタカー券を一緒に購入すると、JR運賃が2割引、特急料金が1割引(のぞみ・みずほを除く)になる。ただし、JR線を201㎞以上利用(片道でも往復でも可)し、出発駅から駅レンタカーを借りる駅まで101㎞以上乗ることなど条件がある。また、JR線の利用が4/27～5/6、8/10～19、12/28～1/6の場合は割引にはならない。

プランニングのヒント

本州方面から福岡市街へは、九州道福岡ICで接続する福岡都市高速4号粕屋線～1号香椎線を経由して入るのが一般的。九州内の熊本、長崎、大分方面からは太宰府ICから福岡都市高速2号太宰府線を利用する。なお、福岡市街は朝夕にあちこちで渋滞がおこるだけでなく、福岡PayPayドームや福岡タワーのあるベイエリアは土曜・休日も混雑するので要注意。

福岡について知っておきたいあれこれ

福岡をテーマや舞台にした本や映画、あるいは博多弁などは、前もって知っておくと、福岡への旅がさらに楽しくなりますよ。

読んでおきたい本

福岡の魅力がわかる数多くの本のなかからセレクト。漫画本では福岡の“食”がテーマの『クッキングパパ』(うえやまとち／講談社)のほか、人気の『島耕作』シリーズ(弘兼憲史／講談社)でも福岡がよく登場します。

博多さっぱそうらん記

福岡県出身の作家・三崎亜記によるSF小説。市名における「福岡」と「博多」の対立を題材にした物語から、歴史と文化が見えてくる。

KADOKAWA／2021年／三崎亜記著

此の世の果ての殺人

著者は福岡県生まれ。地球滅亡が発表されているなかで、謎解きが進む。太宰府や博多など、物語は福岡も舞台になっている。

講談社／2022年／荒木あかね著

それどげんなると？ 法律知識で読み解く福岡・博多

博多ラーメンの屋号をはじめ、不思議も多い福岡・博多の文化を、博多っ子の弁護士が、法律の観点から解説してくれる。

梓書院／2019年／波多江愛子著

博多弁の女の子はかわいいと思いませんか？　第4巻

好きな人が多い福岡の方言をテーマにしたコミック。博多乃どん子ちゃんが、福岡のグルメや文化の魅力を博多弁でお届けする。

秋田書店／2022年／新島秋一著

©新島秋一(秋田書店)

山よ奔れ

テーマは博多祇園山笠。祭りに情熱を燃やす「のぼせもん」たちと黒田藩が、幕末の博多で熱い物語を繰り広げる。

光文社／2017年／矢野隆著

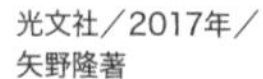

矢野隆『山よ奔れ』／光文社

ぴりから 私の福岡物語

福岡を舞台にした短編小説集で、福岡県を愛する6人の著名人により描かれている。

幻冬舎／2018年／堀江貴文、田中里奈、鈴木おさむ、坪田信貴、小林麻耶、佐々木圭一著

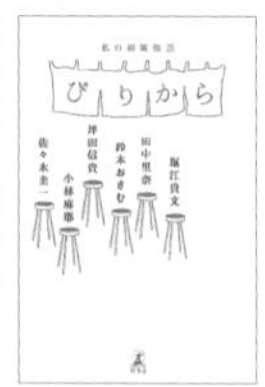

博多ルール

ヨソ者がとまどう博多のゴーイングマイウェイぶりを、ユーモラスかつ愛情豊かに解説。

KADOKAWA 中経出版／2010年／都会生活研究プロジェクト[博多チーム]著

親不孝通りディテクティブ

中洲の屋台でバーを営む鴨志田鉄樹と、結婚相談所の調査員・根岸球太、通称“鴨ネギコンビ”が博多を舞台に活躍する。

講談社文庫／2006年／北森鴻著

観ておきたい映画

福岡がテーマ・舞台の映画もバラエティ豊か。ほとんどがDVDになっていますので、観ておくのもいいですね。

映画めんたいぴりり

「味の明太子 ふくや」の創業者が、妻とともに明太子づくりに励む様子を、笑いと涙で届ける。2023年初夏に新作が公開。

DVD発売中／4180円／発売・販売元：よしもとミュージックエンタテインメント／2019年／出演：博多華丸、富田靖子／監督：江口カン©2019「めんたいぴりり」製作委員会

君の膵臓をたべたい 通常版

太宰府天満宮を参拝したり、ヒルトン福岡シーホークで「真実か挑戦か」ゲームをしたりなど、福岡を楽しむシーンに注目。

Blu-ray&DVD発売中／Blu-ray5170円(税抜4700円)、DVD4180円(税抜3800円)／発売元：博報堂DYミュージック&ピクチャーズ／販売元：東宝／2017年／出演：浜辺美波、北村匠海／監督：月川翔©2017「君の膵臓をたべたい」製作委員会 ©住野よる/双葉社

はなちゃんのみそ汁

がんで亡くなった安武千恵さんと家族の感動の実話。生前過ごした福岡で撮影。

Blu-ray&DVD発売中／Blu-ray4800円(税別)、DVD3800円(税別)／発売元：「はなちゃんのみそ汁」フィルムパートナーズ／販売元：オデッサ・エンタテインメント／2016年／出演：広末涼子、滝藤賢一／監督：阿久根知昭©2015「はなちゃんのみそ汁」フィルムパートナーズ

ドラマのロケ地

映画やテレビドラマなどのロケに使われたスポットもいっぱい。近くに行ったらぜひ訪ねてみましょう。

シーサイドももち

2007年のNTV『バンビ～ノ!』ではシーサイドももち海浜公園の浜辺が、2008年の松竹映画『特命係長 只野仁 最後の劇場版』では百道中央公園がロケに使われた。

小倉城 こくらじょう

2010年のNHK大河ドラマ『龍馬伝』の第二次長州戦争で、高杉晋作率いる長州軍が攻め落とした小倉城。ドラマでは復元された現在の小倉城天守閣が使われている。

門司港駅 もじこうえき

2005年フジテレビ『海猿 UMIZARU EVOLUTION』、2007年フジテレビスペシャル『はだしのゲン』、2011年TBS『ランナウェイ』など、さまざまなドラマのロケに使われている。DATA →P132

和布刈公園 めかりこうえん

関門大橋と関門海峡を望む公園。2008年フジテレビスペシャル『耳なし芳一からの手紙（浅見光彦シリーズ）』や、2011年TBS『ランナウェイ』などで使われている。MAP付録P14C1

秋月城跡 あきづきじょうあと

1981年の松竹映画『男はつらいよ 寅次郎紙風船』のロケ地。映画では、黒門や黒門茶屋、眼鏡橋、野鳥川沿いの小道など、秋の秋月の美しくも寂しい風景が展開する。

ご利益スポット

古代からの独特の歴史や文化に彩られた福岡には、ご利益&パワースポットも各地にあります。

太宰府天満宮 だざいふてんまんぐう

学問と文化芸術の神として崇敬を集める菅原道真公が御祭神。学業成就や厄除・火難など幅広いご利益が。DATA →P116

香椎宮 かしいぐう

神功皇后ゆかりの神社。境内の不老水は、病疫を祓い、不老長寿のご利益が。MAP付録P2F2

筥崎宮 はこざきぐう

ご利益は勝運と厄除。触れると運が湧き出るとされる霊石「湧出石」がある。MAP付録P4F1

志賀海神社 しかうみじんじゃ

"金印"で知られる志賀島に鎮座。海神の総本社で、新たな挑戦や船出、魂の再生回帰の力をもつという。MAP付録P3C2

福岡の日本一

グルメ関連からさまざまな施設まで、"日本で一番"とされるものも数多くあります。

屋台件数日本一!

福岡市内だけで約100軒。全国の屋台数の約6割が集中しているといわれる。

辛子明太子生産・消費日本一!

福岡が発祥なので当たり前ではあるが、全国の70%以上を生産している。

鶏肉消費量日本一!

水炊き、がめ煮などの食文化を反映し、一世帯あたりの年間平均消費量が日本一。

玉露の生産日本一!

八女市星野村は、質量ともに、高級茶の玉露が日本一とされている。

空港へのアクセス日本一!

福岡空港から博多駅までは福岡地下鉄空港線で5分と、アクセスのよさが日本一。

福岡県出身の主な芸能人

主な芸能人と漫画家だけで、福岡県の出身者はビックリするほど多彩。このほかにもまだまだいます。

蒼井 優（春日）…俳優・モデル。春日市で生まれ、その後福岡市へ。

井上陽水（飯塚）…シンガーソングライター。飯塚市目尾で生まれ、田川郡糸田町で育つ。

甲斐よしひろ（福岡）…ロックミュージシャン。福岡市南区大橋で生まれる。

黒木 瞳（黒木）…宝塚歌劇団月組出身の女優。八女郡黒木町（現・八女市）生まれ。

早乙女太一（太宰府）…俳優・タレント。別名「流し目王子」。太宰府市生まれ。

武田鉄矢（福岡）…歌手・俳優・タレント・作詞家。福岡市博多区麦野生まれ。

タモリ（福岡）…タレント・パーソナリティ。福岡市南区生まれ。

妻夫木聡（柳川）…俳優。山門郡三橋町（現・柳川市）で生まれ、小学校卒業まで過ごす。

徳永英明（柳川）…シンガーソングライター・作曲家・俳優。柳川市生まれ。

萩尾望都（大牟田）…漫画家。大牟田市で生まれ、まもなく荒尾市へ引っ越す。

浜崎あゆみ（福岡）…歌手・作詞家。福岡市早良区飯倉で生まれ、中学校まで福岡に。

松田聖子（久留米）…歌手・シンガーソングライター。久留米市荒木町生まれ。

松本零士（北九州）…漫画家。久留米市生まれだが、幼年少期を北九州市小倉北区で過ごしている。

主な博多弁

福岡のお国ことばのなかでよく知られているのが博多弁。特に語尾の表現に特徴があります。（ ）は共通語。

～かん（～ない）…好かん（好きでない）

～げな?（～だって?）…見たげな?（見たんだって?）

～と?（～の?）…食べたと?（食べたの?）

～とー（～てる）…好いとー（好いてる）

～ばい、～たい（～だよ）…砂糖ばい、砂糖たい（砂糖だよ）

どげん（どう）…どげんなっとーとや（どうなっているのか）

ばり～（とても～）…ばり甘（とても甘い）

なんば～（なにを～）…なんばしよっと?（なにをしているの?）

INDEX さくいん

あ

か

さ

た

観光みどころ・寺社　プレイスポット　レストラン・食事処　カフェ・喫茶　居酒屋・BAR　みやげ店・ショップ　宿泊施設　立ち寄り湯

宗像大社沖津宮遙拝所 P.131
地島
大島
大島港フェリーターミナル
御嶽
宗像大社中津宮 P.131
鐘崎海水浴場
鐘崎港
道の駅 むなかた P.131
承福寺
勝島
玄界灘
神湊港渡船ターミナル
依岳神社
玄海GC
NEWユーアイGC
P.131 海の道むなかた館
鎮国寺
宗像市
P.130 宗像大社辺津宮
P.131 宗像大社神宝館
白石浜海水浴場
宗像市役所
対馬見山
東郷駅
福津市
東福間駅
許斐山
福津市役所
福間駅
鹿児島本線
久末総合公園
西ノ浜
旧高取邸 P.127
唐津茶屋 P.127
渚館きむら
水野旅館
唐津城 P.126
洋々閣 P.127
唐津湾
大志小
二の門
早稲田佐賀高
旧唐津銀行
（辰野金吾記念館）P.127
唐津市役所
1号松浦河畔緑地
東唐津小
唐津シーサイドホテル
東唐津局
医療センター
安楽寺
西栄町
東唐津
東の浜海水浴場
東の浜海浜公園
虹の松原
豆腐料理かわしま P.129
ふるさと会館アルピノ
唐津焼総合展示・販売場 P.128
曳山展示場 P.127
東雲寺
龍源寺
外町小
東町
松浦橋
松浦川
唐津町田局
唐津商高
第五中
東唐津駅
和多田駅
筑肥線
長谷
唐津東高
唐津赤十字病院
和多田本村
体育の森公園
副島整形外科
文化体育館
成和小
唐津線
2号大久保緑地
唐津市大土井
松浦河畔公園
唐津市瀬田原
蓮光寺
多久駅へ
ボートレース

福岡 糸島 太宰府 柳川

九州①

2023年3月15日初版印刷
2023年4月1日初版発行

編集人：浦井春奈
発行人：盛崎宏行
発行所：JTBパブリッシング
〒162-8446 東京都新宿区払方町25-5

編集・制作：情報メディア編集部
編集スタッフ：武信悠馬
取材・編集：K&Bパブリッシャーズ／メニィデイズ（間々田正行／熊本真理子）

アートディレクション：APRIL FOOL Inc.
表紙デザイン：APRIL FOOL Inc.
本文デザイン：APRIL FOOL Inc.K&Bパブリッシャーズ／福島巴恵／片桐カズミ／ M+Y+M+T ／エスティフ／東画コーポレーション（三沢智広）／和泉真帆／メニィデイズ（間々田正行）
イラスト：平澤まりこ
撮影・写真：メニィデイズ（間々田正行）／近藤さくら／高倉勝士／田中紀彦／戸高慶一郎／横山隆俊／中西ゆき乃／藤野拓／草野清一郎／平川雄一朗（CROSS.studio）／稲垣成一郎／アフロ（片岡巌）／月刊はかた編集室／トゥインクル／マル・ベリー・プロモーション／福岡市／各関係市町観光課・観光協会／ PIXTA
地図：ゼンリン／千秋社
組版・印刷所：佐川印刷

編集内容や、商品の乱丁・落丁の
お問合わせはこちら

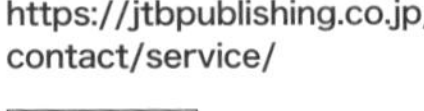

https://jtbpublishing.co.jp/contact/service/

本誌掲載の地図は以下を使用しています。
測量法に基づく国土地理院長承認（使用）R2JHs 293-090号、R2JHs 294-039号

●本書掲載のデータは2023年1月末日現在のものです。発行後に、料金、営業時間、定休日、メニュー等の営業内容が変更になることや、臨時休業等で利用できない場合があります。また、各種データを含めた掲載内容の正確性には万全を期しておりますが、お出かけの際には電話等で事前に確認・予約されることをお勧めいたします。なお、本書に掲載された内容による損害賠償等は、弊社では保障いたしかねますので、予めご了承くださいますようお願いいたします。●本書掲載の商品は一例です。売り切れや変更の場合もありますので、ご了承ください。●本書掲載の料金は消費税込みの料金ですが、変更されることがありますので、ご利用の際はご注意ください。入園料などで特記のないものは大人料金です。●定休日は、年末年始・お盆休み・ゴールデンウィークを省略しています。●本書掲載の利用時間は、特記以外原則として開店（館）～閉店（館）です。オーダーストップや入店（館）時間は通常閉店（館）時刻の30分～1時間前ですのでご注意ください。●本書掲載の交通表記における所要時間はあくまでも目安ですのでご注意ください。●本書掲載の宿泊料金は、原則としてシングル・ツインは1室あたりの室料です。1泊2食、1泊朝食、素泊に関しては、1室2名で宿泊した場合の1名料金です。料金は消費税、サービス料込みで掲載しています。季節や人数によって変動しますので、お気をつけください。●本誌掲載の温泉の泉質・効能等は、各施設からの回答をもとに原稿を作成しています。

本書の取材・執筆にあたり、
ご協力いただきました関係各位に厚くお礼申し上げます。

おでかけ情報満載　https://rurubu.jp/andmore/

243218　280212
ISBN978-4-533-15254-2 C2026
©JTB Publishing 2023
無断転載禁止　Printed in Japan
2304A

福岡タウン交通図

地下鉄が早くて便利

地下鉄は「空港線」、「箱崎線」、「七隈線」の3路線ある。福岡空港からJR博多駅、天神を結ぶ空港線は博多駅まで約5分、日中3～10分間隔の運行。2023年3月に開通した七隈線は博多駅～天神南駅間を約4分で結ぶ。

1日乗車券

福岡市営地下鉄の全路線が1日何度でも自由に乗り降りできる。福岡タウンを歩くときには便利。各駅の券売所で発売。大人640円。沿線観光施設の入場料や、指定の飲食店などが割引になる特典つき。

連節バス

博多駅～天神～ウ…
ント地区を循環…
バス」は約15分…
長18mで13…
較的座れる…
バス停の…
動も早…

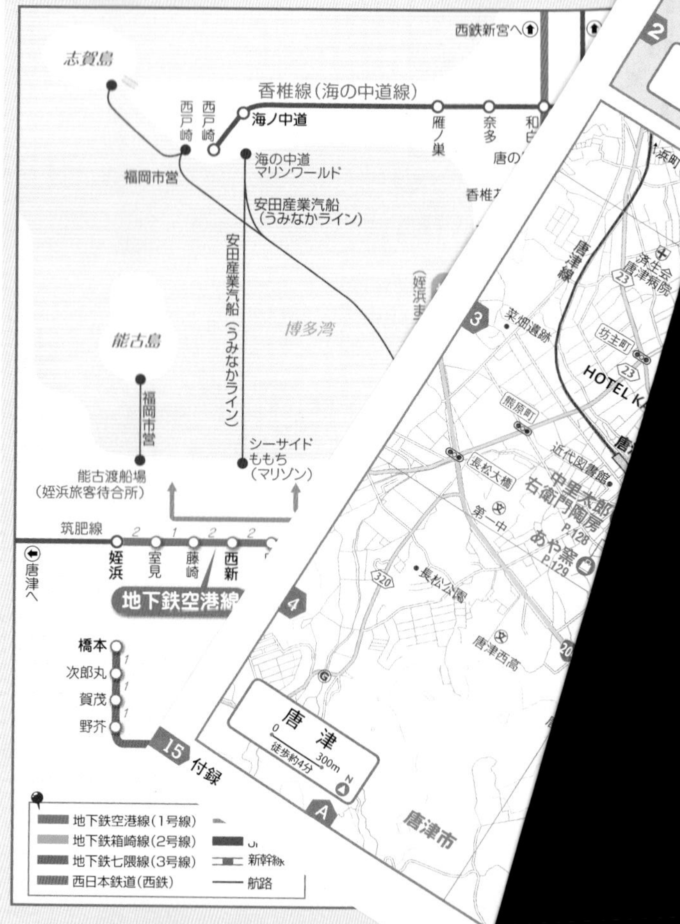

取り外して使える
特別付録

ココミル

福岡
柳川 門司港レトロ

街歩きMAP

西鉄新宮駅
新宮中央駅
古賀市
三苫浜中央公園
三苫駅
西鉄貝塚線
人丸神社
永福院
新宮町
須賀神社
福岡市
東区
福工大前駅
太閤水
志式神社
西福寺
西光寺
前岳
和白駅
福岡CC
原上公園
梅岳寺
奈多駅
雁ノ巣駅
雁の巣球場
雁の巣レクリエーションセンター公園
唐の原駅
牧ノ鼻
立花山
THE LUIGANS Spa&Resort
F) The lounge on the water
P.97
香椎線
海の中道
香住ケ丘公園
九産大前駅
香椎花園前駅
三日月山
九州自動車道
シオヤ鼻
海の中道マリーナ
海ノ中道駅
アイランドシティ中央公園
あいたか橋
マリンワールド海の中道
P.97
海の中道海浜公園
P.93・97
西鉄香椎駅
香椎駅
宮の台中央公園
香椎浜JCT
香椎宮前駅
城ノ越山
西戸崎駅
みなと100年公園
香椎宮 P.141
香椎神宮駅
千早駅
名島城址公園
多々良中前
香椎かもめ大橋
青葉公園
名島駅
舞松原駅
森江山
名島橋
調円寺
貝塚JCT
土井駅
江辻山
福岡市営渡船
1号香椎線
鹿児島本線
貝塚駅
雨水橋
4号粕屋線
博多湾
山陽新幹線
箱崎宮前駅
伊賀駅
P.104 かねふく 工場直売店
東区役所
箱崎駅
粕屋町
福岡タウン 付録P4・5
篠栗線
長者原駅
博多港
馬出九大病院前駅
柚須駅
原町駅
国際ターミナル
千鳥橋JCT
福岡県庁
吉塚駅
大井中央公園
都市高速環状線
シーサイドももち海浜公園
空港通り
豊JCT
福岡空港駅
志免町
西公園
那の津口
福岡PayPayドーム
中央区
P.56
櫛田神社
祇園駅
福岡空港
P.109
博多区
志免町役場
福岡タワー
西鉄福岡（天神）駅
中洲
大濠公園駅
福岡市役所
博多区役所
博多駅
福岡城跡
中央区役所
天神南駅
東平尾公園
大濠公園
早良区役所
地下鉄空港線
明治通り
天神
P.70
山王公園
福岡空港国際線
博多の森陸上競技場
藤崎駅
西新駅
薬院大通駅
薬院駅
博多
P.50
福岡市美術館
城南区役所
別府橋通り
六本松駅
南公園
西鉄平尾駅
都市高速環状線
下月隈公園
別府駅
梅光園緑道
サヌイ織物 ららぽーと福岡店 P.55
竹下駅
荒江
城南区
高宮駅
月隈JCT
飯倉三
筑肥新道
三井ショッピングパーク ららぽーと福岡
西鉄天神大牟田線
早良区
早良街道
地下鉄七隈線
油山観光道路
南区
南区役所
大橋駅
妙泉寺
福大通り
大池通り
高宮通り
九州新幹線
西南杜の湖畔公園
笹原駅
都市高速環状線
二日市大宰府線
井尻駅
雑餉隈駅
福大前駅
松ヶ枝公園
福大トンネル

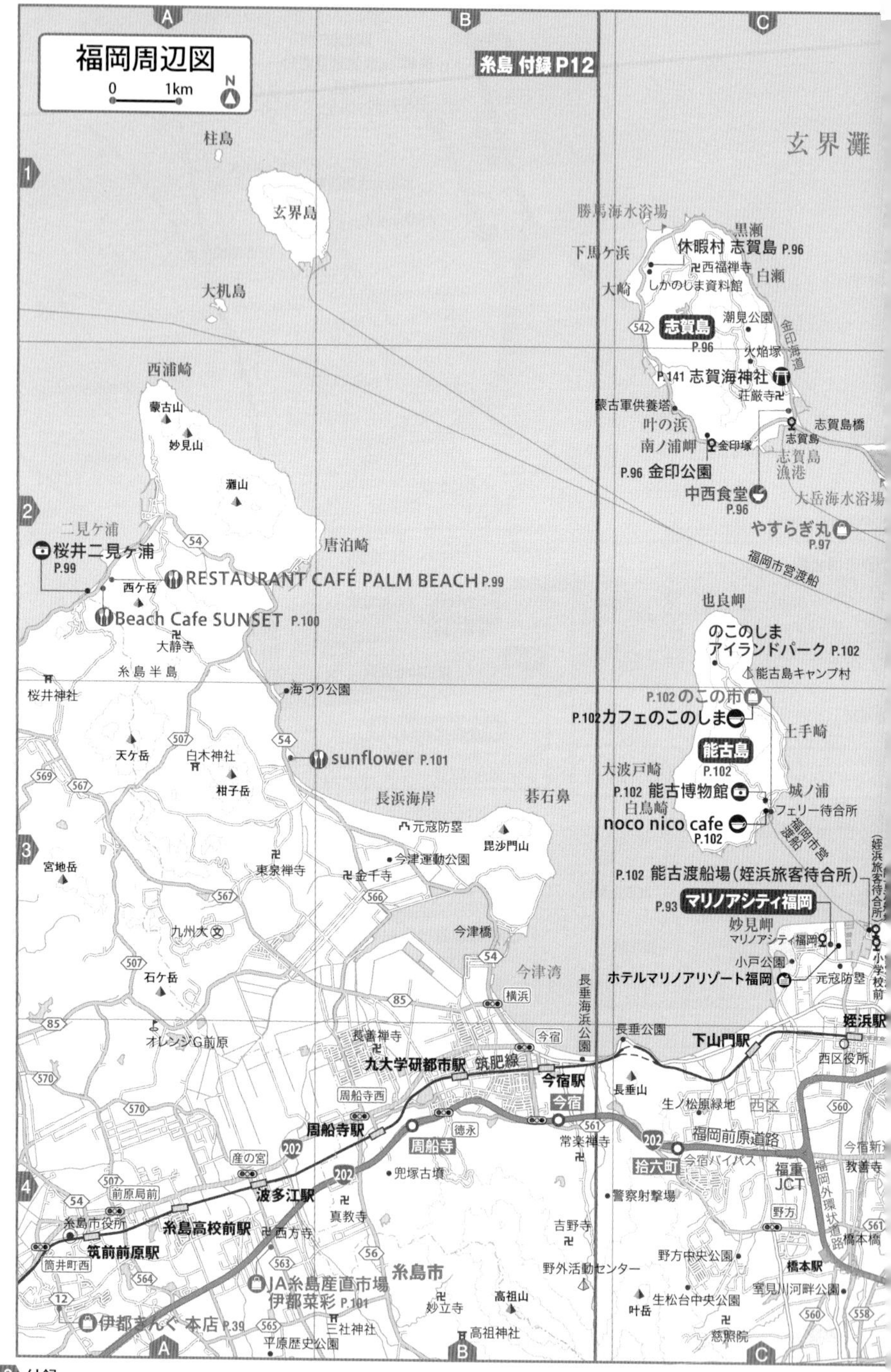
福岡周辺図
0 1km
N
糸島 付録P12
玄界灘
柱島
玄界島
大机島
西浦崎
蒙古山
妙見山
灘山
二見ケ浦
桜井二見ヶ浦 P.99
唐泊崎
RESTAURANT CAFÉ PALM BEACH P.99
西ケ岳
Beach Cafe SUNSET P.100
大静寺
糸島半島
桜井神社
海づり公園
天ケ岳
白木神社
柑子岳
sunflower P.101
長浜海岸
碁石鼻
元寇防塁
毘沙門山
宮地岳
東泉禅寺
今津運動公園
金千寺
九州大
今津橋
今津湾
石ケ岳
横浜
オレンジG前原
長垂海浜公園
長善禅寺
九大学研都市駅
筑肥線
今宿
今宿駅
周船寺西
周船寺駅
周船寺
徳永
常楽禅寺
産の宮
兜塚古墳
波多江駅
真教寺
前原局前
糸島市役所
糸島高校前駅
西方寺
筑前前原駅
筒井町西
JA糸島産直市場 伊都菜彩 P.101
糸島市
妙立寺
高祖山
伊都きんぐ 本店 P.39
三社神社
平原歴史公園
高祖神社
吉野寺
野外活動センター
勝馬海水浴場
黒瀬
休暇村 志賀島 P.96
下馬ケ浜
西福禅寺
白瀬
しかのしま資料館
大崎
潮見公園
志賀島 P.96
金印海道
火焔塚
P.141 志賀海神社
荘厳寺
蒙古軍供養塔
叶の浜
志賀島橋
志賀島
南ノ浦岬
金印塚
志賀島漁港
P.96 金印公園
中西食堂 P.96
大岳海水浴場
やすらぎ丸 P.97
福岡市営渡船
也良岬
のこのしま アイランドパーク P.102
能古島キャンプ村
P.102 のこの市
P.102 カフェのこのしま
土手崎
能古島 P.102
大波戸崎
城ノ浦
P.102 能古博物館
白鳥崎
フェリー待合所
noco nico cafe P.102
福岡市営渡船
P.102 能古渡船場(姪浜旅客待合所)
姪浜旅客待合所
P.93 マリノアシティ福岡
妙見岬
マリノアシティ福岡
小戸公園
小学校前
元寇防塁
ホテルマリノアリゾート福岡
長垂公園
下山門駅
姪浜駅
西区役所
長垂山
生ノ松原緑地
西区
福岡前原道路
拾六町
今宿バイパス
今宿新
教善寺
福重JCT
福岡外環状道路
警察射撃場
野方
野方中央公園
橋本橋
橋本駅
室見川河畔公園
叶岳
生松台中央公園
慈照院

D
E
F
1
2
3
4
県立図書館
箱崎宮前駅
P.41 宮崎 鳩太郎商店
東区
P.141 筥崎宮
筥松小
福岡中
1号香椎線
3
517
550
博多女子高
妙見通り
馬出九大病院前駅
九州大医学部
21
県警本部
吉塚駅
国際ターミナル
千鳥橋JCT
マリンメッセ福岡
福岡県庁
東吉塚小
ベイサイドプレイス博多
P.93
博多埠頭第2フェリーターミナル
博多臨港署
千代中
東公園
607
道頓堀
千鳥橋
千代小
地下鉄箱崎線
築港本町
石堂大橋
千代県庁口駅
吉塚小
対馬小路
都市高速環状線
博多青松高
P.106 チョコレートショップ 本店
千代三
福岡高
552
明光寺
博多小
蔵本
資さんうどん 博多千代店
P.37
那珂川
博多中
呉服町駅
昭和通り
呉服町
博多区
堅粕一
慈廣寺
須崎公園
須崎橋
天神 付録 P8・9
博多駅周辺 付録 P6・7
豊JCT
市場会館
P.33
那の津口
博多川
明治通り
大博通り
円覚寺
山陽新幹線
中洲川端駅
祇園町
祇園駅
東福岡高
福岡税務署
西中島橋
櫛田神社
東光二
長浜公園
西大橋
43
地下鉄空港線
中央区
天神
アクロス福岡
中洲
国体道路
櫛田神社前駅
御笠川
天神駅
福岡市役所
博多区役所
地下鉄七隈線（2023年3月27日開業）
西鉄福岡（天神）駅
春吉橋
博多駅
3
赤坂駅
中央区役所
キャナルシティ博多
博多駅
東比恵駅
赤坂
ホテル法華クラブ福岡
サットンホテル博多シティ
P.112
ザ・ビー博多
東比恵四
警固公園
天神南駅
553
P.81 楽水園
音羽
八仙閣 本店レストラン彩虹
P.68
NEO MEGSTA P.42
moitié P.87
薬焼みかん
P.64
博多駅前四
住吉通り
東住吉中
385
瑞穂
警固
渡辺通り
博多署
春吉小
ホテルWBF グランデ博多 P.112
PORCELLINO P.85
SHIROUZU COFFEE 警固店
P.86
渡辺通駅
侍.うどん
P.37
精華女子高
博多一双 博多駅東本店 P.68
薬院六つ角
薬院大通駅
薬院大通
薬院駅
柳橋連合市場 P.69
WITH THE STYLE FUKUOKA P.110
どんたく めんたい 中弥 P.105
宮島
小烏神社
大名・薬院 付録 P10・11
高砂一
静鉄ホテルプレジオ［博多駅前］P.113
百年橋通り
美野島
動物園入口
フランス菓子 16区
P.106
602
高宮小
住吉小中
575
31
那の川四ツ角
竹下二
福岡中央高
平尾北
九州新幹線
沖学園中
555
元祖博多 水たき水月
P.22
平尾
553
福岡雙葉高
西鉄平尾駅
清美大橋西
JR鹿児島本線
沖学園高
福岡市動物園
山荘通り
31
南区
那珂川
高宮通り
日赤通り
西鉄天神大牟田線
福岡市植物園
筑肥新道
385
西高宮小
平和
清水四ツ角
竹下駅
高宮駅
602
春吉中

福岡タウン
0
500m
徒歩約6分
N
博多湾
BOSS E・ZO FUKUOKA P.94
伊崎漁港
都市高速環状線
P.49・111 ヒルトン福岡シーホーク
(35F)バー＆ダイニング
CLOUDS
P.94
黒瀬神社
西公園
西日本短大
当仁中
福浜小
福浜団地入口
シーサイドももち
海浜公園
福岡中
大佛大圓寺
P.17 元祖長浜屋
福岡市中央卸売市場
P.80 ごはんや 飯すけ
中洲・天神と並ぶ
3大屋台のひとつ。
長浜
福岡タワー P.49・93・95
福岡PayPayドーム P.94
若葉高
Sky Cafe&Dining ルフージュ P.95
当仁小
博多水炊き専門 橙
P.23
国際医療福祉大
MARK IS 福岡ももち
吉祥寺
JACQUES 大濠店
P.80
那の津通り
よかトピア通り
P.30 燦火のイオ
福岡国際医療福祉大
早良署
西南学院中・高
円徳寺
唐人町駅
地下鉄空港線
荒戸
P.95 福岡市博物館
西南学院小
P.38 パンシリオ
唐人町西
大濠公園駅
昭和通り
P.95 はかた
伝統工芸館
磯野広場 P.95
平野神社
P.79 福岡城むかし探訪館
平和台陸上競技場
早良区
真福寺
P.80 KUROMON
COFFEE
P.78 大濠公園
P.84 GEORGES
MARCEAU
百道小
森林管理署
大通寺
557
鴻臚館
警固中
明治通り
P.85 舞鶴公園
西南学院大
福岡城跡
P.49・79
西福岡税務署
西新駅
南当仁小
P.79 福岡市美術館
けやき通り
脇山口
城南線
藤崎
防塁
P.79 ミュージアムショップ
大濠高
P.79 レストラン プルヌス
P.107 御菓子處 五島
藤崎駅
筑紫女学園
西新G
鳥飼小
紅葉八幡宮
六本松
草ケ江小
P.78 大濠テラス 八女茶と日本庭園と。
P.41 &LOCALS 大濠公園
六本松駅
地下鉄七隈線
桜坂駅
高取小
祖原公園
早良街道
城南区役所
中村学園女子高
弥生二
中央区
558
福岡工高
202
別府駅
南公
別府橋通り
中村学園大
梅光園緑道
原中央中
荒江
上智福岡高
別府小
七隈緑地
新田島橋東
原小
263
筑肥新道
今宿新道
城南区
茶山駅
榮福寺
笹丘小
小笹
A
B
C
1
2
3
4

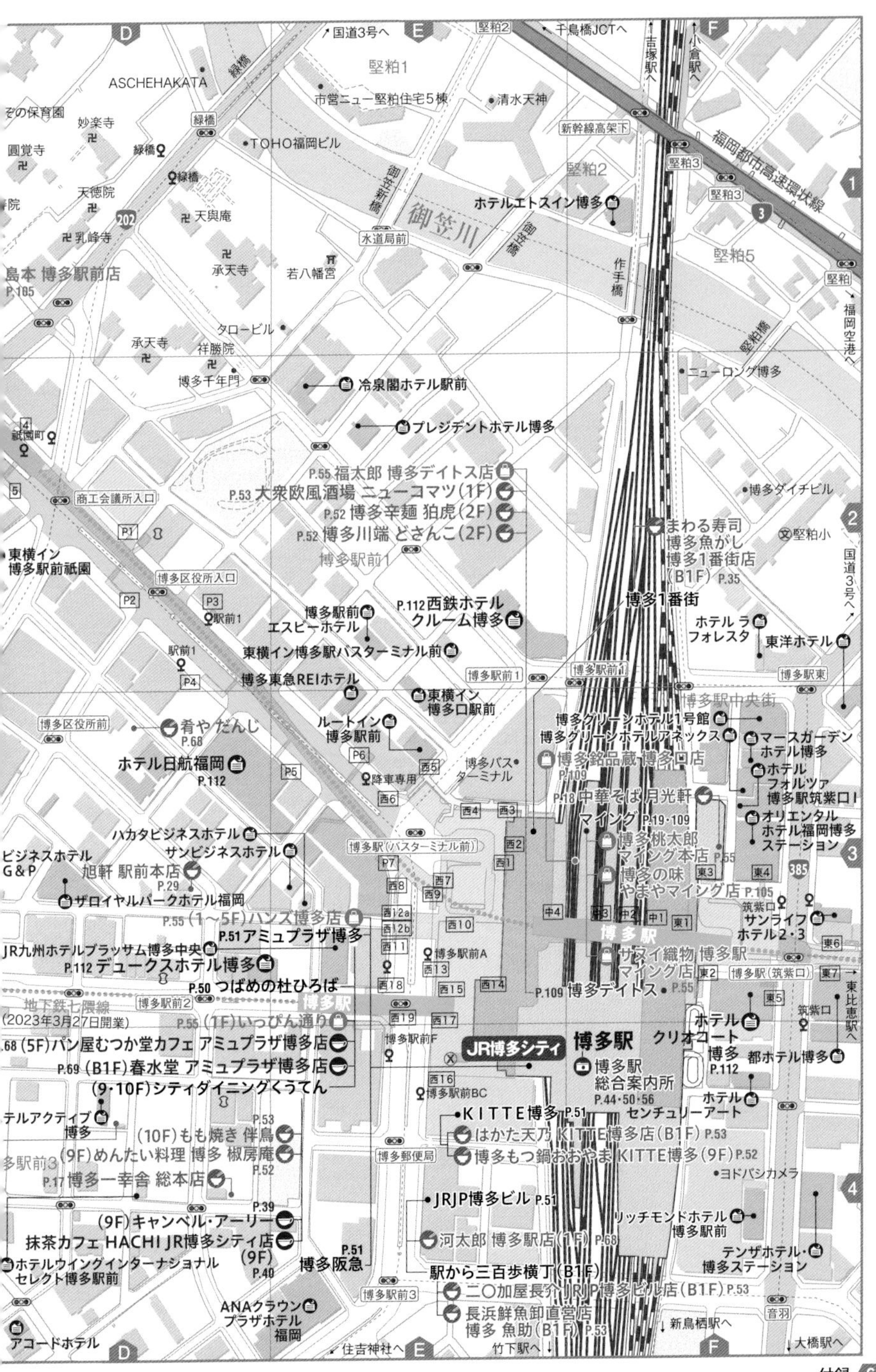
ASCHEHAKATA
緑橋
妙楽寺
圓覚寺
天徳院
乳峰寺
天與庵
承天寺
若八幡宮
島本 博多駅前店 P.105
タロービル
祥勝院
博多千年門
冷泉閣ホテル駅前
プレジデントホテル博多
P.55 福太郎 博多デイトス店
P.53 大衆欧風酒場 ニューコマツ(1F)
P.52 博多辛麺 狛虎(2F)
P.52 博多川端 どさんこ(2F)
博多駅前1
商工会議所入口
東横イン 博多駅前祇園
博多区役所入口
駅前1
博多駅前 エスビーホテル
P.112 西鉄ホテル クルーム博多
東横イン博多駅バスターミナル前
博多東急REIホテル
東横イン 博多口駅前
ルートイン 博多駅前
博多区役所前
肴や だんじ P.68
ホテル日航福岡 P.112
降車専用
博多バスターミナル
ハカタビジネスホテル
サンビジネスホテル
ビジネスホテル G&P
旭軒 駅前本店 P.29
ザロイヤルパークホテル福岡
P.55 (1～5F)ハンズ博多店
P.51 アミュプラザ博多
JR九州ホテルブラッサム博多中央
P.112 デュークスホテル博多
P.50 つばめの杜ひろば
地下鉄七隈線 (2023年3月27日開業)
博多駅前2
博多駅
P.55 (1F)いっぴん通り
.68 (5F)パン屋むつか堂カフェ アミュプラザ博多店
P.69 (B1F)春水堂 アミュプラザ博多店
(9・10F)シティダイニングくうてん
テルアクティブ 博多
P.53 (10F)もも焼き 伴鳥
(9F)めんたい料理 博多 椒房庵 P.52
多駅前3
P.17 博多一幸舎 総本店
P.39 (9F)キャンベル・アーリー
抹茶カフェ HACHI JR博多シティ店 (9F) P.40
ホテルウイングインターナショナル セレクト博多駅前
P.51 博多阪急
ANAクラウンプラザホテル福岡
アコードホテル
住吉神社へ
国道3号へ
千鳥橋JCTへ
堅粕1
堅粕2
堅粕3
堅粕5
市営ニュー堅粕住宅5棟
清水天神
TOHO福岡ビル
御笠新橋
御笠川
御笠橋
水道局前
新幹線高架下
ホテルエトスイン博多
作手橋
堅粕橋
吉塚駅へ
小倉駅へ
福岡都市高速環状線
福岡空港へ
ニューロング博多
博多ダイチビル
まわる寿司 博多魚がし 博多1番街店 (B1F) P.35
堅粕小
国道3号へ
博多1番街
ホテル ラ フォレスタ
東洋ホテル
博多駅東
博多駅中央街
博多グリーンホテル1号館
博多グリーンホテルアネックス
マースガーデン ホテル博多
ホテル フォルツァ 博多駅筑紫口I
博多銘品蔵 博多口店 P.109
P.18 中華そば 月光軒
マイング P.19・109
博多桃太郎 マイング本店 P.55
博多の味 やまやマイング店 P.105
オリエンタル ホテル福岡博多 ステーション
筑紫口
サンライフ ホテル2・3
サヌイ織物 博多駅 マイング店
P.109 博多デイトス P.55
博多駅(筑紫口)
東比恵駅へ
ホテル クリオコート 博多 P.112
都ホテル博多
JR博多シティ
博多駅 総合案内所 P.44・50・56
センチュリーアート
博多駅前F
博多駅前A
博多駅前BC
博多駅(バスターミナル前)
KITTE博多 P.51
はかた天乃 KITTE博多店(B1F) P.53
博多もつ鍋おおやま KITTE博多(9F) P.52
ヨドバシカメラ
博多郵便局
JRJP博多ビル P.51
河太郎 博多駅店(1F) P.68
リッチモンドホテル 博多駅前
テンザホテル・ 博多ステーション
駅から三百歩横丁(B1F)
二〇加屋長介 JRJP博多ビル店(B1F) P.53
長浜鮮魚卸直営店 博多 魚助(B1F) P.53
博多駅前3
新鳥栖駅へ
竹下駅へ
音羽
大橋駅へ

博多駅周辺
0
75m
N
徒歩約1分
A
B
C
1
2
3
4
呉服町駅へ
小川歯科医院
呉服町
博多の酒場 ジャイアント P.33
もつ鍋おおやま 本店
P.21
御供所町
土居町
博多土居町局
奥の堂
博多座
明治通り
土居通り
川端町・博多座前
7
パークエステート博多
店屋町
一優亭 冷泉店 P.29
冷泉公園
奥の堂
大博通り
地下鉄空港線
天神駅へ
アメニティホテルin博多
寿福院
ホテル・トリフィート
博多祇園 P.113
東長寺
P.58
中洲川端駅
寳照院
川端町・博多座前
祇園町
祇園町
5
冷泉公園
龍宮寺本堂
1
川端通商店街 P.59
冷泉町
2
祇園
川端中央ビル
博多あかちょこべ P.59
冷泉町
祇園
川端ぜんざい広場
P.68
冷泉閣ホテル川端
明治橋
川端大神宮
ドーミーイン
博多祇園
中洲3
P.58「博多町家」ふるさと館
新硯神社
P.32 旬処けむり
内畑稲荷神社
ラーメン海鳴
P.18
増屋
P.69
祇園町
ダイワロイネットホテル博多冷泉
祇園町
博多橋
上川端町
注連懸稲荷神社
ダイワロイネットホテル
博多祇園
博多橋
櫛田神社 P.57・59
P.69 BAR HEART STRINGS
博多名代吉塚うなぎ屋
P.68
博多歴史館
博多祇園山笠 P.60
明月堂 川端店
キャナルシティ博多前
善照寺
萬行寺
スカイハート
ホテル博多
祇園町西
中洲2
かろのうろん
P.36
キャナルシティ博多前
中洲4
博多中洲
ワシントンホテルプラザ
202
順正寺
中洲ぜんざい P.59
P.28 博多祇園鉄なべ
ニッカバー七島
P.67
味の明太子 ふくや
中洲本店 P.104
祇園町西
萬行寺
マックスバリュエクスプレス
覚永寺
宝雲亭 中洲本店 P.29
中洲新橋
中洲新橋
BAR 倉吉 中洲
P.67
南新地
南新地
博多川
ベイサージュ
祇園
櫛田神社前駅
イーストビル
天然温泉 袖湊の湯
ドーミーインPREMIUM
博多・キャナルシティ前
P.112
博多
Bar GITA
P.67
中洲1
博多祇園西局
博多区役所
中洲懸橋
天神 付録 P.8・9
春吉橋東
P.62 (4F) キャナルシティ劇場
下照姫神社
P.112 THE BLOSSOM
HAKATA Premier
博多屋台 中洲十番 P.24
ノースビル
南新橋
中洲1
博多駅前2
春吉橋西
キャナルシティ博多前
博多警察署入口
P.25 武ちゃん
キャナル・グランドプラザ
(B1F)
住吉1
三井ガーデンホテル
福岡祇園
駅前3
渡辺通りへ
春吉3
ホテル
イル・パラッツォ
キャナルシティ・
福岡ワシントンホテル
P.62・111 グランド ハイアット 福岡
EN HOTEL
Hakata
ザ・ワンファイブヴィラ福岡
清流橋
キャナルシティ博多 P.57・62
博多区役所南口
Bar&Dining Mitsubachi (1F) P.66
センターウォーク
ザ・ワンファイブテラス福岡
ラーメンスタジアム (5F) P.62
那珂川
柳町一刻堂 P.32
ホテルマイステイズ
福岡天神南
大名・薬院 付録 P.10・11
サンプラザステージ P.63
ビジネスセンタービル
元祖もつ鍋楽天地
博多駅前店
P.21
サウスビル
アクタス博多
5タワー
花月堂寿永
P.107
アンビール
マンション天神東
春吉2
灘の川橋
カーサ博多
住吉2
住吉神社へ

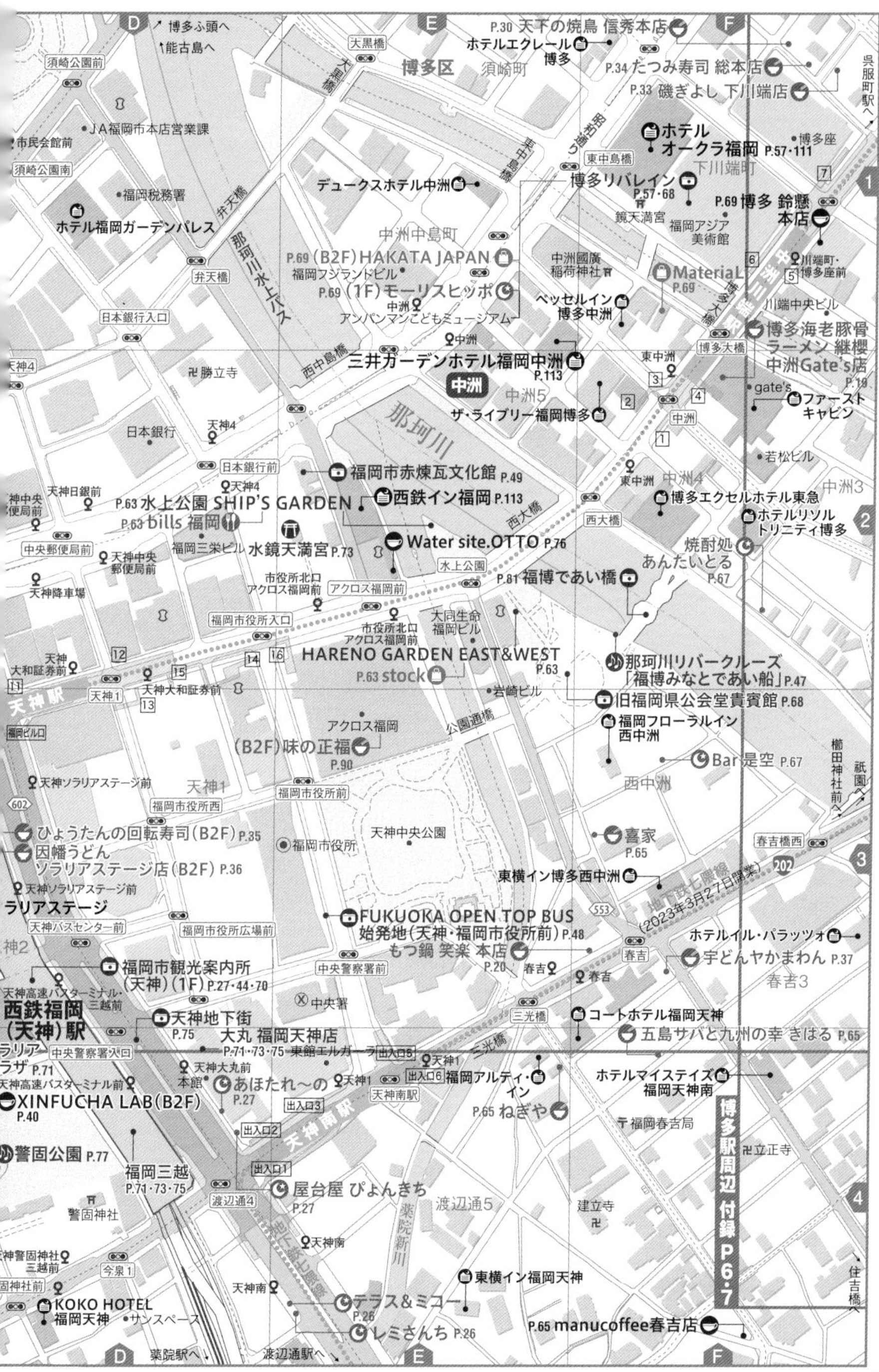

博多区
須崎町
P.30 天下の焼鳥 信秀本店
ホテルエクレール博多
P.34 たつみ寿司 総本店
P.33 磯ぎよし 下川端店
ホテルオークラ福岡 P.57・111
博多座
下川端町
博多リバレイン P.57・68
P.69 博多 鈴懸 本店
鏡天満宮
福岡アジア美術館
デュークスホテル中洲
ホテル福岡ガーデンパレス
中洲中島町
P.69 (B2F) HAKATA JAPAN
福岡フジランドビル
P.69 (1F) モーリスヒッポ
中洲國廣稲荷神社
MaterialL P.69
ベッセルイン博多中洲
アンパンマンこどもミュージアム
三井ガーデンホテル福岡中洲 P.113
中洲
中洲5
博多海老豚骨ラーメン 継櫻 中洲Gate's店 P.19
gate's
ファーストキャビン
ザ・ライブリー福岡博多
那珂川
日本銀行
勝立寺
福岡市赤煉瓦文化館 P.49
P.63 水上公園 SHIP'S GARDEN
P.63 bills 福岡
西鉄イン福岡 P.113
博多エクセルホテル東急
ホテルリソルトリニティ博多
中洲4
中洲3
若松ビル
Water site.OTTO P.76
水鏡天満宮 P.73
福岡三栄ビル
焼酎処 あんたいとる P.67
P.81 福博であい橋
大同生命福岡ビル
HARENO GARDEN EAST&WEST P.63
P.63 stock
那珂川リバークルーズ「福博みなとであい船」P.47
旧福岡県公会堂貴賓館 P.68
福岡フローラルイン西中洲
岩崎ビル
アクロス福岡
(B2F) 味の正福 P.90
Bar 是空 P.67
天神1
西中洲
天神駅
天神中央公園
福岡市役所
ひょうたんの回転寿司(B2F) P.35
因幡うどん ソラリアステージ店(B2F) P.36
ソラリアステージ
喜家 P.65
東横イン博多西中洲
地下鉄七隈線(2023年3月27日開業)
FUKUOKA OPEN TOP BUS 始発地(天神・福岡市役所前) P.48
もつ鍋 笑楽 本店 P.20
ホテルイル・パラッツォ
宇どんヤかまわん P.37
春吉3
福岡市観光案内所(天神)(1F) P.27・44・70
西鉄福岡(天神)駅
天神地下街 P.75
大丸 福岡天神店 P.71・73・75
東館エルガーラ
コートホテル福岡天神
五島サバと九州の幸 きはる P.65
ソラリアプラザ P.71
XINFUCHA LAB(B2F) P.40
あほたれ〜の P.27
福岡アルティ・イン
ホテルマイステイズ福岡天神南
P.65 ねぎや
福岡春吉局
立正寺
警固公園 P.77
福岡三越 P.71・73・75
屋台屋 ぴよんきち P.27
渡辺通5
建立寺
警固神社
天神南駅
KOKO HOTEL 福岡天神
サンスペース
東横イン福岡天神
テラス&ミコー P.26
レミさんち P.26
P.65 manucoffee春吉店
薬院新川
博多駅周辺 付録 P.6・7
呉服町駅へ
博多ふ頭へ
能古島へ
櫛田神社前・祇園へ
住吉橋へ
薬院駅へ
渡辺通駅へ

天神
0 75m
徒歩約1分
N
那の津へ
那の津大橋へ
須崎公園
新KBCビル
長浜3丁目東
福岡冷蔵東冷蔵庫
浜の町病院前
エスピーホテル
天神5
ファミール天神
那の津口
那の津口西
福祉センター前
那の津口
那の津口
鮮魚市場東門
三岩九州総合ビル
中央区
福祉センター前
福祉センター
福岡天神局
アークホテル
ロイヤル福岡天神
天神5
圓正寺
スポーツクラブNAS北天神
長浜1
長浜1
長浜1
天神4
天神3
天神北
舞鶴小学校前
平和台ホテル天神
長浜公園
舞鶴交番前
安国寺
天神北
検察庁前
舞鶴小・中
博多らーめん
Shin-Shin
P.17
ザ・大黒天
少林寺
天神北
ミーナ天神
ホテルマイステイズ
福岡天神
舞鶴小学校
エトワス天神
屋台 まみちゃん
P.27
天神橋口
あいれふ東
朝日プラザ天神
ホテルオリエンタル
エクスプレス福岡天神
天神3
中央保健所
大長寺
舞鶴2
舞鶴1
P.23（B1F）博多水だき 新三浦 天神店
天神ビル
舞鶴1
天神3
天神福銀
本店前
天神ビル口
天神
ドコモ舞鶴ビル
小金ちゃん P.25
天神証券ビル前
舞鶴
舞鶴1
天神三井ビル
天神
新天町入口
福岡パルコ
舞鶴2
ホテル モントレ
ラ・スール 福岡
P.113
舞鶴1
天神
協和ビル前
天神西
法務局前
ザ・ワンファイブ福岡天神
ディー・ウイングタワー
西鉄グランド
ホテル前
P.19 明鏡志水 大名店
福岡共栄火災ビル
P.89（6F）LT LOTTO AND TRES
ホテルJALシティ福岡天神
P.77（B1F）café&books bibliothèque
大濠公園へ
博多グリーンホテル
天神
地下鉄空港線
西鉄グランド
ホテル前
天神サザン通り
赤坂
西鉄
VIORO
P.113 グランドホテル
中央区役所
サザン通り西口
P.76（1F）GROTTO
ラウンドワン
岩田屋新館
P.85（B1F）マンジャーモ
ザ・リッツ・カールトン福岡
（2023年春開業）
赤坂駅
中央区役所
きらめき通り
きらめき通り中央
赤坂
大名2
P.90 Ivorish 福岡本店
きらめき通り西口
ソラリア
西鉄ホテル福岡
P.110
大濠公園駅へ
大名・薬院 付録 P10・11
大名
P.17 一蘭 天神西通り店
岩田屋本店
P.23・71・72・74
やさい巻き串屋 ねじけもん P.31
赤坂門
手打ち蕎麦 やぶ金 P.90
レソラ
天神
天神アッシュ
THE SHOPS
ブリティッシュパブ モーリス
ブラックシープ
P.91
バーニーズ
ニューヨーク福岡店
天神西通り
うどん和助 大名店 P.37
稚加榮本舗
P.105
福岡歯科衛生
専門学校
風堂
大名本店
P.16
プラザホテル天神
駒屋（1F）
P.91
たらみ
フルーツ工房
P.77
ビック
カメラ
ハローワーク福岡中央
駒屋ビル
247ビル
small is
beautiful
P.89
YK66ビル
CORDUROY café（4F）P.77
P.91（2F）Bar Palme d'or
P.90 博多めんちゃんこ亭 天神店
P.37 ウエスト うどん屋天神店
Daimyo 11511
天神パインクレスト
福岡大名一局
202
A
B
C
1
2
3
4

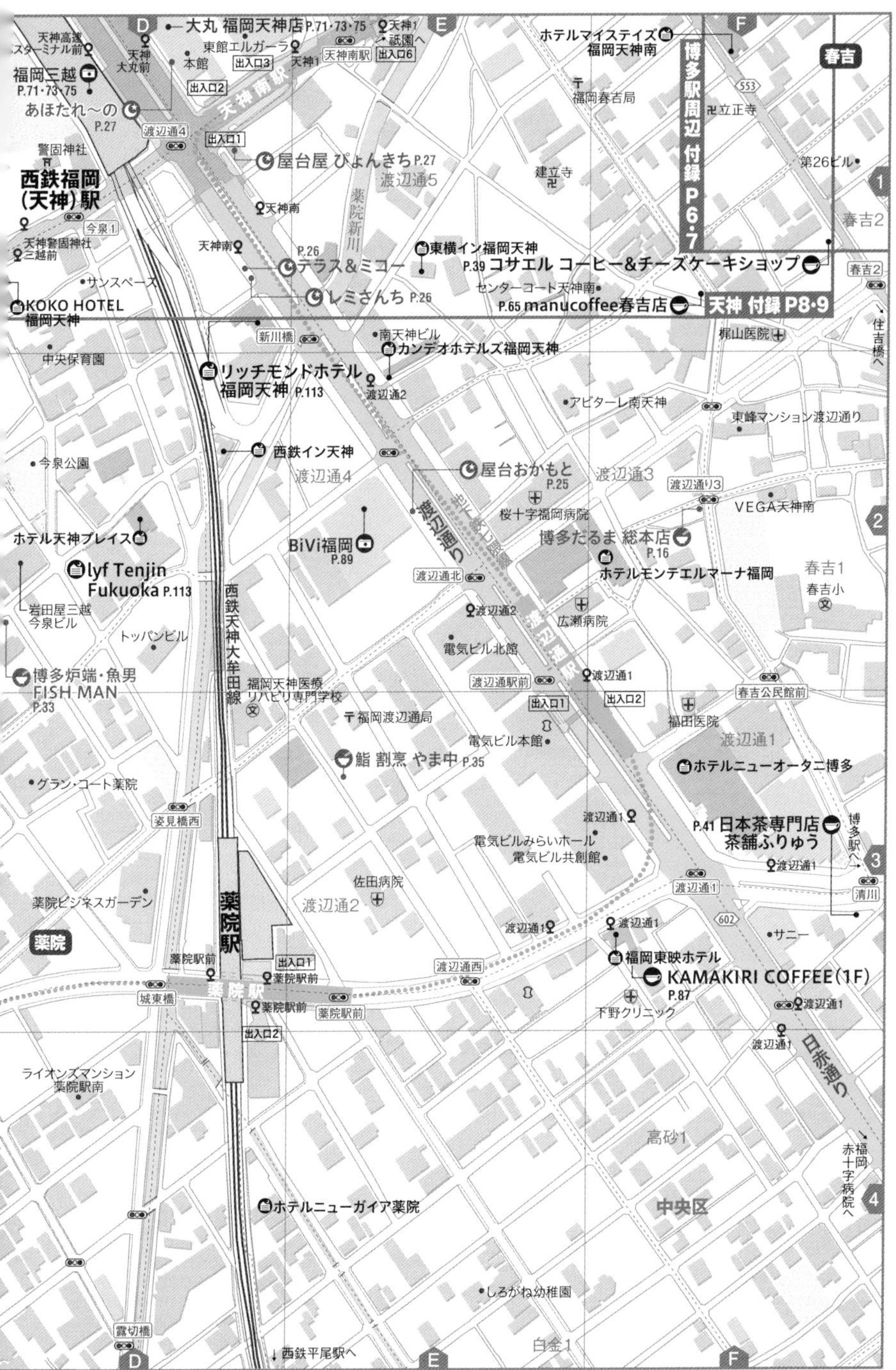
大丸 福岡天神店 P.71・73・75
福岡三越 P.71・73・75
あほたれ〜の P.27
西鉄福岡（天神）駅
屋台屋 ぴょんきち P.27
テラス&ミコー P.26
レミさんち P.26
東横イン福岡天神
P.39 コサエル コーヒー&チーズケーキショップ
P.65 manucoffee春吉店
ホテルマイステイズ福岡天神南
博多駅周辺 付録P6・7
天神 付録P8・9
春吉
KOKO HOTEL 福岡天神
リッチモンドホテル福岡天神 P.113
カンデオホテルズ福岡天神
西鉄イン天神
屋台おかもと P.25
BiVi福岡 P.89
博多だるま 総本店 P.16
ホテルモンテエルマーナ福岡
ホテル天神プレイス
lyf Tenjin Fukuoka P.113
博多炉端・魚男 FISH MAN P.33
鮨 割烹 やま中 P.35
ホテルニューオータニ博多
P.41 日本茶専門店 茶舗ふりゅう
薬院駅
薬院
福岡東映ホテル
KAMAKIRI COFFEE(1F) P.87
ホテルニューガイア薬院
渡辺通り
日赤通り
西鉄天神大牟田線
中央区
渡辺通5
渡辺通4
渡辺通3
渡辺通2
渡辺通1
春吉1
春吉2
高砂1
白金1
↓西鉄平尾駅へ

大名・薬院
0 75m
徒歩約1分
N
P.90 手打ち蕎麦 やぶ金
P.91 ブリティッシュパブ モーリス ブラックシープ
権兵衛館 大名 P.31
岩田屋本店
P.23・71・72・74
レソラ天神
大名2
P.31 やさい巻き串屋 ねじけもん
THE SHOPS
バーニーズ ニューヨーク福岡店
P.91 中村ぶどう酒店
天神西通り
うどん和助 大名店
P.37
福岡歯科衛生専門学校
ジョーキュウ醤油 P.91
警固公園
P.77
稚加榮本舗 P.105
NTT天神ビル南館
プラザホテル天神
一風堂 大名本店
P.16
ビックカメラ
大名
P.38 We ARE READY
駒屋(1F)
P.91
CORDUROY café(4F) P.77
駒屋ビル
247ビル
small is beautiful
P.89
YK66ビル
H&M
Bar Palme d'or (2F) P.91
天神西通りスクエア
警固神社前
土竜が俺を呼んでいる P.19
P.90 博多めんちゃんこ亭 天神店
P.37 ウエスト うどん屋天神店
天神パインクレスト
福岡大名一局
今泉1
天神MENTビル
岩瀬串店
P.42
博多海鮮処 まんぷく屋 P.90
ドン・キホーテ
大名1
水たき料亭 博多華味鳥 天神店 (B1F) P.23
バルビゾン95
J's Style&Living (1F) P.89
202
イルカセットビル
今泉1
若宮神社
警固1
Bar Vita天神
P.90
ヒュセットビル
警固町
P.21 越後屋 今泉1号館
山響屋 P.91
KAKA cheesecake store
P.90
警固1
王丸歯科医院
季離宮
今泉1
警固
カイタック スクエア ガーデン P.83
盛福寺
今泉
大濠公園へ
警固町
けご病院
警固1
今泉2
味鍋 味味 P.21
法泉寺
警固交番前
P.86 Australian café&bar Manly
ステイツ天神
警固小
アクセス天神
香正寺
天神ロイヤルガーデン
大正通り
焼とりの八兵衛 上人橋通り店
P.31
長圓寺
安養院
TIGRE BROCANTE
P.91
メゾン・ド・天神
秋本病院
P.84 BISTROT MITSOU
コモダス天神
SOMEWARE P.89
薬院2
. AND READY P.90
薬院2
ボンラパス
薬院1
警固
薬院六つ角
P.89 (4F) PATINA
セルクル薬院
B・B・B POTTERS
P.88
薬院2
P.30 とりかわ粋恭
西光寺
ON SUGAR P.91
城東橋西
大正通り
サントーア薬院
薬院大通
薬院大通
筑紫女学園大学附属幼稚園
薬院ひ尿器科病院
薬院大通
薬院大通
薬院大通駅前
薬院大通
福岡中央病院
出入口1
薬院大通
ル・ブラン警固
出入口2
薬院大通
ネオハイツ薬院
薬院大通西
小烏神社
福岡生活道具店 P.91
高宮通り
南薬院
薬院4
福岡城南病院
南薬院
南薬院
サンビューハイツ浄水
薬院交番前
警固3
桜坂駅へ
薬院交番前
平尾へ
A
B
C
1
2
3
4

糸島
0
1km
N
D
E
F
1
2
3
4
柱島
玄界島
大机島
玄界灘
西浦崎
蒙古山
P.99 RESTAURANT CAFÉ PALM BEACH
灘山
唐泊崎
P.99 桜井二見ヶ浦
西ケ岳
Beach Cafe SUNSET P.100
北崎中
大静寺
P.101 TIME
大葉山
櫻井神社
彦山
天ケ岳
sunflower P.101
長浜海岸
碁石鼻
P.100 Bakery Restaurant CURRENT
柑子岳
福岡市西区
元寇防塁
毘沙門山
P.98 糸島LONDONBUS CAFÉ
今津運動公園
芥屋の大門 P.98
野北海水浴場
糸島半島
宮地岳
P.98 bbb haus
火山
九州大
九大学研都市駅
今津橋
今津湾
今宿駅
姪浜駅へ
幣の浜
元岡小
芥屋GC
石ケ岳
福岡舞鶴高
仏崎
長善禅寺
立石山
糸島高校前駅
波多江駅
周船寺駅
福の浦漁港
引津小
可也山（筑紫富士）
筑前前原駅
東風小
周船寺
今宿
岐志漁港
福重JCTへ
野辺崎
糸島市役所
西方寺
真教寺
筑前高
生松天神社
弁天橋
福岡前原道路
吉野寺
美咲が丘駅
前原東中
妙立寺
高祖山
立石崎
P.39 伊都きんぐ 本店
三社神社
鷺ノ首
加布里駅
城山
前原
細石神社
怡土小
一貴山駅
JA糸島産直市場 伊都菜彩 P.101
前原東
白木神社
筑肥線
伊都GC
福岡雷山GC
配崎
大入漁港
福吉漁港
大入駅
筑前深江駅
一貴山小
深江IC
磯崎
唐津駅へ
光明寺
龍國禅寺
瑞梅寺ダム
西日本短大
今宿バイパス
伊都安蔵里 P.99
雷山神籠石
福吉駅
大法寺
福岡県 糸島市
千如寺
浜玉ICへ
地蔵
野河内渓谷
雷山国際キャンプ場
二丈森林公園
雷山
ákka PUNTO éffe P.101
女岳
佐賀市
佐賀県

太宰府広域
0 300m
徒歩約4分
水瓶山
太宰府梅林アスレチックスポーツ公園
内山
宝満宮竈門神社 P.121
太宰府市
ルートイングランティア太宰府
高橋紹運墓
九州情報大
大願寺
拡大図右下図
宮前
だざいふ遊園地
筑紫台高
太宰府天満宮 P.116・141
観世音寺子院跡
太宰府小
参道
太宰府天満宮案内所 P.118
太宰府駅
光明禅寺 P.119
筑紫野市
九州国立博物館 P.120
御笠川
坂本八幡宮 P.121
西鉄太宰府線
大宰府展示館 P.121
観世音寺
大宰府跡
大宰府政庁跡
太宰府市役所
朱雀大路
筑陽学園中
西鉄五条駅
太宰府中
筑陽学園高
福岡女子短大
榎社神社
君畑
太宰府病院
福岡こども短大
日本経済大
西鉄二日市駅へ
太宰府拡大図
0 150m
徒歩約2分
ホテルカルティア 太宰府 P.121
YAMAYA BASE DAZAIFU P.119
宮前
だざいふ遊園地
太宰府小
太宰府天満宮 P.116・141
菅公歴史館 P.117
風見鶏 P.119
九州ヴォイス P.121
梅園菓子処 P.119
寺田屋 P.118
太宰府駅
参道
太宰府天満宮案内所 P.118
光明禅寺 P.119
びいどろ太宰府 P.118
九州国立博物館 P.120
太宰府参道 天山 P.119
西鉄太宰府線
蓮蒲池交差点へ
国道208号へ
佐賀へ
西鉄久留米駅へ
大門橋
出の橋
沖端川
常盤町
高畑
糀屋町
玉樹院
上町
三柱神社
水郷柳川観光乗船場 P.123
柳川上町
P.123 城門観光乗船場
横山町
柳川市
蟹町
ホテルニューガイア柳川
曙町
国道444号へ
鍛冶屋町
P.123 柳川観光開発乗船場
柳河小
P.123 大東エンタープライズ乗船場
西鉄天神大牟田線
柳川病院
筑紫町
鍛冶屋町
辻町
京町
旭町
柳川橋
筑紫橋
甲斐病院
下百町
三柱神社前
柳川京町局
三橋町下百町
(ねはん像)等応寺
グッデイ
伝習館高
元祖本吉屋 P.124
みやま へ
P.123
北原白秋生家・記念館
長谷健文学碑
木村緑平句碑
柳町
福岡地方裁判所
細工町
柳川古文書館
柳川ショッピングモール
西鉄柳川
あめんぼセンター(図書館・水の資料館)
新外町
うなぎ供養碑
市役所
藤吉小
西鉄柳川駅
椿原町
白秋石橋庭水中歌碑
城堀水門
夜明茶屋 P.125
旧戸島家住宅
水産堂
白柳荘
やながわ有明海水族館
沖の端水天宮前
柳川局
市役所前
なまこ壁
新町
南長柄町
柳河特別支援学校
檀一雄文学碑
柳城中
真勝寺
紅茶の店 River Flow P.123
市役所柳川庁舎
袋町
筑紫町
城内小
本町
出来町
大牟田駅へ
本城町(松濤園口)
柳川城址
柳川市消防本部
並倉
国道444号
稲荷町
稲荷町
御花前
市民テニスコート
三橋町今古賀
本城町
柳川高前
柳川高
本城町
城南町
城南町
三橋町江曲
城東橋
城隅町
布橋
奥州町
水影の碑
柳川藩主立花邸 御花 P.123
杉森高
警察署前
中ノ切交差点へ
白秋詩碑苑
宮永町
福厳寺
柳川署
柳川署前
大牟田へ
若松屋 P.125
からたち文人の足湯 P.125
杉森学園前
柳川
0 225m
徒歩約3分
民芸茶屋六騎 P.124
御堀橋
宮永橋
亀の井ホテル柳川
皿屋福柳 P.125
柳川温泉
吉富町
上宮永交差点へ
上宮永町
佃町

関門海峡

0 5km N

美祢市
甲山
勝陣山
六万坊山
猿王岳
491
山陰本線
白山
中国自動車道
蓋井島
乞月山
響灘
191
狩音山
美祢西
小月
下関JCT
下関市
山陽新幹線
山陽自動車道
王司PA
新下関駅
埴生
山陽本線
周防灘PA
勝山
190
男島
藍島
2
9
満珠島
火ノ山
女島
六連島
下関
馬島
壇之浦PA
門司港
和布刈公園 P.141
めかりPA
拡大図下図
P.141 小倉城
下関駅
門司港駅
495
門司
大島
地島
若松区
彦島
199
小倉駅
門司駅
門司区
若松駅
芦屋町
筑豊本線
御嶽
芦屋海岸
199
戸畑区
新門司
水巻町
黒崎駅
八幡駅
富野PA
湯川山
吉志PA
勝島
495
岡垣町
折尾駅
八幡西区
小倉北区
城野駅
遠賀町
玄界灘
筑豊電鉄
北九州空港
北九州市
宗像市
中間市
211
八幡東区
小倉東
日豊本線
毛無島
福津市
鹿児島本線
小倉南
鞍手町
日田彦山線
北九州JCT
10
苅田北九州空港
3
直方PA
200
九州自動車道
小倉南区
対馬見山
鞍手
712 貫山
東九州自動車道
鞍手PA
八幡
雲取山
322
苅田町
A B C 1 2

門司港レトロ

0 75m N
徒歩約1分

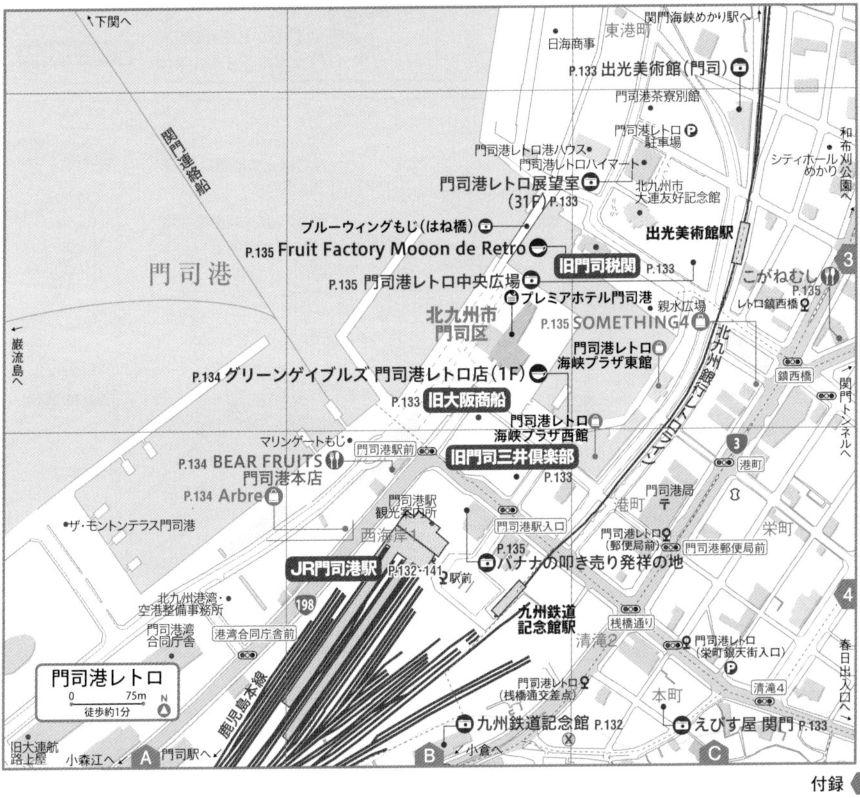

↖下関へ
関門海峡めかり駅へ↑
東港町
日海商事
P.133 出光美術館(門司)
門司港茶寮別館
門司港レトロ駐車場
関門連絡船
門司港レトロ港ハウス
門司港レトロハイマート
和布刈公園へ
シティホールめかり
門司港レトロ展望室(31F) P.133
北九州市大連友好記念館
ブルーウィングもじ(はね橋)
出光美術館駅
P.135 Fruit Factory Mooon de Retro
旧門司税関 P.133
門司港
P.135 門司港レトロ中央広場
こがねむし P.135
プレミアホテル門司港
親水広場
レトロ鎮西橋
北九州市門司区
P.135 SOMETHING4
北九州銀行レトロライン
←巌流島へ
門司港レトロ海峡プラザ東館
鎮西橋
関門トンネル人道へ
P.134 グリーンゲイブルズ 門司港レトロ店(1F)
P.133 旧大阪商船
門司港レトロ海峡プラザ西館
マリンゲートもじ
門司港駅前
3
港町
P.134 BEAR FRUITS 門司港本店
旧門司三井倶楽部 P.133
P.134 Arbre
門司港局
港町
門司港駅観光案内所
門司港駅入口
栄町
ザ・モントンテラス門司港
西海岸1
門司港レトロ(郵便局前)
門司港郵便局前
P.135 バナナの叩き売り発祥の地
JR門司港駅 P.132・141
駅前
北九州港湾・空港整備事務所
198
九州鉄道記念館駅
栈橋通り
門司港湾合同庁舎
港湾合同庁舎前
清滝2
門司港レトロ(栄町銀天街入口)
春日出入口へ
門司港レトロ(栈橋通交差点)
清滝4
鹿児島本線
本町
旧大連航路上屋
九州鉄道記念館 P.132
えびす屋 関門 P.133
小森江へ
門司駅へ
小倉へ
A B C 3 4